HOLLE EVA LÖHR

Der Grundsatz der Unmittelbarkeit im deutschen Strafprozeßrecht

Strafrechtliche Abhandlungen · Neue Folge

Herausgegeben von Dr. Eberhard Schmidhäuser
ord. Professor der Rechte an der Universität Hamburg
in Zusammenarbeit mit den Strafrechtslehrern der deutschen Universitäten

Band 8

Der Grundsatz der Unmittelbarkeit im deutschen Strafprozeßrecht

Von

Dr. Holle Eva Löhr

DUNCKER & HUMBLOT / BERLIN

Zur Aufnahme in die Reihe empfohlen
von Prof. Dr. Werner Hardwig, Hamburg

Gedruckt 1972 bei Berliner Buchdruckerei Union, Berlin 61
Printed in Germany
ISBN 3 428 02661 6

Inhaltsverzeichnis

Abkürzungsverzeichnis

AcP	Archiv für die Civilistische Praxis — Tübingen und Leipzig — (Band, Jahr, Seite)
Arch. Criminalr.	Archiv des Criminalrechts, Neue Folge — Halle — (Jahr, Seite)
American Jurisprudence	American Jurisprudence, A comprehensive text statement of American case law as developed in the cases and annotations in the annotated reports system, being a rewriting of Ruling Case Law to Reflect the Modern Developments of the Law. Volume 20: Evidence to Exclusion Acts — Rochester, New York
BayObLG	Bayerisches Oberstes Landesgericht
BayObLGSt	Entscheidungen des Bayerischen Obersten Landesgerichts in Strafsachen, Neue Folge — München — (Band, Seite)
BayVerfGH	Bayerischer Verfassungsgerichtshof
BayZ	Zeitschrift für Rechtspflege in Bayern — München, Berlin und Leipzig — (Jahr, Seite)
BBG	Bundesbeamtengesetz vom 1. Sept. 1953, BGBl. I, S. 551
BGBl. I, II	Bundesgesetzblatt Teil I und II
BGHSt	Entscheidungen des Bundesgerichtshofes in Strafsachen — Berlin und Köln — (Band, Seite)
BRRG	Beamtenrechtsrahmengesetz vom 1. Juli 1957, BGBl. I, S. 1754
BVerfGE	Entscheidungen des Bundesverfassungsgerichts — Tübingen — (Band, Seite)
CCC	Constitutio Criminalis Carolina, 1532
Cod. d'instr. crim.	Code d'instruction criminelle vom 27. Nov. 1808
cod. proc. pen.	Codice Di Procedura Penale von 1930 in der Fassung vom 18. Juni 1955
Die Zeit	Die Zeit. Wochenzeitung für Politik, Wirtschaft, Handel und Kultur — Hamburg — (Jahr, Nummer)
DJ	Deutsche Justiz. Amtliches Blatt der deutschen Rechtspflege — Berlin — (Jahr, Seite)
DJT	Deutscher Juristentag
DJZ	Deutsche Juristenzeitung — Berlin — (Jahr, Seite)
DRiZ	Deutsche Richterzeitung — Köln und Berlin — (Jahr, Seite)
DRZ	Deutsche Rechts-Zeitschrift — Tübingen — (Jahr, Seite)
DStr	Deutsches Strafrecht (GA von 1934—1944) — Berlin — (Jahr, Seite)
EuKommMR	Europäische Kommission für Menschenrechte

GA	Archiv für Strafrecht und Strafprozeß, begründet von Goltdammer — Berlin — (Band, Jahr, Seite; seit 1953 Jahr, Seite)
Gesetz-Sammlung für die Königlichen Preußischen Staaten	Gesetz-Sammlung für die Königlichen Preussischen Staaten (enthält die Verordnungen vom 6. Jan. bis 29. Nov. 1838, nebst 13 Verordnungen aus dem Jahre 1837) — Berlin 1838
GG	Grundgesetz für die Bundesrepublik Deutschland vom 23. Mai 1949, BGBl. S. 1
GrünhZ	Zeitschrift für das Privat- und Öffentliche Recht der Gegenwart, herausgegeben von C. S. Grünhut — Wien — (Band, Jahr, Seite)
GS	Der Gerichtssaal — Stuttgart — (Band, Jahr, Seite)
GVG	Gerichtsverfassungsgesetz i. d. F. v. 12. Sept. 1950, BGBl. S. 513
Havard Law Review	Havard Law Review — Cambridge — (Band, Seite)
HESt	Höchstrichterliche Entscheidungen — Heidelberg — (Band, Seite)
Hitzig's Annalen	Annalen der deutschen und ausländischen Criminal-Rechtspflege. Begründet von Eduard Hitzig — Altenburg — (Band, Jahr, Seite)
HmbBG	Hamburgisches Beamtengesetz vom 13. März 1961, GVBl. S. 49, 152
HRR	Höchstrichterliche Rechtsprechung — Berlin — (Jahr, fortlaufende Ordnungsnummer)
JGG	Jugendgerichtsgesetz v. 4. Aug. 1953, BGBl. I, S. 751
JR	Juristische Rundschau — Berlin — (Jahr, Seite)
JuS	Juristische Schulung — München, Berlin, Frankfurt — (Jahr, Seite)
Justiz	Die Justiz — Berlin-Grunewald — (Band, Jahr, Seite)
JW	Juristische Wochenschrift — Leipzig — (Jahr, Seite)
JZ	Juristenzeitung — Tübingen — (Jahr, Seite)
LM	Nachschlagewerk des Bundesgerichtshofs, herausgegeben von Lindenmaier - Möhring — München und Berlin
LZ	Leipziger Zeitschrift für Deutsches Recht — München, Berlin und Leipzig — (Jahr, Spalte)
MDR	Monatsschrift für Deutsches Recht — Hamburg — (Jahr, Seite)
Model Code of Evidence	Model Code of Evidence As Adopted And Promulgated by the American Law Institute At Philadelphia, PA, May 15, 1942 — Philadelphia, PA 1942
MoKrim	Monatsschrift für Kriminologie und Strafrechtsreform — Köln, Berlin, Bonn, München — (Jahr, Seite)
MRK	Europäische Konvention zum Schutz der Menschenrechte und Grundfreiheiten v. 4. Nov. 1950, BGBl. 1952 II, S. 686

N.Jb.Sächs.Str.	Neue Jahrbücher für Sächsisches Strafrecht — Leipzig — (Band, Jahr, Seite)
NJW	Neue Juristische Wochenschrift — München und Berlin — (Jahr, Seite)
ÖStPO	Österreichische Strafprozeßordnung vom 23. Mai 1873 in der Fassung der Kundmachung der Bundesregierung vom 20. April 1960
OGHSt	Entscheidungen des Obersten Gerichtshofes für die Britische Zone in Strafsachen — Berlin und Hamburg — (Band, Seite)
OLG	Oberlandesgericht
Recht	Das Recht. Rundschau für den Deutschen Juristenstand — Hannover — (Jahr, fortlaufende Ordnungsnummer)
Rechtsgang	Der Rechtsgang. Zeitschrift für das Recht aller Zweige der Justiz — Stuttgart — (Band, Jahr, Seite)
RGBl. I	Reichsgesetzblatt Teil I
Rspr.	Rechtsprechung des Deutschen Reichsgerichts in Strafsachen — München und Leipzig — (Band, Seite)
RGSt	Entscheidungen des Reichsgerichts in Strafsachen — Berlin und Leipzig — (Band, Seite)
RGZ	Entscheidungen des Reichsgerichts in Zivilsachen — Berlin und Leipzig — (Band, Seite)
SchlHA	Schleswig-Holsteinische Anzeigen. Justizministerialblatt für Schleswig-Holstein — Kiel — (Jahr, Seite)
SchwZStr	Schweizer Zeitschrift für Strafrecht — Bern — (Band, Jahr, Seite)
SJZ	Süddeutsche Juristen-Zeitung — Heidelberg — (Jahr, Spalte)
StPO	Strafprozeßordnung i. d. F. v. 17. Sept. 1965, BGBl. I, S. 1374
Strafr.Abhdlgen	Strafrechtliche Abhandlungen — Breslau — (Heft, Jahr)
Verhandlungen der Kammer der Abgeordneten des Königreichs Württemberg	Verhandlungen der Abgeordneten des Königreichs Württemberg auf dem Landtage von 1841—43. Amtlich herausgegeben, 14. Band, Erstes Beilagenheft, erste Abtheilung, enthaltend den revidierten Entwurf einer Strafprozeß-Ordnung
ZPO	Zivilprozeßordnung i. d. F. v. 12. Sept. 1950, BGBl. S. 533
ZStW	Zeitschrift für die gesamte Strafrechtswissenschaft — Berlin und Leipzig — (Band, Jahr, Seite)

Einleitung

Der Grundsatz der Unmittelbarkeit, vom Reichsgericht einmal als „Fundamentalsatz des Strafverfahrens“ bezeichnet[1], ist eines der bedeutsamsten Strafprozeßprinzipien, die Wesen und Gestalt des geltenden Strafverfahrensrechts bestimmen. Doch bestehen wohl kaum über ein anderes Verfahrensprinzip so erhebliche Unklarheiten wie über das Unmittelbarkeitsprinzip. Darüber, was dieser Grundsatz im einzelnen besagt und wie er Ausdruck in der Strafprozeßordnung findet, herrscht ein verwirrender Streit. Die Unklarheiten beruhen zum einen rein begrifflich auf der Mehrdeutigkeit des Wortes „Unmittelbarkeitsgrundsatz“, das eine mannigfache Interpretation zuläßt. Zum anderen hat der heftige und beharrliche Streit über den Inhalt dieses Verfahrensprinzips seinen Grund auch darin, daß bestimmte Forderungen nach Unmittelbarkeit der Verfahrensgestaltung aus rechtspolitischen Erwägungen als unerläßlich für den Prozeßzweck der Wahrheitsfindung angesehen werden. In dem mehrdeutigen Wort „Grundsatz der Unmittelbarkeit“ werden daher verschiedene Forderungen für die Prozeßgestaltung zusammengefaßt, denen somit als „prinzipiellen“ Forderungen verbindliche rechtliche Geltung zukommen soll.

Wegen dieser Unklarheiten soll mit der vorliegenden Arbeit der Versuch unternommen werden, Inhalt und prozessuale Bedeutung des Grundsatzes der Unmittelbarkeit aus dem Gesetz zu erschließen und darzulegen. Im Hinblick auf die Mehrdeutigkeit des Wortes „Unmittelbarkeitsgrundsatz“ und um Unklarheiten bei der Behandlung des Themas möglichst zu vermeiden, werden eine Darstellung und Kritik der Begriffsanwendung vorangehen. Unter Berücksichtigung der historischen Grundlagen des Unmittelbarkeitsprinzips wird sodann im ersten Teil der Arbeit Gegenstand der Erörterungen insbesondere die Frage sein, inwieweit verschiedenartige Forderungen nach Unmittelbarkeit Ausdruck in der Strafprozeßordnung gefunden haben und was somit Inhalt dieses Verfahrensprinzips ist. In praktisch bedeutsamer Hinsicht geht der Streit im wesentlichen darum, ob und inwieweit unter Geltung des Unmittelbarkeitsgrundsatzes eine mittelbare Beweisführung durch Vernehmung von Zeugen vom Hörensagen zulässig ist. Das Schwergewicht des ersten Teils wird daher bei der Erörterung dieser Frage liegen. Eine

---

[1] RGSt 12, 104 (105).

abschließende rechtsvergleichende Untersuchung über die Regelung des Hörensagenbeweises im Prozeßsystem anderer Staaten soll nicht nur eine Ergänzung dieser Problematik bringen, sondern auch die Ergebnisse bestätigen, die für die Frage mittelbarer Beweisführung durch Zeugen vom Hörensagen durch ihre Einordnung in den funktionalen Zusammenhang der beweisrechtlichen Vorschriften der Strafprozeßordnung gefunden werden.

In einem zweiten Teil werden die besonderen Probleme Beachtung finden, die aus der Vernehmung von Zeugen vom Hörensagen in jenen Fällen entstehen, wo der unmittelbare Wahrnehmungszeuge aufgrund einer staatlichen Aussagebeschränkung völlig geheim bleibt. Insbesondere in politischen Prozessen erscheint die Verwertung von Angaben anonymer Gewährsleute, sog. V-Leute, im Wege der Vernehmung von Polizeibeamten als Zeugen vom Hörensagen in mehrfacher Hinsicht bedenklich. In diesem Grenzgebiet von Strafverfahrensrecht und Verfassungsrecht werden Werterwägungen maßgeblich, die außerhalb des Bereichs strafprozessualer Normen begründet sind. In diesem Teil der Arbeit soll daher untersucht werden, wie der strafprozessuale Grundsatz der Unmittelbarkeit im Licht und nach den Forderungen verfassungsrechtlicher Wertentscheidungen und der Grundsätze der Menschenrechtskonvention von Rom zu verstehen ist.

Erster Teil

Der Grundsatz der Unmittelbarkeit in seiner Bedeutung und Ausgestaltung nach der Strafprozeßordnung

1. Abschnitt

Theoretische Grundlegung

A. Die im Grundsatz der Unmittelbarkeit zusammengefaßten Forderungen als Gegenstand der Untersuchung — terminologische Grundlegung

I. Logisch-begriffliche Klärung des Wortes „Unmittelbarkeit"

Inhalt und prozessuale Bedeutung des Grundsatzes der Unmittelbarkeit können nicht schon dem Begriff entnommen werden, der das Prinzip kennzeichnet; denn durch den Begriff „Unmittelbarkeit" wird keine anschauliche Vorstellung sachlichen Inhalts in das Bewußtsein gehoben. Er läßt vielmehr nur eine formale Vorstellung eines Beziehungsverhältnisses entstehen, dessen Bezugspunkte einander direkt, d. h. ohne das Dazwischentreten eines unterbrechenden oder vermittelnden Dritten, gegenüberstehen. Diese in der Erfahrung gegebene Vorstellung der Besonderheit eines bestimmten Beziehungsverhältnisses als der vom Begriff gemeinte Gegenstand[1] wird durch die Bezeichnung mit dem Wort „Unmittelbarkeit" isoliert und eindeutig bestimmt, so daß sie in verschiedenem Zusammenhang, in dem sie tatsächlich vorkommt, unverändert dieselbe ist. Mit dieser Abgrenzung, Heraushebung und Fixierung eines bestimmten Bewußtseinsinhalts ist der Begriff „Unmittelbarkeit" zwar selbständig im *logischen* Bereich und bedarf als Begriff somit keiner weiteren Ergänzung[2]. Doch ist der vom Begriff gemeinte Gegenstand im *sachlichen* Bereich unselbständig, da er zu

---

[1] „Gegenstand eines Begriffes im logischen Sinne ist der Tatbestand, auf den er sich bezieht", *Ziehen*, S. 459. Die von Begriffen gemeinten Gegenstände können daher außer selbständigen Dingen auch unselbständige Zustände von Dingen, unselbständige Beschaffenheiten oder Vorgänge sowie mehrfach unselbständige Relationen sein, vgl. *Pfänder*, S. 163 f.

[2] Vgl. *Pfänder*, S. 165.

seinem Sein anderer Gegenstände bedarf[3, 4]. Versucht man, den Begriff in einem Zusammenhang zu denken, in welchem er gewöhnlich Anwendung findet, so ergeben sich Beispiele wie: Unmittelbarkeit der Erkenntnis, der Anschauung, Unmittelbarkeit des Eingriffs, Unmittelbarkeit der Befehlsgewalt einer Person über andere. Es zeigt sich hieran, daß der Begriff „Unmittelbarkeit" die Besonderheit — Modalität — eines Vorganges oder Zustandes kennzeichnet, der zwischen zwei Beziehungspunkten vonstatten geht oder besteht[5]. Als (substantivierter) *Eigenschaftsbegriff*[6] ist er somit mehrfach unselbständig im sachlichen Bereich: es bedarf einer zusammengesetzten Vorstellung der jeweiligen Bezugspunkte sowie des zwischen ihnen bestehenden Zustandes oder vonstatten gehenden Vorganges, um eine anschauliche Vorstellung zu gewinnen und eine Erkenntnis des sachlich-funktionalen Zusammenhanges, der ein „unmittelbarer" sein soll. Aus dieser sachlichen Unselbständigkeit des Eigenschaftsbegriffs „Unmittelbarkeit" folgt: wo auch immer dieser Begriff Anwendung findet, müssen die Endpunkte der jeweiligen Bezogenheit klar herausgestellt und das

---

[3] Vgl. *Pfänder*, S. 165: „Das Entscheidende ... ist, daß die Hauptbegriffe den gemeinten Gegenstand, mag er ein selbständiger oder unselbständiger sein, gedanklich voll umgrenzen und abgrenzen, ihn für sich herausheben, kurz, ihn *gedanklich* verselbständigen und substantivieren. Nennen wir diese Form der Selbständigkeit eine *logische* Kategorie, so ist diese logische Kategorie streng von der *sachlichen* des ‚Dinges' zu unterscheiden."

[4] Man könnte deshalb bei solchen „unselbständigen" Begriffen ebensogut der Ansicht sein, daß ein Wort, welches keine anschauliche Vorstellung hervorruft, unter dem man also nichts zu „begreifen" vermag, kein Begriff sei. Wie die Terminologie im philosohischen Schrifttum, insbesondere bei den Logikern, zeigt, ist es aber wohl nur eine Frage der Definition, welchen Bedeutungsgehalt Wörter haben müssen, um sie den Begriffen zuzuweisen. Wesentlich für die Verwendung eines Wortes in einem Denkzusammenhang scheint allein, daß es einen bestimmten Bedeutungsgehalt klar umgrenzt und eindeutig bestimmt, so daß er in verschiedenem Zusammenhang, in welchem das Wort vorkommt, nicht geändert wird. So ist es letztlich eine rein terminologische Frage, ob man bei dem Wort „Unmittelbarkeit" von einem Begriff sprechen kann oder will. Die Ausführungen des Textes zur Zuordnung, logischen Funktion und Anwendung des *Begriffs* „Unmittelbarkeit" gelten daher sachlich in gleicher Weise auch dann, wenn man dieses Wort nicht als Begriff ansehen will.

[5] Es gibt also nur eine Unmittelbarkeit von etwas zwischen terminus a quo und terminus ad quem, nicht eine Unmittelbarkeit zwischen zwei Beziehungspunkten schlechthin. Darin liegt der wesentliche Unterschied zwischen dem Begriff der Unmittelbarkeit und den Relationsbegriffen, die selbst das Beziehungsverhältnis zwischen zwei verglichenen Phänomenen beschreiben, d. h. begrifflich zum Inhalt haben.

[6] Man unterscheidet bei den logischen Kategorien Ding-, Eigenschafts-, Tätigkeits- und Relationsbegriffe, vgl. *Sigwart*, S. 336; *Lotze*, S. 17; *Wundt*, S. 114. — Die Substantivform des Begriffs „Unmittelbarkeit" steht seiner Einordnung in die Kategorie der Eigenschaftsbegriffe nicht entgegen, denn die logischen Kategorien decken sich nicht immer und keinesfalls notwendig mit den Wortformen, die die Grammatik unterscheidet, vgl. *Wundt*, S. 114; *Pfänder*, S. 164.

Was des sie verbindenden Zusammenhanges dargetan werden; erst so entsteht in Verbindung mit dem durch „Unmittelbarkeit" gekennzeichneten *Wie* dieses Zusammenhanges eine anschauliche Vorstellung und eindeutige Aussage über die Besonderheit eines bestimmten Beziehungsverhältnisses.

Um eine sachliche Aussage über Inhalt und prozeßgestaltende Funktion des Grundsatzes der Unmittelbarkeit zu erhalten, müssen also die Bezugspunkte dieses Verfahrensprinzips klar herausgestellt und der zwischen ihnen gegebene, prozeßrechtlich bedeutsame Vorgang gekennzeichnet werden. Dies soll in einer zusammenfassenden Darstellung[7] dessen geschehen, was unter dem Unmittelbarkeitsprinzip im strafprozessualen Schrifttum verstanden wird.

II. Die Anwendung des Begriffs bei der Darstellung des Grundsatzes der Unmittelbarkeit im Schrifttum

Zwei verschiedenartige Forderungen nach „Unmittelbarkeit" der Verfahrensgestaltung werden im Grundsatz der Unmittelbarkeit zusammengefaßt[8]:

So soll der Unmittelbarkeitsgrundsatz zunächst besagen, daß das erkennende Gericht von dem gesamten Prozeßstoff, den Verfahrensbeteiligten und allen Beweismitteln in unmittelbarer eigener sinnlicher Wahrnehmung Kenntnis erlangen solle. Demzufolge müsse das Gericht den Angeklagten, die Zeugen und Sachverständigen in der Hauptverhandlung selbst sehen und hören. Urkunden, die als Beweismittel dienen, solle es mit eigenen Augen zur Kenntnis nehmen und zugleich ihren Inhalt wörtlich hören, desgleichen Augenscheinsobjekte selbst besichtigen[9].

In diesem Sinne bezieht sich der Unmittelbarkeitsgrundsatz also auf das Verhältnis des Gerichts zu den Beweismitteln und kennzeichnet die *Form* der gerichtlichen Kenntnisnahme von den Urteilsgrundlagen, insbesondere die Form der Beweisaufnahme.

Da Subjekt der Beweisaufnahme dem Erfordernis der eigenen sinnlichen Wahrnehmung zufolge das erkennende Gericht sein soll, wird

---

[7] Verfasserin beschränkt sich hier auf einen einfachen Überblick über die im Grundsatz der Unmittelbarkeit zusammengefaßten prozessualen Forderungen. Eine systematische Darstellung des Unmittelbarkeitsprinzips in seiner ihm vom Schrifttum zugesprochenen Bedeutung und in seinem Geltungsbereich folgt im 3. Abschnitt unter A.

[8] Siehe z. B. bei *Eb. Schmidt*, LK I, Rn 444 ff.; *Peters*, Lb 2, S. 266 f.; *v. Hippel*, S. 315; *Bennecke*, S. 407 f.; *Bennecke - Beling*, S. 249; *Maas*, Strafr.Abhdlgen 77 (1907), 14.

[9] Vgl. *Eb. Schmidt*, LK I, Rn 444; *Henkel*, Lb, S. 342; *Löwe - Rosenberg - Schäfer*, Einl. S. 131.

dieser Grundsatz auch als Unmittelbarkeitsgrundsatz im *subjektiven Sinne* bezeichnet[10] oder, da er die Form der gerichtlichen Erkenntnistätigkeit bestimmt, auch Unmittelbarkeitsgrundsatz im *formellen Sinne*[11]. In einer dritten Weise wird er als Grundsatz der Unmittelbarkeit des *Verkehrs* von denjenigen gekennzeichnet, die den Vorgang der Beweisaufnahme insgesamt im Auge haben, das persönliche Gegenüber von Gericht und Beweismitteln im Prozeßverkehr[12].

In anderer Hinsicht soll im Unmittelbarkeitsgrundsatz die weitere Forderung enthalten sein, daß das Gericht sich seine Überzeugung von den sachurteilserheblichen Tatsachen möglichst durch Benutzung des tatnächsten Beweismittels bilde[13]. Aus dem Prozeßzweck der materiellen Wahrheitsfindung folge, daß das erkennende Gericht bei der Erforschung des Herganges der Straftat in die möglichst unmittelbare Beziehung zu den strafrechtlich bedeutsamen Tatsachen treten müsse[14]. Die Verwendung des Originalbeweismittels, dessen Beziehung zu der Straftat eine unmittelbare sei, liefere den sichersten und besten Beweis. Jedes weitere Zwischenglied in der Kette der möglichen Beweismittel hingegen bewirke eine Schwächung und Trübung der richterlichen Erkenntnis durch die Fehlerquellen, die jede Vermittlung mit sich bringe. Im Interesse bestmöglicher Wahrheitfindung fordere der Grundsatz der Unmittelbarkeit daher, daß das erkennende Gericht zur Beweisführung das tatnächste Beweismittel wähle, dessen Benutzung also „an die Klarstellung des Beweisthemas am nächsten heranführt"[15]. So führe beispielsweise der Tatzeuge, der den strafrechtserheblichen Vorgang selbst beobachtet habe, an die Ermittlung der Straftat näher heran als eine zweite Person, der er von seiner Wahrnehmung berichtet habe; eine Urkunde, die die beleidigende Äußerung selbst enthalte, sei das tatnähere Beweismittel gegenüber einer Zeugenaussage über den Inhalt der Urkunde. Wo es jedoch faktisch unmöglich sei, das Originalbeweismittel zu erlangen, dürfe das Gericht das nächstbeste verwenden, sich mit „Schöpfen aus zweiter Hand"[16] begnügen. In diesen Fällen handele es sich um eine „notgedrungene Stellvertretung, den Eintritt

---

[10] *S. Schäfer,* Strafr. Abhdlgen 320 (1933), 2; *Goldtschmidt,* Prozeß, S. 435 Anm. 2288.

[11] *S. Schäfer,* a.a.O.; *Goldschmidt,* a.a.O.; *Pollack,* GA 33 (1885), 253.

[12] *Bennecke - Beling,* S. 258; ihm folgend *Dolderer,* S. 48 ff.; *Stegmaier,* S. 20; *Maas,* Strafr. Abhdlgen 77 (1907), 14 ff.; *Roggemann,* S. 35; *Stegmann,* S. 68 f. spricht vom „Grundsatz der Unmittelbarkeit des Beweismittelverkehrs".

[13] *Eb. Schmidt,* LK I, Rn 445; *Peters,* Lb. 2, S. 267; *v. Hippel,* S. 315; *Beling,* Lb. S. 33, S. 315; *Gerland,* S. 173; *Erwin Rupp,* S. 141.

[14] *Beling,* Lb. S. 33; *Maas,* Strafr. Abhdlgen 77 (1907), 13; *Erwin Rupp,* S. 129; *Haag,* DJ 1937, 801; *Kautter,* S. 10.

[15] *Beling,* Lb, S. 315.

[16] *v. Hippel,* S. 389.

in eine Lücke"[17]. Der Richter sei dann, wenn er die Tatsache nur durch ein vermittelndes Zwischenglied erschließen könne, eben so nahe wie nach den Umständen möglich an die betreffende Tatsache herangegangen. Diese Art der Tatsachenermittlung entspreche durchaus dem Grundsatz der Unmittelbarkeit, denn er sei nicht absolut, sondern *relativ*[18] zu verstehen[19]. Als Prinzip der Beseitigung jeder unnötigen Vermittlung gebiete er nur eine „möglichste Unmittelbarkeit"[20] der richterlichen Anschauung.

In diesem Sinne wird der Unmittelbarkeitsgrundsatz also bezogen auf das Verhältnis des Gerichts zu den sachurteilserheblichen *Tatsachen*. Er kennzeichnet aber im Gegensatz zu der Unmittelbarkeitsforderung im ersteren Sinne nicht eine Modalität der Beweisaufnahme innerhalb dieses Beziehungsverhältnisses, sondern enthält ein Gebot für die Wahl unter den Beweismitteln, wodurch jenes unmittelbare Verhältnis des Gerichts zu den Tatsachen hergestellt werden soll.

Da der Unmittelbarkeitsgrundsatz in diesem Sinne somit eine sachbezogene Forderung hinsichtlich der Wahl und Verwendung der Beweisobjekte zum Inhalt hat, wird er auch als Unmittelbarkeitsgrundsatz im *objektiven*[21] oder *materiellen*[22] Sinne bezeichnet. Von anderer Seite wird er als Grundsatz der Unmittelbarkeit der *Tatsachenerschließung*[23] durch diese Hervorhebung eines Bezugspunktes treffend in Gegensatz gestellt zu der Unmittelbarkeit des Verkehrs zwischen Gericht und Beweismitteln.

III. Kritik der Begriffsanwendung

Wie aus dieser Darstellung hervorgeht, werden also unter Verwendung des Begriffs „Unmittelbarkeit" zwei verschiedenartige Forderungen im Verfahrensgrundsatz der Unmittelbarkeit zusammengefaßt:

Zum einen wird Unmittelbarkeit verlangt im Verhältnis des Gerichts zu den Verfahrensbeteiligten und Beweismitteln. Das Gebot der eige-

---

[17] *Bennecke - Beling*, S. 252.

[18] *Bennecke - Beling*, S. 253; *Kautter*, S. 11; *Hegler*, Rechtsgang II, (1916), S. 288.

[19] Hervorhebung von Verfasserin.

[20] *v. Hippel*, S. 390; *Geyer*, S. 11; *Erwin Rupp*, S. 127, 141; *Maas*, Strafr. Abhdlgen 77 (1907), 12.

[21] *Goldschmidt*, Prozeß, S. 435 Anm. 2288, S. 438 Anm. 2297; *S. Schäfer*, Strafr. Abhdlgen 320 (1933), 2.

[22] *Goldschmidt*, a.a.O., *S. Schäfer*, a.a.O.; *Pollack*, GA 33 (1885), 253.

[23] *Bennecke - Beling*, S. 258; ihm folgend: *Maas*, Strafr. Abhdlgen 77 (1907), 13 f.; *Dolderer*, S. 48 ff.; *Stegmaier*, S. 20; *Roggemann*, S. 35; *Stegmann*, S. 69, spricht vom „Grundsatz der Unmittelbarkeit der gerichtlichen Tatsachenbeziehung".

nen unmittelbaren sinnlichen Wahrnehmung bestimmt, *wie* das Gericht Kenntnis erlangen soll von den Aussagen des Angeklagten und allen sonstigen persönlichen Beweismitteln, vom Inhalt der sachlichen Beweismittel. In diesem Sinne stellt die Forderung nach Unmittelbarkeit also ein *Prinzip der Form* für die Gestaltung des Verfahrens, insbesondere der Beweisaufnahme, dar.

Zum anderen wird möglichste Unmittelbarkeit gefordert im Verhältnis des Gerichts zu den Beweistatsachen. Das Gebot der Benutzung des tatnächsten Beweismittels bestimmt, *welches* von den in Betracht kommenden Beweismitteln das Gericht zur Feststellung dieser Tatsachen verwenden soll. Es handelt sich also um ein *Prinzip der Wahl* für die Gestaltung der Beweisführung[24], durch welches die angestrebte Unmittelbarkeit zu den Beweistatsachen erreicht werden soll.

Aus dieser Gegenüberstellung wird deutlich, daß es sich um zwei sowohl inhaltlich als auch prozeßfunktional völlig unterschiedliche Prinzipien handelt, die als Inhalt des Unmittelbarkeitsgrundsatzes in Frage stehen. Wenn nun aber, wie das überwiegend geschieht, schlechthin von einem Grundsatz der Unmittelbarkeit gesprochen wird, so muß das wegen der dargestellten Doppelbezogenheit des Unmittelbarkeitsbegriffs notwendig zu einer großen Verwirrung führen, da weder die unterschiedlichen Bezugspunkte noch die prozessuale Bedeutung der dargestellten und im Einzelfall gemeinten Forderungen erkennbar werden[25].

Daher erscheint es geboten, diese beiden Forderungen für die Verfahrensgestaltung klar voneinander abzuheben und begrifflich eindeutig zu bezeichnen.

Der Versuch ist gemacht worden mit der Gegenüberstellung von Unmittelbarkeitsgrundsatz im subjektiven oder formellen Sinne und im objektiven oder materiellen Sinne. Diese Unterscheidung läßt jedoch von der Bezeichnung her weder die verschiedenen Bezugspunkte der angesprochenen Forderungen noch ihre unterschiedliche Bedeutung für die Verfahrensgestaltung erkennbar werden. Erkenntnissuchendes Subjekt ist stets das Gericht, und sowohl bei den Beweismitteln als auch bei den Beweistatsachen kann es sich um Objekte handeln. Vor allem aber kann „Unmittelbarkeit" als Eigenschaftsbegriff wohl ein *Wie* kennzeichnen und als Prinzip der Form verstanden werden, aber aufgrund seiner logischen Funktion als Eigenschaftsbegriff kann das Wort

---

[24] Beweisführung ist der Weg zur Feststellung der Tatsachen, *Peters*, Lb. 2, S. 246. Sie umfaßt die gesamte gerichtliche Tätigkeit, die auf die Erkenntnis der Wahrheit abzielt, *Glaser*, Hdb. I, S. 358. Unter Beweisaufnahme ist dagegen mehr der formelle Vorgang der Erhebung des Beweisinhalts des jeweiligen Beweismittels und aller insgesamt zu verstehen.

[25] Vgl. z. B. *Ullmann*, DStPO, S. 39 und S. 473.

keine Anwendung finden zur Bestimmung eines *Was* und so ein Gebot der Wahl zum Inhalt haben unter der Bezeichnung „Unmittelbarkeit im materiellen Sinne“.

Die Unterscheidung einer Forderung nach Unmittelbarkeit des Verkehrs von jener nach Unmittelbarkeit der Tatsachenerschließung läßt zwar deutlich die unterschiedlichen Bezugspunkte und damit die zweckbestimmte Ausrichtung der beiden Forderungen erkennbar werden. Doch ist die einheitliche Anwendung des Begriffs „Unmittelbarkeit“ auf unterschiedliche Beziehungsverhältnisse und zur Kennzeichnung verschiedenartiger Prozeßforderungen nur dann gerechtfertigt, wenn Inhalt und logische Funktion des Begriffs in beiden Zusammenhängen unverändert gleich sind. Denn ein Begriff bedeutet „ein und dasselbe Gewußte“[26], „Festhalten des Identischen in der Vorstellung“[27], und diese eindeutige Bestimmung und Isolierung eines Denkinhaltes durch den Begriff bedingt zugleich seine Konstanz, d. h. die Unveränderlichkeit seines Inhalts in jedem Denkzusammenhang[28]. Eben dieses muß aber in Frage gestellt werden, wenn außer auf die Beziehung des Gerichts zu den Beweismitteln der Begriff „Unmittelbarkeit“ gleichermaßen Anwendung findet auf die Beziehung des Gerichts zu den Tatsachen. Von Unmittelbarkeit in diesem Verhältnis kann doch wohl nur dann gesprochen werden, wenn der Richter mit eigenen Augen die abzuurteilende Straftat selbst wahrgenommen hat, also zum Beispiel den Mord selbst gesehen, den Ausruf der Beleidigung selbst gehört hat. Eine solche unmittelbare Anschauung der Straftat durch den Richter ist nun schon tatsächlich fast nie gegeben. Sie ist aber auch rechtlich ausgeschlossen für die prozessuale Wahrheitsfindung, falls sie zufällig gewonnen wurde. Der Richter darf sein „privates Wissen“ von der Straftat nicht als Urteilsgrundlage verwerten, da er sonst Richter und Zeuge in einer Person wäre und sich und seine eigenen Wahrnehmungen selbst beurteilen müßte[29]. Nur *in* und *aus* der mündlichen Hauptverhandlung darf das Gericht Kenntnis von den zu beurteilenden Tatsachen und die Überzeugung von ihrer Wahrheit erlangen (§ 261 StPO). Die richterliche Erkenntnis ist also stets und prinzipiell mittelbar insofern, als das Gericht nur durch persönliche und sachliche Beweismittel Wissen und Überzeugung von sachurteilserheblichen Tatsachen erlangen *soll*.

---

[26] *Rehmke*, S. 428.

[27] *Deussen*, S. 61.

[28] *H. Meyer*, S. 170; *Ziehen*, S. 434; *Sigwart*, S. 324; *Wundt*, S. 93.

[29] Nach § 22 Nr. 5 StPO wird er daher durch Bekundung seines persönlichen Wissens von der Tat als Zeuge oder Sachverständiger kraft Gesetzes vom Richteramt ausgeschlossen.

Im Verhältnis des Gerichts zu den Beweistatsachen ist also prozeßrechtlich zwingend immer Mittelbarkeit gegeben. Mittelbarkeit aber bedeutet die Verneinung von Unmittelbarkeit. Die Begriffe stehen in konträrem[30] Gegensatz und schließen sich also gegenseitig dadurch aus, daß ihr Denkgegenstand jeweils die Verneinung des anderen zum Inhalt hat. So kann schlechterdings nicht von Unmittelbarkeit im Verhältnis des Gerichts zu den Tatsachen gesprochen werden.

Nun wird zwar auch allgemein die prozessual bedingte Mittelbarkeit der Tatsachenerkenntnis gesehen und sogar besonders hervorgehoben[31]. Man zieht daraus aber nur die Konsequenz, von „möglichster Unmittelbarkeit" zu sprechen, und versteht den Grundsatz der Unmittelbarkeit „relativ", so daß selbst bei Entfallen des tatnächsten Beweismittels und damit notgedrungen einer weiteren Stufe der Vermittlung der richterlichen Tatsachenerkenntnis jene geforderte „möglichste Unmittelbarkeit" gewahrt sei.

Unmittelbarkeit ist aber keiner Relativierung fähig, da es nur das Entweder — Oder der sich gegenseitig ausschließenden Begriffe Unmittelbarkeit — Mittelbarkeit gibt. Eine „möglichste Unmittelbarkeit", die relativ zu verstehen sei, ist eine contradictio in adiecto. Dieser Widerspruch kommt auch sprachlich deutlich zum Ausdruck in der Bezeichnung der Prozeßforderung nach *Unmittelbarkeit* der Tatsachen*erschließung*. Tatsachenerschließung durch Benutzung von *Beweismitteln* bedeutet gerade die Mittelbarkeit der richtlichen Tatsachenerkenntnis.

So muß festgestellt werden, daß eine einheitliche Anwendung des Begriffs der „Unmittelbarkeit" nicht möglich ist zur Kennzeichnung der beiden unterschiedlichen Forderungen für die Verfahrensgestaltung in der Weise, daß eine Forderung nach Unmittelbarkeit des Verkehrs jener nach Unmittelbarkeit der Tatsachenerschließung gegenübergestellt wird.

Abgesehen von der unrichtigen Anwendung des Unmittelbarkeitsbegriffs auf die Tatsachenerkenntnis ist gegen diese Bezeichnung der angesprochenen Forderung überdies einzuwenden, daß ihre prozessuale Bedeutung als Gebot der Wahl für die Gestaltung der Beweisführung hierdurch nicht zum Ausdruck kommt.

So ergibt sich zusammenfassend, daß die im strafprozessualen Schrifttum bislang getroffenen Unterscheidungen zwischen den beiden Forderungen, die als Inhalt des Unmittelbarkeitsgrundsatzes in Frage stehen,

---

[30] Siehe zum Unterschied von konträrem und kontradiktorischem Gegensatz zwischen Begriffen, *Wundt*, S. 130 ff.

[31] z. B. *Maas*, Strafr.Abhdlgen 77 (1907), 11 f.; *Spendel*, JuS 1964, 468; *Erwin Rupp*, S. 127.

nicht befriedigen. Da zur Behandlung des Themas eine klare Trennung dieser Forderungen aber notwendig ist, sollen sie abschließend unter Berücksichtigung ihrer unterschiedlichen prozessualen Bedeutung neu gekennzeichnet werden.

Zunächst handelt es sich um die Forderung nach unmittelbarer eigener sinnlicher Wahrnehmung aller zur Wahrheitserforschung benötigten Beweismittel durch das erkennende Gericht. Ihre prozessuale Bedeutung liegt in der Bestimmung der Form der gerichtlichen Kenntnisnahme von den Urteilsgrundlagen im Wege der Beweisaufnahme. Dieses Formprinzip der Verfahrensgestaltung soll im folgenden bezeichnet werden als „Forderung nach unmittelbarer Wahrnehmung der Beweismittel."

Des weiteren steht die Forderung nach Benutzung des tatnächsten Beweismittels als Inhalt des Unmittelbarkeitsgrundsatzes in Frage. Ihre Kennzeichnung ergibt sich aus folgenden Erwägungen:

Bei näherer Betrachtung dessen, was im Schrifttum als Zweck dieser Forderung dargestellt wird, geht es ersichtlich auch gar nicht um eine unmittelbare Beziehung des Gerichts zu den Tatsachen, sondern um die bestmögliche Erkenntnis ihrer Richtigkeit im Wege des Beweises. Bestmögliche Erkenntnis aber gewinnt das Gericht durch Benutzung desjenigen Beweismittels, aus dessen Inhalt es direkt, d. h. ohne weitere Schlußfolgerung, die Richtigkeit der sachurteilserheblichen Tatsachen entnehmen kann, welches also *unmittelbaren Beweis* für diese Tatsachen erbringt. So stellt das in Frage stehende Gebot der Wahl und Verwendung des tatnächsten Beweismittels eine Forderung nach *unmittelbarer Beweisführung* im Hinblick auf die den Gegenstand der Anklage bildenden Tatsachen dar, und allein in dieser Hinsicht zielt es auf eine Unmittelbarkeit der Verfahrensgestaltung ab. Eine unmittelbare Beweisführung ist aber dann nicht mehr möglich, wenn das Originalbeweismittel — jenes also, welches unmittelbaren Beweis liefern kann — nicht mehr vorhanden ist. Dann ist das tatnächste Beweismittel nur ein mittelbar funktionierendes, d. h. ein solches, aus dessen Inhalt nicht direkt die Richtigkeit der zum strafrechtlichen Tatbestand gehörenden Tatsachen hervorgeht, sondern durch welches andere Umstände bewiesen werden, aus denen das Gericht nur einen Schluß auf die strafrechtlich bedeutsamen Tatsachen ziehen kann. Bestmögliche Erkenntnis kann dann nur durch Verwendung dieses nächstbesten Beweismittels gewonnen werden. Insofern kann die Forderung nach Wahl des jeweils tatnächsten Beweismittels sehr wohl relativ verstanden werden. Unmittelbarkeit der Verfahrensgestaltung kann durch sie aber nur dann erreicht werden, wenn durch Wahl und Verwendung des Originalbeweismittels eine unmittelbare Beweisführung möglich ist.

Die prozessuale Bedeutung dieser Forderung liegt in dem Gebot der Wahl unter den Beweismitteln, wodurch die angestrebte unmittelbare Beweisführung erreicht werden soll. Diese Forderung soll im folgenden bezeichnet werden als „Forderung nach unmittelbarer Beweisführung durch Verwendung des tatnächsten Beweismittels".

B. Die Rechtsnatur des Grundsatzes der Unmittelbarkeit als bestimmendes Kriterium für das Vorgehen bei der Untersuchung — methodische Grundlegung

Im Streit um den Grundsatz der Unmittelbarkeit geht es darum, welche der beiden soeben bezeichneten Forderungen Inhalt des Verfahrensgrundsatzes ist oder ob beiden verbindliche rechtliche Geltung zukommt als Bestandteilen des Unmittelbarkeitsprinzips. Diese unterschiedlichen Ansichten beruhen nicht allein darauf, daß aufgrund der Mehrdeutigkeit des Wortes „Unmittelbarkeitsgrundsatz" eine mehrfache Interpretation möglich erscheint. Sie haben ihren Grund wohl auch darin, daß Inhalt und prozessuale Bedeutung eines Verfahrensgrundsatzes generell nicht schon aus seiner Bezeichnung hervorgehen. Dies liegt an der besonderen Rechtsnatur der Verfahrensgrundsätze.

Diese als Prozeßprinzipien oder Prozeßmaximen bezeichneten Grundsätze folgen nicht schon mit zwingender Notwendigkeit aus dem Wesen des Prozesses an sich, sondern lassen die vom Gesetzgeber aufgrund vielfältiger Erfahrungen und im Hinblick auf bestimmte politische und ethische Einstellungen gewählten Gesichtspunkte erkennen, die für seine Methode der normmäßigen Ausgestaltung des Strafprozesses bestimmend waren. Da also die Zweckmäßigkeit bei diesen Prinzipien in Frage steht, handelt es sich nicht um *logische*, sondern um *rechtspolitische* Erwägungen[32]. Zur möglichst idealen Gestaltung des Verfahrens entstanden so gewählte *Leitbilder* für die Gesetzgebung, oberste Grundsätze für die Normierungsinhalte.

Aus diesem Charakter der Strafprozeßprinzipien folgt, daß die Bedeutung eines Verfahrensgrundsatzes nicht schon dem ihn kennzeichnenden Wort durch Interpretation entnommen werden kann. Vielmehr muß aus den einzelnen Bestimmungen des Gesetzes, für deren Normierungsinhalt er bestimmend war, und aus dem Gesetzeszusammenhang erschlossen werden, wie der Gesetzgeber ein „Leitbild" verwirklicht

---

[32] So verstehen und betonen alle neueren Autoren den Charakter der Strafprozeßprinzipien, vgl. *Eb. Schmidt*, LK I, Rn 330; *Henkel*, Lb, S. 84 ff., 92; *Exner*, S. 3 ff.; *Sauer*, Grundlagen, S. 51; *Rosenfeld*, S. 43; *Geerds*, SchlHA 1962, 182; vgl. ferner *Beling*, Lb, S. 81, der die „Prinzipien" in Gegensatz stellt zu den „formalen Grundbegriffen als den rein kategorischen Prinzipien".

hat und wie also das Gesetz eine bestimmte Prozeßmaxime verstanden wissen will.

Inhalt und prozessuale Bedeutung des Grundsatzes der Unmittelbarkeit sollen auf diese Weise im folgenden erschlossen werden. Da das geltende Strafprozeßrecht im wesentlichen auf den Grundsätzen beruht, die im 19. Jahrhundert im Kampf um die Reform des gemeinrechtlichen Inquisitionsprozesses politisch errungen und wissenschaftlich erarbeitet worden sind, soll ein geschichtlicher Überblick über die historischen Grundlagen des Unmittelbarkeitsprinzips vorangehen. Hieraus kann ein Anhaltspunkt gewonnen werden dafür, wie der Gesetzgeber sein „Leitbild der Unmittelbarkeit" verstanden und verwirklicht hat.

2. Abschnitt

Geschichtliche Grundlagen des Grundsatzes der Unmittelbarkeit

A. Schriftlichkeit und Mittelbarkeit im Prozeß der Constitutio Criminalis Carolina und im gemeinrechtlichen Inquisitionsprozeß

Im Prozeß der Constitutio Criminalis Carolina war die unmittelbare Wahrnehmung von Beschuldigten und Beweismitteln durch das erkennende Gericht im Rahmen einer mündlichen Verhandlung nach dem Gesetz noch die Regel. Es lag jedoch an der Verpflichtung zur Einholung rechtsgelehrten Rates und dem Zerfallen des Prozesses in eine kaum berechenbare Anzahl von Teilakten, daß diese Regel praktisch zur Ausnahme wurde[1].

Das peinliche Gericht hatte zwar den Augenschein selbst vorzunehmen[2], sah und hörte den Beschuldigten und die Zeugen. Da jedoch die Richter und Schöffen des peinlichen Gerichts vielfach nicht rechtsgelehrt waren und insbesondere das „Keyserliche recht" (das römische Recht) nicht kannten[3], auf das die CCC oft verwies, mußte in allen zweifelhaften oder schwierigen Fällen der Rat eines auswärtigen rechtsgelehrten Kollegiums eingeholt werden[4]. Das peinliche Gericht war daher in der Mehrzahl der abzuurteilenden Fälle gar nicht erkennendes Gericht im wahren Sinne. Es sandte die Prozeßakten an einen Oberhof, an die Landesherrliche Obrigkeit, an eine Juristenfakultät oder an die Schöppenstühle[5], und dort wurde von den „Rechtsverständigen" aufgrund des Akteninhalts ein Gutachten verfaßt, das vom peinlichen Gericht dann als Urteil verkündet wurde[6].

---

[1] *Zachariä*, Gebrechen, S. 80.

[2] CCC Art. 149.

[3] Vgl. die Vorrede der CCC: „... die meynsten peinlich gericht mit personen, die unsere Keyserliche recht nit gelert, erfarn oder übung haben, besetzt werden ..." (zit. nach der Textausgabe von Radbruch).

[4] Diese Verpflichtung ergibt sich aus einer Anzahl von Einzelbestimmungen der CCC und wird im letzten Artikel (219) nachdrücklich und ausführlich wiederholt.

[5] Vgl. CCC Art. 219.

[6] Damit wurde durch die CCC das Institut der Aktenversendung begründet, das bis in das 19. Jahrhundert Anwendung fand, vgl. *Eb. Schmidt*, Geschichte, S. 135.

Bei der eigentlichen Urteilsfindung lag also Mittelbarkeit der richterlichen Kenntnisnahme von den Urteilsgrundlagen vor, da das rechtsgelehrte Kollegium den gesamten Prozeßstoff durch die sorgfältigen Protokolle aller Prozeßhandlungen vermittelt bekam.

Aber auch in den wenigen Fällen, in denen das peinliche Gericht selbst das Urteil fand, war eine unmittelbare Wahrnehmung des Beschuldigten und der Beweismittel nur teilweise gegeben. Da man wegen des Zerfallens des Prozesses in eine Vielzahl von Einzelakten bald nur für die wichtigsten ein vollständig besetztes Gericht forderte, wohnten einige Richter des erkennenden Gerichts nicht selbst der Beweisaufnahme bei und konnten so nur aus den Akten Kenntnis davon erlangen. Hinzu kam, daß nach Art. 72 CCC die Erhebung des Zeugenbeweises außerhalb des Gerichts durch gewisse von der „nechsten oberkeyt" dazu angeordnete rechtsverständige „kundtschafft verhörer oder Commissarien" zugelassen war, wodurch für einen bedeutsamen Teil der Beweisaufnahme die Unmittelbarkeit der richterlichen Erkenntnis durchbrochen war[6a].

Aus diesen Besonderheiten des Verfahrens ergab sich zugleich, daß der ganze Prozeß weitgehend ein schriftlicher war, da das Urteil des rechtsgelehrten Kollegiums sich auf den Akteninhalt gründen mußte und ebenso die Entscheidungen jener Richter des peinlichen Gerichts, die nur einigen Teilakten der Verhandlung beigewohnt hatten. Die sorgfältige Protokollierung aller Prozeßakte war daher zwingende Notwendigkeit[7], und eine Vielzahl entsprechender Bestimmungen der CCC[8] lassen die Bedeutung der Schrift als notwendiges Mittel zur Urteilsfindung und als deren eigentliche Grundlage erkennen[9].

So bedingten sich Schriftlichkeit und Mittelbarkeit im Prozeß der Carolina gegenseitig und prägten die Gestalt des Verfahrens. Sie wurden auch nicht aufgehoben durch die öffentlich-mündliche Schlußverhandlung, die nach durchgeführtem Verfahren stattfand, den sog. endlichen Rechtstag[10]. In dieser öffentlichen Gerichtssitzung, zu der das Publikum durch Glockengeläute eingeladen wurde, fand zwar eine mündliche Verhandlung zwischen den Parteien oder ihren Fürsprechern statt, doch war diese Verhandlung nicht Grundlage der Urteilsfindung.

6a Vgl. *Zachariä*, Gebrechen, S. 80; *Maas*, Strafr. Abhdlgen 77 (1907), 19 f.

7 *Glaser*, Hdb. I, S. 84.

8 z. B. Art. 46, 47, 53, 58, — Protokollierung der Bekenntnisse der Beschuldigten; Art. 71 — Aufzeichnung des Gebarens der Zeugen; Art. 73 — Schriftverkehr vor Öffnung der „kundtschafft"; Art. 149 — Augenscheinsprotokolle; Art. 181—189 — gänzliche, ordentliche und unterschiedliche Protokollierung aller Gerichtshändel, „damit auff solch formliche gründtliche beschreibung stattlich und sicherlich geurtheylt ... werden möge ..." (Art. 189).

9 *Zachariä*, Gebrechen, S. 81.

10 Siehe Art. 78—96 CCC.

Schon vor dem endlichen Rechtstag mußte die Entscheidung von den Richtern und Urteilern beschlossen werden[11]. Befragte nun der Richter in altdeutscher Weise die Schöffen um das Recht[12], so verwiesen diese in ihrer Antwort auf das bereits in den Akten verfaßte Urteil[13]. Dieses wurde daraufhin öffentlich verkündet und über den Verurteilten der Stab gebrochen zum Zeichen der Vollstreckung.

So stellte der als Zugeständnis an altdeutsches Herkommen beibehaltene[14] endliche Rechtstag lediglich ein Zeremoniell dar, welches dem schriftlichen und mittelbaren Verfahren angehängt wurde.

Der gemeine deutsche Strafprozeß nach der Carolina entwickelte sich durch die Doktrin und durch die Praxis des Gerichtsgebrauchs in der Weise fort, daß der in der Carolina nur ganz allgemein erwähnte[15] und dem Anklageprozeß gleichgestellte Inquisitionsprozeß zur allein herrschenden Form des Strafverfahrens wurde.

Der diesem Verfahren zugrundeliegende Gedanke der untersuchenden Tätigkeit des Richters aus eigener Machtvollkommenheit gab dem gesamten Prozeß den Namen Untersuchungs- oder Inquisitionsprozeß[16]. Der Strafrichter (Inquirent) vereinte zunächst die Aufgaben des Richters, des Anklägers und Verteidigers in einer Person und hatte die materielle Wahrheit unter Berücksichtigung der den Beschuldigten belastenden sowie entlastenden Umstände durch eigene Untersuchungen zu ermitteln[17]. Mit diesem inquisitorischen Prinzip als solchem waren zwar Mündlichkeit des Verfahrens und Unmittelbarkeit der richterlichen Kenntnisnahme von den Urteilsgrundlagen durchaus vereinbar[18]. So vernahm auch der Inquirent den Beschuldigten, die Zeugen und Sachverständigen bei persönlichem Gegenüber in mündlicher Verhandlung und verschaffte sich von allen Beweismitteln, sachlichen wie persönlichen, in unmittelbarer eigener sinnlicher Wahrnehmung Kenntnis. Jedoch führte die Entwicklung des gemeinrechtlichen Inquisitionsverfahrens dazu, daß der Inquirent nicht mehr selbst die richtende

---

[11] Vgl. Art. 81 CCC.

[12] Art. 92 CCC: „N. ich frag dich rechtens".

[13] Art. 93 CCC: „Herr Richter ich sprich es geschicht billich ... was nach des gerichts ordnung recht und ... in schrifften zu urtheyl verfasset ist".

[14] Vgl. Art. 123 Bambergensis: „... umb des gemeynen volks und alter gewohnheyt willen die öffentlich gerichtlich handlung ... aus guter anzeygung auch nit unterwegen bleyben".

[15] Art. 6—10 CCC.

[16] *John*, Strafprozeß, in *Holtzendorff's* Encyklopädie der Rechtswissenschaft, 4. Aufl., S. 936; *Stegmaier*, S. 9; vgl. ferner *Zachariä*, Gebrechen, S. 42 f.; *Planck*, S. 148; *Ullmann*, ÖStPO, S. 62.

[17] Vgl. *von Schwarze*, Geschworenengericht, S. 2; *Puchta*, S. 35 ff.; *Eb. Schmidt*, Geschichte, S. 194.

[18] Das hat *Zachariä*, Gebrechen, S. 48, 61, 157, eingehend aufgezeigt.

Tätigkeit ausübte, sondern die Urteilsfindung in den Händen von besonderen Spruchbehörden lag[19]. Diese gründeten ihre Entscheidung auf die ihnen zugesandten Prozeßakten, denen somit entscheidende Bedeutung zukam, und der Satz galt: „Quod non est in actis, non est in mundo[20]."

Es war also im gemeinrechtlichen Inquisitionsprozeß zwar die Untersuchung selbst durch Mündlichkeit und Unmittelbarkeit gekennzeichnet, bei der Urteilsfindung waren sie aber völlig aufgehoben, da das erkennende Gericht die gesamten Urteilsgrundlagen durch die schriftlichen Aufzeichnungen des Inquirenten nur mittelbar zur Kenntnis nahm[21].

Man versuchte freilich, die Akten zu einer zuverlässigen Urteilsgrundlage zu machen. So wurde die Vernehmung des peinlich Angeschuldigten und der Zeugen in „artikulierten Verhören"[22], die aus vorher aufgezeichneten Fragen des Inquirenten an die Vernommenen[23] und deren Antworten bestanden, auf das genaueste festgehalten, um der Spruchbehörde den Gang der Untersuchung in allen Einzelheiten deutlich zu machen. Der fehlende unmittelbar-sinnliche Eindruck sollte ersetzt werden durch sog. „Gebärdenprotokolle"[24], in denen der Inquirent Gesten, Ton, Haltung und Mienen des Angeklagten und der Zeugen sowie sonstige äußere Anzeichen zur Beurteilung der Glaubwürdigkeit ihrer Aussagen aufzuzeichnen hatte[25]. Diese Gebärdenprotokolle, deren Unzulänglichkeit und Gefährlichkeit als Ersatzmittel für den persönlichen Eindruck alsbald erkannt wurden[26], wirkten sich zusam-

---

[19] Zunächst waren das Schöffenstühle oder rechtsgelehrte Spruchkollegien sowie der Landesherr als oberster Richter, vgl. *Eb. Schmidt*, LK I, Rn 427; *Henkel*, Lb, S. 35; später lag diese Aufgabe bei kollegialisch organisierten Appellations- oder Kreisgerichtshöfen oder Justizkanzleien, denen noch letztinstanzliche Obergerichte übergeordnet waren, vgl. *C. J. A. Mittermaier*, Strafverfahren, S. 190 f. und *Bauer*, S. 37 ff.

[20] *Eb. Schmidt*, LK I, Rn 427; *Henkel*, Lb, S. 42; *Puchta*, S. 97; *Stegmaier*, S. 11.

[21] Den Grund für diese Aufhebung der Unmittelbarkeit im Inquisitionsprozeß sieht *Zachariä*, Gebrechen, S. 157 „in der unglücklichen Combination einer Forderung des accusatorischen Princips mit dem inquisitorischen Verfahren, indem man einen Richter gewinnen wollte, der vom Inquirenten als dem zugleich in der Rolle des Anklägers fungierenden Proceß-Subjecte verschieden sey".

[22] Siehe dazu *Eb. Schmidt*, Geschichte, S. 197.

[23] Den sog. Artikeln.

[24] Diese waren in vielen Partikulargesetzen vorgesehen, vgl. etwa: Strafgesetzbuch für das Königreich Bayern, II. Teil, Art. 216, 231; Preuß. Kriminalordnung von 1805, § 281; Hannoversche Criminal-Instructionen, Kap. VII, § 20, Kap. VIII, § 18.

[25] Siehe ausführlich dazu *Zachariä*, Gebrechen, S. 163 ff.

[26] Vgl. *Leue*, Anklageprozeß, S. 97 ff.; *Zachariä*, Gebrechen, S. 164 ff.; *Savigny*, S. 7; *Scheller*, S. 26; *Puchta*, S. 94 f.

men mit den Verhörsprotokollen überdies auch dahin aus, daß die einseitige und subjektive Auffassung des Inquirenten, seine Anschauungsweise und Wertung, notwendig maßgebend werden mußten für die Urteilsfindung. Die Richter der Spruchbehörden sahen nur mit den Augen des Inquirenten; sein Ermessen hatte das Wesentliche vom Unwesentlichen geschieden, seine Methode, seine Erfahrung und unter Umständen auch sein Vorurteil schlugen sich nieder in der Aufzeichnung des Wahrgenommenen und gewannen so in ihrer starren Fixierung durch das schriftliche Wort eine unkorrigierbare Bedeutung für die Urteilsfindung.

Die Unzuverlässigkeit der so geschaffenen Urteilsgrundlage wurde noch gesteigert dadurch, daß das erkennende Gericht nicht unmittelbar aus den Akten des Inquirenten selbst seine Kenntnis von Gang und Ergebnissen der Untersuchung schöpfte. Da die Akten meist sehr umfangreich waren, vermittelte einer der Richter, der Referent, den übrigen Mitgliedern des Gerichts den wesentlichen Inhalt der Untersuchungsakten in einem auszugsweise daraus hergestellten Bericht, der sog. Relation[27]. Da hiermit zugleich eine rechtliche Würdigung und ein Urteilsantrag verbunden waren, erhielten die übrigen Richter durch die Relation nur Kenntnis von dem, was nach Ansicht des Referenten wesentlich und unter dem Gesichtspunkt seiner rechtlichen Würdigung ausgewählt worden war[28].

Es fand also eine doppelte Vermittlung der richterlichen Kenntnis von den Urteilsgrundlagen statt, die treffend dargestellt ist durch die Worte von Schwarzes: „Die Richter sehen nicht, wie man gesagt hat, mit eigenen Augen, sondern durch eine doppelte, überdieß vielleicht getrübte Brille — nämlich die des Inquirenten und die des Referenten[29].“

Diese Mittelbarkeit der richterlichen Kenntnisnahme von den Urteilsgrundlagen war zugleich bedingt durch die Schriftlichkeit des Verfahrens, denn es konnte und durfte für das Urteil nur in Betracht kommen, was in den Akten enthalten war, gemäß dem Grundsatz: quod non est in actis, non est in mundo.

So waren Schriftlichkeit und Mittelbarkeit mit ihrer aufgezeigten Auswirkung auf die Urteilsgewinnung beherrschende Prinzipien des Verfahrens im gemeinrechtlichen Inquisitionsprozeß.

---

[27] *Zachariä*, Gebrechen, S. 159 ff.; *Puchta*, S. 97 ff.; *Savigny*, S. 7.

[28] Vgl. *Zachariä*, Gebrechen, S. 159; *Maas*, Strafr. Abhdlgen 77 (1907) 23; *Ullmann*, DStPO, S. 39; *C. J. A. Mittermaier*, Mündlichkeit, S. 250.

[29] Geschworenengericht, S. 6.

B. Mündlichkeit und Unmittelbarkeit als Ziele der Reformbewegung im 19. Jahrhundert

Zu Beginn des 19. Jahrhunderts breitete sich die Erkenntnis von der Fragwürdigkeit und Unzulänglichkeit des schriftlich-mittelbaren Verfahrens aus, und diese Form des gemeinrechtlichen Inquisitionsprozesses wurde Gegenstand kritischer Betrachtungen und zunehmend heftiger Angriffe. Eingeleitet mit Feuerbachs klassischer Schrift „Über die Öffentlichkeit und Mündlichkeit der Gerechtigkeitspflege" (1821) mehrten sich bald die Stimmen, die ein mündlich-unmittelbares Verfahren vor dem erkennenden Gericht als unerläßliche Bedingung einer gerechten Urteilsfindung ansahen[30]. Diese Bestrebungen zur Reform des allgemein herrschenden Inquisitionsverfahrens entstanden nicht allein aus der theoretischen Erkenntnis seiner Mängel, sondern sie wurden überdies hervorgerufen durch praktische Interessen, die auf politischen Tatsachen beruhten[31]. In den von Napoleon besetzten deutschen Rheingebieten galt auch nach Aufhebung der französischen Fremdherrschaft der Code d'instruction criminelle von 1808 fort, der unter anderen, dem gemeinen Inquisitionsprozeß entgegengesetzten Verfahrensprinzipien auch den Grundsatz eines mündlichen und öffentlichen Verfahrens vor dem erkennenden Gericht kannte[32]. Die deutschen Länder, die durch Landesteile auf dem linken Rheinufer entschädigt und vergrößert wurden (Preußen, Bayern, Hessen-Darmstadt, Hessen-Nassau, Hessen-Homburg), hatten nun innerhalb ihres Staatsgebietes zwei verschiedene Strafprozeßverfahren und mußten sich mit der Frage befassen, ob sie den gemeinen deutschen Inquisitionsprozeß mit Geltung für alle Landesteile wieder einführen sollten oder ob es besser sei, das französische Verfahren zu belassen und auch zu übernehmen. So gab dieser Verfahrensdualismus insbesondere in den beiden größten deutschen Staaten Preußen und Bayern (letzteres hinsichtlich Rheinbayerns) durch das Interesse an einer einheitlichen Strafprozeßgestaltung und

---

[30] Vgl. *Leue*, Der mündliche öffentliche Anklage-Prozeß und der geheime schriftliche Untersuchungs-Prozeß in Deutschland, 1840; *Fölix*, Über Mündlichkeit und Öffentlichkeit des Gerichtsverfahrens, 1843, insbesondere S. 9 ff.; *Puchta*, Der Inquisitionsprozeß mit Rücksicht auf eine zeitgemäße Reform des deutschen Strafverfahrens überhaupt und besonders auf die Öffentlichkeitsfrage betrachtet, 1844, insbesonders S. 88 ff.; *Wiest*, Die Nothwendigkeit und die Bedingungen der Mündlichkeit im Strafverfahren, 1844; *C. J. A. Mittermaier*, Die Mündlichkeit, das Anklageprinzip, die Öffentlichkeit und das Geschworenengericht, 1845, insbesondere S. 245 ff.; *von Savigny*, Die Principienfragen in Beziehung auf eine neue Strafprozeß-Ordnung, 1846, insbesondere S. 1 ff.; *Zachariä*, Die Gebrechen und die Reform des deutschen Strafverfahrens, 1846, insbesondere S. 251 ff.; *Geib*, Die Reform des deutschen Rechtslebens, 1848, insbesondere S. 121 ff.

[31] Vgl. *Abegg*, Neue Jahrb. f. Sächs. Strafrecht, 7 (1853), 119 ff.

[32] *Daniels*, S. 97; *Binding*, S. 20.

durch die praktische Anschauung und Auseinandersetzung mit dem französischen Recht den wesentlichen Anstoß zur Reformbewegung[33]. Die fremden Verfahrenseinrichtungen hatte man in den linksrheinischen Gebieten aus eigener Erfahrung zu schätzen gelernt[34], und so wurde der französische Prozeß und insbesondere der Kern des Verfahrens, die mündlich-unmittelbare Hauptverhandlung vor dem erkennenden Gericht, vorbildlich für die Reformbestrebungen der deutschen Juristen[35]. „Mündlichkeit" hieß daher eines der bedeutsamsten Schlagworte der Reformzeit. Darunter verstand man die Forderung, daß die Untersuchung vor den Augen des erkennenden Richters vor sich gehen müsse, daß dieser den Angeklagten und die Zeugen selbst sehen, hören und befragen und unter dem Eindruck des so von ihm selbst Wahrgenommenen das Urteil sprechen müsse[36].

Zu der zunehmenden Erkenntnis der Gefahren und Mängel des schriftlich-mittelbaren Inquisitionsprozesses trat auch die Wandlung der Strafgesetzgebung, durch die das richterliche Ermessen in bezug auf die Strafdrohung beträchtlich erweitert wurde. Hierdurch entstand die Notwendigkeit, den Grad der Schuld und die Persönlichkeit des Angeklagten eingehend zu prüfen und zu würdigen. Dazu waren die Akten des schriftlich-mittelbaren Verfahrens aber nicht ausreichend, und so wuchs auch bei den Richtern das unabweisbare Bedürfnis, „die Angeklagten und die Zeugen selbst zu sehen, zu hören, sie zu befragen"[37].

Diese Reformbestrebungen wirkten sich zunächst trotz der Eindringlichkeit, mit der die Forderungen erhoben wurden, kaum praktisch aus, da insbesondere die preußische Regierung einer Neugestaltung nach französischem Vorbild sehr ablehnend gegenüberstand und am Inquisitionsprozeß in seiner herkömmlichen Gestalt festzuhalten suchte[38].

---

[33] Vgl. *Beling*, Lb, S. 530; *Binding*, S. 20; *Henkel*, Lb, S. 56 f.; ausführlich hierzu *Stegmaier*, S. 12 ff.

[34] Besonders deutlich kommt dies zum Ausdruck in dem „Gutachten der Königlich Preußischen Immediat-Justizkommission über das öffentliche und mündliche Verfahren in Untersuchungssachen und über das Geschworenengericht", Berlin 1818. Vgl. *Abegg*, GA 1 (1853), 646 ff.; ders., Neue Jahrb. f. Sächs. Strafrecht 7 (1853), 120; *Stegmaier*, S. 12 ff.

[35] Vgl. *Glaser*, Hdb I, S. 162 ff.

[36] *C. J. A. Mittermaier*, Mündlichkeit, S. 246; *Wiest*, S. 30; *Zachariä*, Gebrechen, S. 251; ders., Hdb. I, S. 49; *Holtzendorff-Fuchs* II, S. 63.

[37] *C. J. A. Mittermaier*, Mündlichkeit, S. 11.

[38] Vgl. die Kabinetts-Ordre des Preußischen Königs vom 24. Juli 1826: „Es ist nicht mein Wille, ein neues Gesetzbuch an die Stelle des gegenwärtigen treten zu lassen. — Meine Absicht ist vielmehr, daß die jetzt bestehende Gesetzgebung zum Grunde gelegt und aufrecht erhalten werde" in: *v. Kamptz*, Gesetz-Revision, S. 295.

Den ersten Niederschlag fanden die Reformbestrebungen in einzelnen Gesetzen und Entwürfen deutscher Staaten durch die Einrichtung einer mündlichen Schlußverhandlung, die an das bisherige Inquisitionsverfahren angehängt wurde.

So sollte beispielsweise nach dem Preußischen Entwurf einer Strafprozeßordnung von 1828[39] nach vollständiger Untersuchung und vor Abfassung des Urteils eine mündliche Spruchverhandlung stattfinden, zu welcher der Fiskal[40], der Angeklagte und der Verteidiger, die Zeugen und sonstigen abzuhörenden Personen vorgeladen werden sollten[41] und in der Anklage, Verteidigung und Vernehmung der geladenen Personen in mündlicher Verhandlung erfolgen mußten[42]. Diesem Grundsatz der persönlichen Vernehmung stand jedoch eine so weitreichende und dehnbare Ausnahme gegenüber[43], daß von der als Regel angeordneten Unmittelbarkeit der Beweisaufnahme bei praktischer Anwendung des Entwurfs nicht viel übrig geblieben wäre. Noch weniger erfüllten die weiteren Preußischen Entwürfe von 1828/29[44] und 1841[45] die Forderungen der Reformbewegung. Sie sahen zwar eine mündliche Verhandlung nach der abgeschlossenen Untersuchung und vor Urteilsabfassung vor, doch standen die Ladung und nochmalige Vernehmung des Angeklagten, der Zeugen und Sachverständigen nach dem Entwurf

---

[39] Vom Revisor vorgelegter Erster Entwurf der Straf-Prozeß-Ordnung für die Preußischen Staaten, Berlin 1828, als Manuskript abgedruckt in: Materialia ad Pensum II Vol. 17 Fasc. 1 der Acta generalia des Justizministeriums zur Revision der Gesetzgebung.

[40] Der Fiskal hatte ursprünglich, wie aus dem Namen hervorgeht, in vielfältiger Weise die finanziellen Belange des Landesherrn wahrzunehmen. Später erweiterte sich sein Tätigkeitsbereich auf die Teilnahme an Strafsachen generell, also auch soweit nicht Geldstrafe, sondern Körperstrafen in Frage standen. In dreifacher Hinsicht konnte der Fiskal am Strafverfahren beteiligt sein: 1. er übernimmt die Rolle des öffentlichen Anklägers, 2. er wird selber als Inquirent tätig im Auftrage des Landesherrn oder der von diesem eingerichteten Gerichtsbehörde, 3. er führt bei geringeren Vergehen, bei denen Geldstrafe droht, den „fiskalischen Prozeß" durch, ein gesetzlich nicht geregeltes, polizeimäßig gestaltetes Verfahren. Im einzelnen siehe ausführlich *Eb. Schmidt*, Fiskalat und Strafprozeß, 1921.

[41] § 443 Abs. 1.

[42] § 444.

[43] § 443 Abs. 3: „Ist die Vorladung eines während der bisherigen Untersuchung bereits abgehörten Zeugen oder Sachverständigen zu der mündlichen Schlußverhandlung unmöglich oder mit besonderen Schwierigkeiten verknüpft, so genügt die demnächstige Vorlesung der Deposition derselben in der mündlichen Spruchverhandlung."

[44] Entwurf der Straf-Prozeß-Ordnung für die Preußischen Staaten (beschlossen in den Konferenzen der Gesetz-Revisions-Kommission vom 29. 5. 1828—10. 1. 1829), als Manuskript abgedruckt in: Materialia ad Pensum II Vol. 17 Fasc. 4 der acta generalia (s. o.).

[45] *von Kamptz*, Revidierter Entwurf der Straf-Prozeß-Ordnung für die Preußischen Staaten nebst Motiven vom Jahre 1841, Teil I und II, Berlin 1841.

von 1828/29 völlig im Ermessen des Gerichts[46], während der Entwurf von 1841 diese mündliche Verhandlung mit nochmaliger Vernehmung neben der gerichtlichen Anordnung nach freiem Ermessen auch auf Antrag des Angeklagten oder seines Verteidigers gestattete[47]. In ähnlicher Weise ordnete auch die Württembergische Strafprozeßordnung vom 22. Juni 1843[48] in schweren Straffällen[49] einen Schlußtermin mit mündlicher Verhandlung vor dem erkennenden Gericht an[50]. In diesem Termin sollte jedoch lediglich dem Angeklagten noch einmal Gelegenheit zur Verteidigung und zu Einwendungen gegen den Akteninhalt gegeben werden[51]. Eine nochmalige Vernehmung des Angeschuldigten und bereits gehörter Zeugen erfolgte in der Regel nicht, sondern war nur in einer Kannvorschrift nach Ermessen des Gerichts als möglich vorgesehen[52] und daher eher als Ausnahme zu betrachten[53]. Nur nach der Badischen Strafprozeßordnung vom 6. März 1845[54] war die Schlußverhandlung bereits zu einer mündlichen Hauptverhandlung mit unmittelbarer Beweisaufnahme vor dem erkennenden Gericht fortentwickelt worden[55], denn hiernach durfte Grundlage des Urteils ausschließlich das in der Schlußverhandlung mündlich Vorgebrachte sein[56], und die persönliche Vernehmung von Zeugen und Sachverständigen war schon sehr weitgehend zum Grundsatz erhoben worden[57].

Mit Ausnahme dieser Strafprozeßordnung fand nach allen erwähnten Gesetzen und Entwürfen[58] die mündliche Schlußverhandlung erst im Anschluß an den fertigen schriftlichen Inquisitionsprozeß und dessen Relationen über die Untersuchungsergebnisse statt. Sie war daher nicht Hauptverhandlung und Schwerpunkt des Verfahrens, sondern

---

[46] § 276: „Das Gericht kann ... den Inquisiten sowohl als diejenigen Personen, deren nochmalige Vernehmung ihm zweckmäßig erscheint, zu einer mündlichen Verhandlung vor versammeltem Gerichte, wenn es diese zu seiner Überzeugung für erforderlich erachtet, vorladen."

[47] § 317.

[48] Abgedruckt in *Haeberlin*, S. 525 ff.

[49] Art. 262 ff.

[50] Art. 275 ff.

[51] Art. 276.

[52] Art. 278.

[53] Vgl. *Zachariä*, Gebrechen, S. 249 Fn. 1; *Holzinger* I, S. 110.

[54] Abgedruckt in *Haeberlin*, S. 370 ff.

[55] Siehe § 71, §§ 224—237; *Zachariä*, Hdb. I, S. 15.

[56] § 241 Abs. 2.

[57] Art. 211—213: minder wichtige Aussagen dürfen noch verlesen werden. Siehe auch die Motive der Regierung zum XVI. Titel bei *Thilo*, S. 147.

[58] Vgl. auch die Entwürfe der württembergischen Gesetzgebung von 1830 bei *Abegg*, Hitzig's Annalen 9 (1839), Art. 334, und von 1840 in: Verhandlungen der Kammer der Abgeordneten des Königreichs Württemberg auf dem Landtage von 1841—43, Band 1, Art. 340.

mehr eine Zugabe zum eigentlichen Strafprozeß herkömmlicher Gestalt, in dem die Beweisaufnahme in der Regel schon erschöpfend durchgeführt worden war[59]. Wenn diese Regelungen daher wegen mangelhafter Durchführung der Reformforderungen auch noch heftige Kritik fanden[60], so lag doch der Einrichtung einer mündlichen Schlußverhandlung ersichtlich die Erkenntnis zugrunde, daß die Urteilsfindung nicht allein auf den Untersuchungsakten beruhen dürfe und daß das erkennende Gericht einen persönlichen Eindruck von Angeklagten und Zeugen erhalten müsse.

Diese Überzeugung von Wert und Notwendigkeit einer mündlich-unmittelbaren Verhandlung nahm allenthalben zu[61], bis im Jahre 1848 die Reformforderungen gebieterisch Ausdruck fanden in den von der Frankfurter Nationalversammlung proklamierten und in die Reichsverfassung aufgenommenen „Grundrechten des deutschen Volkes", Art. 178: „Das Gerichtsverfahren soll öffentlich und mündlich sein[62]."

In der Folgezeit entstanden in den meisten deutschen Staaten neue Strafprozeßordnungen, die unter anderen Reformansprüchen auch die Forderung nach „Mündlichkeit" des Verfahrens weitgehend verwirklichten[63]. Die Betrachtung einiger dieser Partikulargesetze des „reformierten"[64] deutschen Strafprozesses zeigt, daß das erkennende Gericht nun grundsätzlich in einer mündlichen Hauptverhandlung den Angeklagten, die Zeugen und Sachverständigen zu vernehmen hat und so durch unmittelbare eigene Wahrnehmung Kenntnis von den Urteilsgrundlagen erhalten soll.

So war in Art. 25 des Preußischen Gesetzes vom 3. Mai betreffend die Zusätze zur Verordnung vom 3. Januar 1849[65] bestimmt, daß Personen, welche über entscheidungserhebliche Tatsachen Auskunft geben können, der Regel nach mündlich vernommen werden müssen. Die Ver-

---

[59] So sagt *Zachariä*, Gebrechen, S. 237, daß dieses Verfahren „blos ein Appendix des vollen Inquisitions-Processes ist". Vgl. auch *Holzinger* I, S. 30.

[60] Vgl. *C. J. A. Mittenmaiers* Kritik am Preuß. Entwurf von 1841 in: Arch. d. Crim. 1842, 293 ff.; *ders.*, Kritik des Württemb. Entwurfs von 1843 in Arch. d. Crim 1842, 285 ff.; *Abegg*, Kritische Bemerkungen über den Entwurf einer Strafprozeßordnung für das Königreich Württemberg von 1830 in: Hitzig's Annalen 9 (1839); *Zachariä*, Gebrechen, S. 227; *Hepp*, Rückblick auf die Strafprozeßgesetzgebung der letzten 5 Jahre, in: GS 1851, Bd. II, 512 ff.

[61] Vgl. *Mittermaier*, Mündlichkeit, S. 115 ff.

[62] *Glaser* in Holtzendorff's Handbuch I, S. 72 f.

[63] Vgl. dazu *Planck*, Systematische Darstellung des deutschen Strafverfahrens auf Grundlage der neueren Strafprozeßordnungen seit 1848, S. VIII ff. Abdruck der Gesetze in *Haeberlin*, Sammlung der neuen deutschen Strafprozeßordnungen, 1852.

[64] So bezeichnet man die Strafprozeßgesetzgebung in der Zeit von 1848 bis zur Entstehung der RStPO von 1877.

[65] Abgedruckt in *Haeberlin*, S. 232 a ff.

lesung von Vernehmungsprotokollen war dagegen nur gestattet, wenn der Zeuge verstorben war oder Krankheit und sonstige unabwendbare Hindernisse seiner persönlichen Vernehmung entgegenstanden[66]. In ähnlicher Weise mußten nach der Strafprozeßordnung für das Königreich Hannover vom 8. November 1850[67] und der Württembergischen Strafprozeßordnung vom 17. April 1868[68] Zeugen und Sachverständige grundsätzlich in der Hauptverhandlung persönlich vernommen werden[69], und die Verlesung von Aussagen war als Ausnahmefall nur unter bestimmten engen Voraussetzungen gestattet[70].

So war im reformierten deutschen Strafprozeß die Hauptverhandlung von den Grundsätzen der Mündlichkeit und der Unmittelbarkeit der richterlichen Kenntnisnahme von den Urteilsgrundlagen geprägt. Diese Leitbilder der Reformzeit wurden auch für die Ausgestaltung des Verfahrens durch die Reichsstrafprozeßordnung vom 1. Februar 1877 bestimmend.

Wie aus dieser Darstellung hervorgeht, erkannte man allerdings zur Zeit der Reformbewegung und des reformierten deutschen Strafprozesses noch nicht, daß es sich bei den Grundsätzen der Mündlichkeit und Unmittelbarkeit um zwei selbständige Prinzipien mit unterschiedlicher prozessualer Bedeutung handelt. Mit der Forderung nach „Mündlichkeit" des Verfahrens wurde sowohl die mündliche Erörterung des Prozeßstoffs vor dem erkennenden Gericht als auch die unmittelbare Wahrnehmung des Gerichts von Verfahrensbeteiligten und Beweismitteln angestrebt und verwirklicht. Man sah eine solche Ausgestaltung des Verfahrens als Ausfluß eines einheitlichen Prinzips an und identifizierte Mündlichkeit und Unmittelbarkeit miteinander. Diese Unklarheiten wirkten auch weit nach Entstehung der Reichsstrafprozeßordnung und zum Teil noch bis zum heutigen Tage fort[71].

---

[66] § 21 der VO vom 3. Januar 1849.

[67] Abgedruckt in *Haeberlin*, S. 279 ff.

[68] Textausgabe von *Bierer*.

[69] Hannoversche StPO, §§ 143 ff.; der Württembergischen StPO zu entnehmen aus den Art. 313—315.

[70] Württembergische StPO Art. 313; Hannoversche StPO § 145 hinsichtlich Zeugenaussagen, dagegen nach § 144 erleichterte Verlesung von Sachverständigengutachten.

[71] Siehe zur Abgrenzung der Prinzipien der Mündlichkeit und Unmittelbarkeit unten im 4. Abschnitt. Diese Grenzziehung kann notwendigerweise erst im Anschluß an die Feststellung, was der Unmittelbarkeitsgrundsatz nach der geltenden Strafprozeßordnung bedeutet, vorgenommen werden.

3. Abschnitt

Inhalt und Durchführung des Grundsatzes der Unmittelbarkeit nach der Strafprozeßordnung

A. Die inhaltliche und prozeßfunktionale Bedeutung des Grundsatzes der Unmittelbarkeit

Es ist allgemein anerkannt, daß der Grundsatz der Unmittelbarkeit im geltenden Strafprozeßrecht ein bedeutsames Prinzip des Verfahrens ist, das die Gestaltung der Hauptverhandlung wesentlich prägt. Ein Blick auf das umfangreiche Schrifttum zeigt jedoch, daß alles andere als Klarheit über den Inhalt und die prozessuale Funktion des Unmittelbarkeitsprinzips besteht. Die im einzelnen zur Bedeutung dieses Verfahrensgrundsatzes vertretenen Ansichten lassen sich im wesentlichen zu drei großen Gruppen zusammenfassen, wobei an die oben[1] getroffene Unterscheidung zwischen zwei inhaltlich und prozeßfunktional verschiedene Forderungen und an ihre Kennzeichnung angeknüpft werden soll.

Nach der im Schrifttum überwiegend und insbesondere von der Rechtsprechung vertretenen Ansicht bedeutet der Grundsatz der Unmittelbarkeit allein die Forderung nach unmittelbarer eigener sinnlicher Wahrnehmung der Beweismittel[2]. Dieses Formprinzip der gerichtlichen Kenntnisnahme vom Inhalt der Beweismittel hat demzufolge Geltung für die gesamte Verhandlung einschließlich der Beweisaufnahme.

Eine andere, ältere Meinung bestimmt den Grundsatz der Unmittelbarkeit allein im Sinne einer Forderung nach unmittelbarer Beweis-

---

[1] S. 10 f.

[2] *KMR-Sax*, 2 b (II) vor § 226; *Löwe - Rosenberg - Geier*, Einl. S. 131 f.; *Schwarz-Kleinknecht*, § 250 1 A, B; *Kohlrausch*, 7 vor §§ 244—256; *Stenglein*, Komm., § 249, 2; *Henkel*, Lb, S. 328, 324 ff.; *Kern-Roxin*, S. 57, 207, 210 f.; *Rosenfeld*, S. 47 f.; *G. Schulz*, C 4 vor § 226, § 250 — C; *von Gleispach*, S. 39; *Stock*, S. 140.; *Exner*, S. 13 f.; *Dahm*, S. 543; *Sauer*, Prozeßrechtslehre, S. 86; *Birkmeyer*, S. 511 f.; *Geyer*, S. 10 ff.; *Schorn*, Menschenwürde, S. 62; *Alsberg-Nüse*, S. 73 f.; *Stein*, S. 62 Anm. 41; *Krause*, S. 132 ff.; *Sprang*, S. 36; *Oetker*, GS 105 (1935), 5 ff.; *Geerds*, SchlHA 1962, 187; vgl. z. B.: RGSt 2, 160 (161); RG Rspr. 3 (1881), 678 (679); RGSt 5, 142 (144); 12, 104 (105); RGSt 25, 353 (354); RG JW 1914, 434 Nr. 55; RG GA 72 (ohne Jahr), 345 (346); RGSt 69, 120 (122); BGHSt 6, 209 (210); 9, 292 (296); 17, 382 (383 f.).

führung durch Wahl und Verwendung des tatnächsten Beweismittels[3]. Da diese Forderung sich ausschließlich auf die Gestaltung der Beweisführung bezieht, hat der Grundsatz der Unmittelbarkeit nach dieser Meinung notwendigerweise nur Geltung für das Beweisverfahren[4].

Einer dritten Ansicht zufolge soll der Grundsatz der Unmittelbarkeit sowohl die Forderung nach unmittelbarer Wahrnehmung des Gerichts von den Beweismitteln als auch jene nach unmittelbarer Beweisführung enthalten[5]. Das Prinzip der Form für die Gestaltung des Verfahrens und das Prinzip der Wahl für die Gestaltung der Beweisführung gleichermaßen einschließend, erstreckt sich der so verstandene Grundsatz der Unmittelbarkeit der überwiegenden Ansicht nach sowohl auf die Verhandlung der Parteien als auch auf die Beweisaufnahme; nur vereinzelt wird dagegen die Bedeutung dieses Unmittelbarkeitsprinzips nach einer veralteten Auffassung auf die Gestaltung des Beweisverfahrens beschränkt[6].

Aus dieser Zusammenfassung der unterschiedlichen Meinungen geht hervor, daß nicht nur der Inhalt und die prozessuale Bedeutung, sondern zufolge der Inhaltsbestimmung auch der Geltungsbereich des Grundsatzes der Unmittelbarkeit umstritten sind. In den folgenden Ausführungen soll daher zunächst die Forderung nach unmittelbarer Wahrnehmung der Beweismittel hinsichtlich ihrer Geltungsgrundlage in der Strafprozeßordnung untersucht werden, anschließend die Forderung nach unmittelbarer Beweisführung. Indem auf diese Weise festgestellt wird, was nach dem Gesetz als Inhalt und prozessuale Bedeutung des Grundsatzes der Unmittelbarkeit zu verstehen ist, ergibt sich zugleich, auf welche Vorgänge des Verfahrens sich dieses Prinzip bezieht. Erst nach der grundsätzlichen Feststellung, was das Unmittelbarkeitsprinzip überhaupt besagt, sollen die Erfordernisse dieses somit eindeutig bestimmten Verfahrensgrundsatzes im einzelnen sowie seine Ausnahmen erörtert werden.

---

[3] *von Kries*, Lb, S. 345 ff.; *ders.*, ZStW 6 (1886), 98 ff.; ihm folgend *Kronecker*, ZStW 7 (1887), 400.

[4] Ausdrücklich so *von Kries*, Lb, S. 251, 347 und ZStW 6 (1886), 101 ff.

[5] *Eb. Schmidt*, LK I, Rn 444 ff.; *Peters*, Lb 2, S. 266 f.; *von Hippel*, S. 314 ff.; *Gerland*, S. 172 ff.; *Bennecke*, S. 407; *Bennecke - Beling*, S. 249 ff.; *Ullmann*, DStPO, S. 473; *Maas*, Strafr. Abhdlgen 77 (1907), 14; *Kautter*, S. 10; *Dolderer*, S. 64 ff.; *Goldschmidt*, Prozeß, S. 435; Anm. 2288; nach *Beling*, Lb, S. 315 ff. enthält der Grundsatz der Unmittelbarkeit als dritte Forderung, daß der Beweis auf das eigentliche Beweisthema zu richten sei; nach *Stegmaier*, S. 20, soll als dritte Forderung die Unmittelbarkeit der Tatsachenerhärtung Bestandteil des Grundsatzes der Unmittelbarkeit sein, also das Gebot der Zeugenvereidigung in der Hauptverhandlung vor dem erkennenden Gericht.

[6] *Bennecke*, S. 407 f.; *Erwin Rupp*, S. 125 ff. Nach *Dolderer*, S. 25, ist dieser Grundsatz der Unmittelbarkeit als Beweisgrundsatz aufzufassen, der alles umfaßt, was inhaltlich und seinem Wesen nach Beweisaufnahme ist, also auch die Vernehmung des Angeklagten.

I. Die Forderung nach unmittelbarer Wahrnehmung der Beweismittel als Prinzip der Form

Nach geltendem Strafprozeßrecht ist das Urteil Ergebnis einer Hauptverhandlung vor dem erkennenden Gericht und beruht gemäß § 261 StPO auf der Überzeugung, die die Richter „aus dem Inbegriff der Verhandlung" gewonnen haben. Nur das darf also Entscheidungsgrundlage sein, was unmittelbar in der Hauptverhandlung zur Kenntnis des Gerichts gebracht wird. Davon ausgehend bestimmt das Gesetz:

Der gesamte Prozeßstoff muß in der Verhandlung vorgebracht und erörtert werden; die Beweisaufnahme ist grundsätzlich und in vollem Umfang vom erkennenden Gericht durchzuführen, §§ 244 ff. StPO. Das Urteil soll auf dem frischen Eindruck der eigenen Wahrnehmungen beruhen; daher müssen alle zur Urteilsfindung berufenen Richter während der ganzen Dauer der Verhandlung anwesend sein, § 226 StPO[7], die Verhandlung muß möglichst ohne Unterbrechung durchgeführt werden, § 229 StPO, und das Urteil soll tunlichst sogleich am Schluß der Verhandlung gesprochen werden, § 268 StPO[8].

Weil so das Gericht seine Kenntnis von den Urteilsgrundlagen nicht durch den Inhalt der Akten vermittelt erhält, sondern sie unmittelbar aus der vor ihm stattfindenden Hauptverhandlung gewinnt, spricht man vielfach ganz allgemein vom „Grundsatz der Unmittelbarkeit der Verhandlung"[9]. Damit werden Art und Weise der Urteilsfindung des geltenden Strafverfahrens gekennzeichnet im Gegensatz zum schriftlich-mittelbaren Inquisitionsverfahren. Doch diese Unmittelbarkeit der Verhandlung vor dem erkennenden Gericht entspricht nicht genau dem, was die Forderung nach unmittelbarer sinnlicher Wahrnehmung der Beweismittel für die Verfahrensgestaltung bedeutet und verlangt. Dieses Unmittelbarkeitserfordernis soll nicht allein, wie Stein[10] gesagt hat, eine Vertauschung der beweisaufnehmenden *Subjecte* (Kommissar statt Prozeßgericht) verhindern und damit lediglich bestimmen, *vor* wem und *von* wem die Beweiserhebung stattfindet[11]. Darüber hinaus kennzeichnet es die Form, wie das Gericht Kenntnis erhalten soll vom Inhalt der einzelnen Beweismittel: durch persönliche Wahrnehmung des

---

[7] Vgl. auch § 192 Abs. 2 GVG, wonach die Zuziehung von Ergänzungsrichtern angeordnet werden kann, die im Falle der Verhinderung eines Richters an seine Stelle treten.

[8] Nach *Rosenfeld*, S. 48, *Gerland*, S. 172, *Exner*, S. 14; *Maas*, Strafr. Abhdlgen 77 (1907), 41 ff. sind die Bestimmungen der §§ 226, 229, 268 StPO insgesamt Ausdruck und Folgerungen des Grundsatzes der Unmittelbarkeit.

[9] Vgl. z. B. *Henkel*, Lb, S. 328 f.; *KMR-Sax*, 2 b (II) vor § 226; *Kern - Roxin*, S. 57.

[10] S. 62 Anm. 41.

[11] So *Hegler*, Rechtsgang I (1913), 407.

Beweismittels selbst[12]. Dies mag ein Beispiel verdeutlichen: Handelt es sich um die Auskunft einer Person, so muß das Gericht diese selbst vernehmen und darf sich nicht mit einer schriftlichen Auskunft oder gar mit einer zur Hauptverhandlung telefonisch durchgegebenen Aussage begnügen. Zwar erhält das Gericht auch in diesem Fall seine Kenntnis vom Inhalt des Beweismittels unmittelbar in und aus der Hauptverhandlung, nimmt also selbst die Beweisaufnahme vor; doch entspricht diese Beweiserhebung nicht der Forderung nach unmittelbarer Wahrnehmung des Beweismittels selbst. Das Unmittelbarkeitserfordernis in diesem Sinne — und das sei um der Klarheit willen nochmals hervorgehoben — betrifft also die Frage der *Benutzungsform eines Beweismittels.*

Der generelle Grundsatz der Unmittelbarkeit der Verhandlung — das Auftreten aller Verfahrensbeteiligten in der Hauptverhandlung und die prinzipiell vor und von dem erkennenden Gericht durchzuführende Beweisaufnahme — ist nur notwendige Voraussetzung dieser besonderen Forderung nach unmittelbarer Wahrnehmung der Beweismittel selbst. Daher ist es zumindest ungenau, wenn gesagt wird, das wahre Unmittelbarkeitsprinzip habe Ausdruck in § 261 StPO gefunden: nur aufgrund der Hauptverhandlung ergehe die Entscheidung[13]; denn diesem Erfordernis wird ja auch entsprochen, wenn in der Hauptverhandlung die Protokolle einer Zeugenaussage oder ein schriftlich erstattetes Sachverständigengutachten verlesen werden und das Gericht also nur mittelbar Kenntnis vom Inhalt dieser Beweismittel erhält. Das wahre Unmittelbarkeitsprinzip ergibt sich vielmehr aus all denjenigen Vorschriften, die das persönliche Gegenüber von Gericht und Beweismitteln bestimmen und aus denen hervorgeht, daß die StPO weitgehend die unmittelbare sinnliche Wahrnehmung der zur Sachverhaltsaufklärung benötigten Beweismittel als Form der gerichtlichen Erkenntnistätigkeit verlangt.

Das gilt als Regel von entscheidender Bedeutung zunächst hinsichtlich der persönlichen Beweismittel.

So muß der Angeklagte grundsätzlich in der Hauptverhandlung anwesend sein (§§ 230, 231 StPO), und nur in gewissen Ausnahmefällen kann die Verhandlung auch zeitweilig[14] oder gänzlich[15] ohne ihn durchgeführt werden.

---

[12] Ausdrücklich so auch *Krause,* S. 132.

[13] So aber *Ditzen,* ZStW 10 (1890), 153 Anm. 79.

[14] Vgl. §§ 231 Abs. 2, 247 Abs. 1, 247 Abs. 2 StPO, 177 GVG, 51 Abs. 1 S. 1 JGG.

[15] Vgl. §§ 232, 233 sowie das besondere Verfahren gegen Abwesende, §§ 276 ff. In der Berufungsinstanz gelten die Besonderheiten des § 329.

Für den Beweis durch Zeugen, Sachverständige oder sonstige Personen, die über Wahrnehmung von beweiserheblichen Tatsachen Auskunft geben können, bestimmt § 250 StPO als Vorschrift von grundlegender Bedeutung, daß diese Personen in der Hauptverhandlung persönlich zu vernehmen sind. Dieses in Satz 1 des § 250 StPO enthaltene Gebot wird noch ergänzt und betont durch das Verbot des Satz 2, wonach die Vernehmung nicht ersetzt werden darf durch Verlesung eines Protokolls oder einer schriftlichen Erklärung. Nur in eng umgrenzten Ausnahmefällen gestattet das Gesetz, daß der Beweis anstatt durch persönliche Vernehmung des Zeugen, Sachverständigen oder Mitbeschuldigten auch durch Verlesung von Urkunden geführt werden dürfe (vgl. § 251 StPO).

Bei allen persönlichen Beweismitteln ist also die Forderung nach unmittelbarer sinnlicher Wahrnehmung als Form der gerichtlichen Erkenntnistätigkeit zum Grundsatz erhoben worden. Denn hier kommt es nicht allein auf den Inhalt einer Aussage an, sondern entscheidend auch auf die Art und Weise, in der sie gemacht wird, sowie auf das gesamte Verhalten der aussagenden Personen. Das aber läßt sich nicht vermitteln. Aufgrund der eigenen Wahrnehmungen hingegen kann das Gericht die Persönlichkeit des Angeklagten oder Mitbeschuldigten, die Glaubwürdigkeit eines Zeugen oder die Zuverlässigkeit eines Sachverständigen am besten beurteilen, und daher verlangt das Gesetz grundsätzlich diese Form der gerichtlichen Erkenntnistätigkeit als notwendig erkanntes Mittel zu einer gerechten Urteilsfindung.

Aber nicht allein in dem Wert des persönlichen Eindrucks liegt die Bedeutung dieses Unmittelbarkeitsgebots. Darüber hinaus ermöglicht die Anwesenheit des Angeklagten, der Zeugen und Sachverständigen in der Hauptverhandlung, daß alle Verfahrensbeteiligten zur erschöpfenden Erörterung des Verhandlungsgegenstandes und damit zur bestmöglichen Sachverhaltsaufklärung beitragen können. Unvollständige Erklärungen können durch Fragen und Vorhalte ergänzt werden, Zweifel behoben und Widersprüche beseitigt werden. Damit ist zum einen die erschöpfende Benutzung der persönlichen Beweismittel gewährleistet, was bei vermittelter Kenntnisnahme von ihrem Inhalt nicht der Fall ist; zum anderen kann die Gegenüberstellung von Angeklagten und Zeugen nicht nur bedeutsam werden für eine wahrheitsgetreue Zeugenaussage, sondern sie ermöglicht zugleich dem Angeklagten durch das Recht, Fragen an die Zeugen und Sachverständigen zu stellen (§ 240 Abs. 2 StPO) sowie nach jeder Vernehmung zu den Aussagen und Beweisergebnissen Stellung zu nehmen (§ 257 StPO), eine bessere Verteidigung und wirksamere Ausübung seines rechtlichen Gehörs[16].

---

[16] Siehe auch *Schorn*, Menschenwürde, S. 62, zu der Bedeutung des § 250

Gegenüber abwesenden Auskunftspersonen, deren Aussagen oder Gutachten dem Gericht schriftlich vermittelt werden, entfallen naturgemäß diese Rechte der Verfahrensbeteiligten gemäß den §§ 240, 257 StPO[17]. Das Unmittelbarkeitserfordernis für persönliche Beweismittel begünstigt also über seine unmittelbare Zwecksetzung hinaus durch das Zusammenspiel mit dem Grundsatz der Parteiöffentlichkeit in weitestem Umfang die Wahrheitsfindung.

Aus dem somit aufgezeigten hohen Wert des direkten Gegenübers von Gericht und persönlichen Beweismitteln für die Wahrheitserforschung erhellt zur Genüge, warum das Gesetz die Forderung nach unmittelbarer Wahrnehmung hinsichtlich aller Personen, deren Aussagen beweiserheblich sind, zum Grundsatz erhoben hat.

Das gilt jedoch nicht gleichermaßen hinsichtlich der sachlichen Beweismittel.

Für den Beweis durch Augenschein findet sich nirgends in der StPO eine bindende gesetzliche Anordnung, daß das erkennende Gericht Augenscheinsobjekte selbst sinnlich wahrzunehmen hat. Vielmehr gestattet § 249 S. 2 StPO ausdrücklich, daß in der Hauptverhandlung das Protokoll über die Einnahme eines im Vorverfahren durchgeführten richterlichen Augenscheins[18] verlesen werden kann. Eine solche mittelbare Beweiserhebung ist aus zeitlichen und räumlichen Gründen, zum Beispiel alsbald drohende Verwischung von Spuren durch Verkehr, Witterung o. ä., oder etwa Unbeweglichkeit des Augenscheinsobjekts an einem entfernten Ort, vielfach unvermeidlich und wegen Gefahr des Beweisverlustes daher notwendig. Leicht herbeizuschaffende Gegenstände wird das erkennende Gericht in aller Regel selbst in der Hauptverhandlung in Augenschein nehmen; doch ist es nicht zu solch unmittelbarer Beweiserhebung verpflichtet. Denn für den Beweis durch Augenschein kommt es nicht auf einen unmittelbar-persönlichen Eindruck von einem Gegenstand an, sondern entscheidend ist allein, daß das Gericht zuverlässig und genau Kenntnis erhält von den Beschaffenheiten eines Objekts. Dies aber kann im Einzelfall statt durch sinnliche Wahrnehmung des Gegenstandes selbst ebenso einwandfrei und

StPO im Hinblick auf die Rechte des Angeklagten gem. §§ 240, 257 StPO: „Die Bestimmung wahrt so die berechtigten Belange und damit die Würde des Angeklagten."

[17] Der Bundesgerichtshof spricht hinsichtlich der §§ 240, 257 StPO vom „Grundsatz der Parteiöffentlichkeit", vgl. BGHSt 13, 1 (3); BGH LM Nr. 11 zu § 250; BGH 17, 382 (385) = BHG LM Nr. 14 zu § 250. Dieser Ausdruck ist ein wenig irreführend; es handelt sich nicht um Öffentlichkeit, sondern um den mit dem Recht auf Anwesenheit verbundenen Inbegriff von Befugnissen der Anklage und Verteidigung; vgl. *von Hippel*, S. 329 sowie die Motive zur Voruntersuchung bei *Hahn*, Mat. I, S. 155.

[18] Siehe § 225 i. V. mit § 224 StPO.

genau zum Beispiel durch Photographien, Gipsabdrücke oder dergleichen geschehen. Daher kann das Gericht nach freiem Ermessen dann, wenn zuverlässige Vermittlung möglich ist, von der unmittelbaren Benutzung des betreffenden Augenscheinsobjekts absehen. Die Forderung nach unmittelbarer Wahrnehmung hat also hinsichtlich des Beweises durch Augenschein keine Geltung[19].

Für den Beweis durch Urkunden bestimmt das Gesetz in § 249 StPO nur, daß diese zu verlesen sind. Hieraus wird zum Teil gefolgert, daß damit das Prinzip der Unmittelbarkeit im Sinne der eigenen Wahrnehmung des Beweismittels nicht selbst auch für den Urkundenbeweis anerkannt sei[20]. Zwar ergibt sich aus dieser Vorschrift zweifellos, daß das erkennende Gericht unmittelbar in der vor ihm stattfindenden Hauptverhandlung, durch die von ihm selbst vorgenommene Beweisaufnahme Kenntnis von dem gedanklichen Inhalt eines Schriftstücks durch die wörtliche Verlesung desselben erhält. Damit ist aber nicht zugleich gesagt, daß diejenige Urkunde, deren Inhalt verwertet werden soll, auch im Original zur sinnlichen Wahrnehmung des Gerichts vorgeführt werden muß — und gerade darum geht es bei der hier in Frage stehenden Forderung nach unmittelbarer Wahrnehmung der Beweismittel. Vielmehr gestattet das Gesetz selbst in § 249 S. 2 StPO die Verlesung von Auszügen aus Kirchenbüchern und Personenstandsregistern. Diese Auszüge sind aber nichts anderes als Abschriften des gerade beweiserheblichen Teils der betreffenden Bücher. Entsprechend dieser im Gesetz zum Ausdruck kommenden beweisfunktional-qualitativen Gleichstellung von Original und Abschrift ist völlig unstreitig anerkannt, daß statt des Originalexemplars einer schriftlichen Gedankenäußerung ebenso auch Abschriften, Durchschläge, Übersetzungen, Kopien und Photokopien desselben verlesbar sind[21].

Der Grund dafür, daß das Gesetz die unmittelbare sinnliche Wahrnehmung eines Schriftstücks im Original nicht zwingend gebietet, ergibt sich aus dem Wesen des Urkundenbeweises selbst. Denn der gedankliche Inhalt eines Schriftstücks, um dessen Kenntnisnahme und Verwertung zu Beweiszwecken es beim Urkundenbeweis geht[22], kann

---

[19] H. L., vgl. *Eb. Schmidt*, LK I, Rn 446, 451; *Rosenfeld*, S. 177; *v. Kries*, Lb, S. 347; *Beling*, Lb, S. 317; *von Hippel*, S. 392; *Maas*, Strafr. Abhdlgen 77 (1907), 58 ff.; a. A. *Birkmeyer*, S. 514; einschränkend *John* I, S. 719 f.

[20] *Eb. Schmidt*, LK I, Rn 446; *ders.*, LK II, § 249 Rn 18; *Ullmann*, DStPO, S. 474; *von Kries*, Lb, S. 347; abweichend davon sagt *von Kries*, Lb, S. 418, daß in der StPO die Forderung nach unmittelbarer Kenntnisnahme bezüglich der Urkunden nirgends aufgestellt sei, siehe auch ZStW 6 (1886), 184 f.

[21] Siehe statt vieler *Eb. Schmidt*, LK II, § 249 Rn 8, und *Löwe - Rosenberg - Geier*, § 249, 4 sowie die dort zitierten Entscheidungen des Reichsgerichts.

[22] *Eb. Schmidt*, LK II, Rn 1; *Henkel*, Lb, S. 228; *von Hippel*, S. 434; *Beling*, Lb, S. 311; *von Kries*, Lb, S. 412; *Krause*, S. 120.

einer Abschrift oder Photokopie ebenso wortgetreu und zuverlässig entnommen werden wie dem Original[23]. Soll hingegen nicht durch den gedanklichen Inhalt einer Urkunde etwas beweisen werden, sondern sind zum Beispiel ihre bloße Existenz, ihre äußeren Beschaffenheiten oder ihre zeitlich-räumliche Beziehung beweiserheblich, so handelt es sich nicht um Urkundenbeweis, sondern um Beweis durch Augenschein. § 249 StPO bestimmt also nur die Form, in der der gedankliche Inhalt eines Schriftstücks dem Gericht und allen Verfahrensbeteiligten zur Kenntnis zu bringen ist, und wahrt durch das Erfordernis der wörtlichen und hörbaren Verlesung das Prinzip der Mündlichkeit. Die Forderung nach unmittelbarer Benutzung des Originals einer Urkunde ist hingegen weder in dieser Vorschrift noch andernorts in der StPO zum Ausdruck gekommen[24].

Damit ergibt sich zusammenfassend, daß das Gebot der unmittelbaren eigenen sinnlichen Wahrnehmung durch das erkennende Gericht hinsichtlich der sachlichen Beweismittel keine Geltung hat im Sinne einer prinzipiellen Forderung[25]. Hier gebietet das Gesetz nur, daß das Gericht unmittelbar in der Hauptverhandlung von ihrem Inhalt Kenntnis erhält — sei es durch unmittelbare Benutzung des Beweismittels selbst, sei es im Wege der Vermittlung.

Das Gesetz verlangt also nur dort, wo der persönliche Eindruck von Bedeutung ist zur erschöpfenden Kenntnisnahme und zuverlässigen Beurteilung eines Beweismittels, daß dieses dem erkennenden Gericht zur eigenen sinnlichen Wahrnehmung vorgeführt werden muß. Das gilt, wie aufgezeigt, schlechthin für alle Personen, deren Aussagen und Verhalten von Bedeutung sind zur Wahrheitserforschung. Da der persönliche Eindruck vom Angeklagten während der gesamten Verhandlung für die richterliche Überzeugungsbildung gleichermaßen wichtig ist wie die eigene Wahrnehmung der Zeugen, Sachverständigen und sonstigen Auskunftspersonen, hat dieses Unmittelbarkeitserfordernis notwendigerweise nicht nur Geltung für das Beweisverfahren im Sinne der §§ 244 ff. StPO, sondern auch für die Verhandlung der Parteien

---

[23] Für die Frage des *Beweiswerts* einer Abschrift oder dergleichen muß allerdings die Richtigkeit derselben vom Gericht in einer sonstigen statthaften Beweisform festgestellt werden, vgl. *KMR-Sax*, § 249 1 b; RGSt 51, 93 (94).

[24] *von Kries*, Lb, S. 418; *ders.*, ZStW 6 (1886), 193; *Bennecke - Beling*, S. 254 f.; *Maas*, Strafr. Abhdlgen 77 (1907), 58 f.; *Dolderer*, S. 53.

[25] *Bennecke - Beling*, S. 254; *von Hippel*, S. 392; *Beling*, Lb, S. 317; *Maas*, Strafr. Abhdlgen 77 (1907), 60; *Dolderer*, S. 53; *Kautter*, S. 10; *Spendel*, JuS 1964, 472; einschränkend *Gerland*, S. 366: die Beweisaufnahme in der Hauptverhandlung ist prinzipiell unmittelbar mit Ausnahme des Augenscheins. A. A. *Birkmeyer*, S. 514; seine abweichende Ansicht beruht darauf, daß er als Forderung des Grundsatzes der Unmittelbarkeit nur ansieht, daß die Beweisaufnahme *vor* dem erkennenden Gericht selbst stattfinden muß.

mit dem Gericht[26]. Die gesamte Hauptverhandlung steht also unter dem beherrschenden Einfluß dieses Unmittelbarkeitserfordernisses.

Es prägt die äußere Gestalt des Verfahrens durch das persönliche Gegenüber von Gericht und Beweismitteln und durch die so ermöglichte lebendige Erkenntnistätigkeit der urteilenden Richter in Anwesenheit und unter Mitwirkung aller Verfahrensbeteiligten.

Seine innere Bedeutung für den Hauptzweck des Prozesses, die materielle Wahrheitserforschung, liegt in der Bestimmung des Weges zur Wahrheitserkenntnis. Der tiefere Grund für dieses Formerfordernis ist in folgendem zu sehen: Das Gesetz geht zutreffend davon aus, daß die Erkenntnis von der Wahrheit oder Unwahrheit einer Tatsache durch die Benutzung und Beurteilung von Beweismitteln notwendig nur eine subjektive sein kann, und überläßt daher diese Entscheidung der freien richterlichen Überzeugung (§ 261 StPO). Angesichts der Freiheit des Gerichts in der Würdigung der Beweise und der zugleich damit begründeten Verantwortung für die Richtigkeit der Entscheidung soll jedenfalls gewährleistet sein, daß das Gericht den ganzen Weg der Wahrheitserkenntnis selber geht. Es soll nicht auf das erste bedeutsame Moment der eigenen sinnlichen Wahrnehmung dessen, was ihm die Wahrheit vermitteln soll, verzichten oder sich gar hierin vertreten lassen von anderen, sondern die seiner eigenen freien Beurteilung unterliegenden Beweismittel auch selbst mit eigenen Sinnen wahrnehmen. Das Gesetz hat also dieses Unmittelbarkeitsgebot als grundsätzliches Formprinzip der richterlichen Erkenntnistätigkeit dem Prinzip der freien Beweiswürdigung als notwendiges Korrelat zur Wahrheitsfindung gegenübergestellt.

Diese Anerkennung und Ausgestaltung des Gebots der unmittelbaren Wahrnehmung der Beweismittel durch das erkennende Gericht in der StPO beruht auf dem, was der Gesetzgeber unter Berücksichtigung der historischen Verfahrensgestaltung und aufgrund der Reformbewegung im 19. Jahrhundert unter dem „Leitbild der Unmittelbarkeit des Verfahrens“ verstanden hat. Wie bereits aufgezeigt, gingen die Hauptbestrebungen des Reformkampfes gegenüber dem schriftlich-mittelbaren Inquisitionsverfahren dahin, daß der Richter seine Kenntnis von den Urteilsgrundlagen unmittelbar aus der vor ihm stattfindenden Hauptverhandlung erhalte, daß er den Angeklagten, die Zeugen und Sachverständigen selbst sehe und höre, ihre Aussagen und ihr Verhalten

---

[26] Die abweichende Auffassung von *Bennecke*, S. 407 f. und *Erwin Rupp*, S. 125 ff. beruht darauf, daß die Wahrnehmung des Angeklagten als notwendige Bedingung des Prinzips der Mündlichkeit angesehen wird; das Prinzip der Mündlichkeit soll nach dieser veralteten Ansicht ausschließlich Geltung haben bei den Verhandlungen der Parteien mit dem Gericht, das Prinzip der Unmittelbarkeit hingegen allein im Beweisverfahren.

sowie die Beschaffenheiten sonstiger Beweismittel selbst sinnlich wahrnehme und aufgrund des persönlichen Eindrucks das Urteil spreche. Diese Forderungen nach Unmittelbarkeit der richterlichen Wahrnehmung hat der Gesetzgeber in dem aufgewiesenen Umfang als grundlegendes Gebot für die Verfahrensgestaltung in der StPO verwirklicht.

Zusammenfassend ist somit festzustellen: Inhalt des Grundsatzes der Unmittelbarkeit ist nach dem Gesetz die Forderung nach unmittelbarer Wahrnehmung der Beweismittel als Formprinzip der richterlichen Erkenntnistätigkeit, die am nachdrücklichsten und bedeutsamsten in der Vorschrift des § 250 StPO zum Ausdruck gekommen ist.

II. Die Forderung nach unmittelbarer Beweisführung durch Verwendung der tatnächsten Beweismittel als Prinzip der Wahl

Das Ziel der Beweisführung ist die Feststellung der sachurteilserheblichen Tatsachen. Zur möglichst direkten Tatsachenfeststellung und damit im Interesse bestmöglicher Wahrheitserkenntnis soll im Grundsatz der Unmittelbarkeit des weiteren die Forderung enthalten sein, daß das Gericht zur Beweisführung tunlichst dasjenige Beweismittel wähle, aus dessen Inhalt es unmittelbar die Richtigkeit der zu erweisenden Tatsachen entnehmen kann. Zur deutlicheren Sichtbarmachung dessen, was diese Forderung nach unmittelbarer Beweisführung prozeßfunktional bedeutet, sei nochmals klar herausgestellt: Während die oben erörterte Forderung nach unmittelbarer Wahrnehmung der Beweismittel die Frage der *bestmöglichen Benutzungsform ein und desselben Beweismittels* betrifft, handelt es sich bei der Forderung nach unmittelbarer Beweisführung um die Frage der *Wahl unter mehreren Beweismitteln*, die für ein und dasselbe Beweisthema in Betracht kommen, also um die Frage des *bestmöglichen Beweismittels*[27].

In der StPO ist ein solches Gebot der Wahl des tatnächsten Beweismittels nirgends klar ausgesprochen worden. Es wird im Schrifttum entweder ganz allgemein aus dem Prozeßzweck[28], genauer noch aus dem Grundsatz der materiellen Wahrheitserforschung[29] abgeleitet oder als Prinzip der besten Erkenntnisquelle[30] bzw. des besten Beweismittels[31]

---

[27] Im Sinne dieser Unterscheidung auch *Hegler*, Rechtsgang II (1916), 274; siehe dazu auch das Schema betreffend Mündlichkeit und Unmittelbarkeit *von Hegler*, Rechtsgang I (1913), 195. Vgl. zu dem vorstehend entwickelten Gegensatz: Form der Beweiserhebung von *einem* Beweismittel — Wahl unter *mehreren* Beweismitteln auch *Birkmeyer*, S. 511, der unterscheidet zwischen der Frage, „*wie* die Beweismittel benützt werden sollen" und der Frage, „welche Beweismittel benützt werden sollen".

[28] *Goldschmidt*, JW 1929, 2996.

[29] *Beling*, Lb, S. 33, 319; *Peters*, Lb 1, S. 249, Lb 2, S. 267.

[30] *Gerland*, S. 173, 368.

[31] *von Tippelskirch*, GA 5 (1857), 316.

statuiert; hinsichtlich des Beweises durch Zeugen wird es dagegen überwiegend der Vorschrift des § 250 StPO entnommen[32]. Von anderer Seite hingegen wird ein solches Gebot der Wahl des tatnächsten Beweismittels als verbindliche rechtliche Regel und Forderung des Grundsatzes der Unmittelbarkeit abgelehnt[33].

Es bedarf daher zur Beantwortung der Frage, ob und in welcher Weise das Gesetz eine solche Forderung für die Gestaltung der Beweisführung enthält, zunächst einer genaueren Darstellung des ihr zugrundeliegenden Gedankens und der daraus folgenden Konsequenzen in beweisfunktionaler Hinsicht.

Ausgangspunkt für die Forderung nach Wahl des tatnächsten Beweismittels ist im Schrifttum die Erwägung, daß jede Vermittlung des Inhalts einer Beweisquelle eine Schwächung und Trübung der richterlichen Tatsachenerkenntnis bewirke. Demzufolge wird der Satz, daß der erkennende Richter das bessere Beweismittel zu benutzen habe, bevor er zu dem schlechteren greife, als „selbstverständliche prozessuale Regel“[34] im Sinne eines Rechtsgrundsatzes angesehen. Besonders klar bringt Beling[35] zum Ausdruck, daß die Forderung nach Wahl des tatnächsten Beweismittels zugleich eine Forderung nach Wahl des bestmöglichen Beweismittels ist und als solche auf dem Prozeßzweck der Wahrheitsfindung beruht: „Wo materielle Wahrheit erstrebt wird, stellt sich sogleich der Gedanke ein, daß von mehreren möglichen Beweiswegen immer der beste gewählt werde. Der beste Weg aber ist derjenige, auf dem der Suchende an die zu erforschende Tatsache so nahe wie möglich herankommt, d. h., bei dem der Suchende das dieser Tatsache am nächsten stehende Beweismittel und nicht statt seiner bloße Berichte über das, was jenes in sich berge, benutzt.“

Hieraus wird deutlich, worum es bei der Forderung nach unmittelbarer Beweisführung durch Wahl des tatnächsten Beweismittels geht:

---

[32] *Peters*, Lb 2, S. 267 (a. A. noch 1. Aufl. S. 249); *von Hippel*, S. 391; *Beling*, Lb, S. 319; *Bennecke - Beling*, S. 252; *von Kries*, Lb, S. 347; *ders.*, ZStW 6 (1886), 87, 107; *Ullmann*, DStPO, S. 473, 474; *Erwin Rupp*, S. 129, 132, 141; *Kautter*, S. 10 f.; *von Scanzoni*, JW 1925, 997; *Muskat*, GA 36 (1888), 282 ff.; *Haag*, DJ 1937, 809; *ders.*, DStR 1938, 411 f.; *Grünwald*, JZ 1966, 493; OGHSt 1, 133; OLG Oldenburg, JR 1951, 91 = HESt 3, 36 (37).

[33] *Löwe - Rosenberg - Schäfer*, Einl. S. 131 f.; *KMR-Sax*, 2 b (II) vor § 226; *Kohlrausch*, 7 vor §§ 244—256; *Henkel*, Lb, S. 343; *Rosenfeld*, S. 48; *von Gleispach*, S. 39; *Kern - Roxin*, S. 210 f.; *Stock*, S. 140 f.; *Birkmeyer*, S. 511 f.; *Stenglein*, Komm., § 249 2; *Alsberg - Nüse*, S. 73 f.; *Schorn*, Menschenwürde, S. 64 f.; *Krause*, S. 132 ff.; *Hegler*, Rechtsgang II (1916), 319 ff.; *Maas*, Strafr. Abhdlgen 77 (1907), 70, 74; *Sprang*, S. 36, 38, 41; *Sarstedt*, S. 191 ff.; *Stein*, S. 62 Anm. 41; *Groth*, S. 45 f.; *Pollack*, GA 33 (1885), 253; *Oetker*, GS 105 (1935), 5 ff.; *Geerds*, SchlHA 1962, 187 Anm. 63; *Spendel*, JuS 1964, 472.

[34] *John*, III, S. 210; *Maas*, Strafr. Abhdlgen 77 (1907), 13, 74.

[35] Lb, S. 33.

um ein formal nach dem Kriterium der näheren oder entfernteren Beziehung zu den beweiserheblichen Tatsachen bestimmtes Prinzip des besten Beweises. Daraus folgt notwendig eine Einschränkung der richterlichen Wahlfreiheit unter den Beweismitteln in ganz bestimmter Beziehung. Von mehreren Beweismitteln, die für dasselbe Beweisthema in Frage kommen, soll dasjenige gewählt werden, welches unmittelbaren Beweis für dieses Beweisthema erbringt. Dieses Wahlprinzip für die Gestaltung der Beweisführung bezieht sich also auf den Gegensatz von unmittelbaren und mittelbaren bzw. direkten und indirekten Beweismitteln und bedeutet, negativ gefaßt, den Ausschluß indirekter Beweismittel wegen der generellen Vermutung ihrer gänzlichen Wertlosigkeit bzw. ihrer Minderwertigkeit gegenüber den direkten Beweismitteln[36].

Im Schrifttum wird hinsichtlich dieser indirekten Beweismittel von „Schöpfen aus zweiter Hand"[37], „Einschieben von Mittelgliedern"[38] oder „Vermittelung durch andere Beweismittel"[39] gesprochen, ohne daß jedoch diese Frage mittelbarer Beweisführung klar getrennt wird von der Frage mittelbarer Kenntnisnahme als Benutzungsform *eines* Beweismittels.

Zumeist wird als Beispielsfall eines mittelbar funktionierenden Beweismittels der Zeuge vom Hörensagen gegenüber dem unmittelbaren Tatzeugen genannt; doch der Kreis dieser Fälle ist viel weiter; alle Beweismittel, persönliche wie sachliche, in allen möglichen Konstellationen kommen hier in Betracht. Beispielsfälle indirekter, d. h. nur mittelbar funktionierender Beweismittel sind etwa: die Aussage eines Zeugen über den Inhalt einer Konstitutiv- oder Dispositivurkunde[40], ein Sachverständigengutachten über die Beschaffenheit eines Augenscheinsobjekts oder über den Inhalt eines Schriftstücks, Aussagen des Angeklagten über das, was eine als Zeuge oder Sachverständiger in Betracht kommende Person bekundet hat, berichtende Urkunden über den Inhalt von Konstitutivurkunden, über die Beschaffenheiten von Gegenständen des Augenscheins oder über die Erklärungen einer Person, die als Zeuge in Frage kommt[41]. In allen diesen Fällen handelt es

---

[36] Vgl. *Hegler*, Rechtsgang II (1916), 274.

[37] *von Hippel*, S. 389.

[38] *Erwin Rupp*, S. 128.

[39] *von Kries*, Lb, S. 345.

[40] Von Konstitutiv- oder Dispositivurkunden spricht man bei Schriftstücken, die eine strafrechtlich bedeutsame Tatsache selbst „zur Existenz und Evidenz" bringen, so *von Kries*, Lb, S. 413. Vgl. *Eb. Schmidt*, LK II, § 249 Rn 3. Beispiele sind etwa: die verfassungsverräterische Schrift, der Drohbrief, die schriftliche Aufforderung zu einem Verbrechen, ein gefälschter Ausweis, die Urkunde über einen Vertragsabschluß.

[41] Vgl. über weitere Fälle indirekter Beweismittel ausführlich *Hegler*, Rechtsgang II (1916), 277 ff.

sich bei näherem Zusehen um Indizienbeweis, und zwar um einen solchen bestimmter Art: aus dem Inhalt des benutzten indirekten Beweismittels wird geschlossen auf das, was durch ein dem Gericht nicht vorliegendes Beweismittel unmittelbar erwiesen werden könnte[42].

Zusammenfassend ist somit zur prozessualen Bedeutung der Forderung nach unmittelbarer Beweisführung festzustellen: Das Gebot der Wahl des tatnächsten Beweismittels stellt ein formal bestimmtes Prinzip des besten Beweises dar. Der zugrundeliegende Gedanke ist die Vermutung generell fehlenden bzw. geringeren Beweiswerts der indirekten Beweismittel gegenüber den direkten. Demzufolge wird der grundsätzliche Vorrang des unmittelbaren Beweises vor dem Indizienbeweis gefordert.

Zu prüfen ist nunmehr, ob sich der StPO ein prinzipielles Gebot der Wahl des tatnächsten Beweismittels entnehmen läßt.

Auszugehen ist zunächst vom Grundsatz der richterlichen Forschungsfreiheit des § 244 Abs. 2 StPO, der die grundsätzliche Wahlfreiheit unter den Beweismitteln einschließt. Des weiteren ist davon auszugehen, daß nach § 267 Abs. 1 S. 2 StPO der Indizienbeweis ganz allgemein für zulässig erklärt wird. Der sich daraus ergebenden Freiheit der Wahl auch mittelbar funktionierender Beweismittel könnten jedoch Schranken gesetzt sein durch Einzelbestimmungen oder gesetzliche Grundgedanken, nach denen für bestimmte Fälle die Verwendung mittelbarer Beweise ausgeschlossen ist.

Hinsichtlich der sachlichen Beweismittel finden sich keinerlei Anhaltspunkte im Gesetz dafür, daß das Gericht Kenntnis von den durch sie zu beweisenden Tatsachen stets nur im Wege unmittelbarer Beweisführung, also durch Benutzung dieser Beweismittel selbst, erhalten soll. Entsprechend ist auch ganz allgemein anerkannt, daß durch andere persönliche oder sachliche Beweismittel dem Gericht Kenntnis von ihrem Inhalt vermittelt werden darf[43]. So kann beispielsweise die Besichtigung eines Augenscheinsobjekts durch das erkennende Gericht ersetzt werden durch den Bericht von Zeugen oder Sachverständigen über seine Eigenschaften und besonderen Merkmale; ebenso kann das Gericht sich mit der Bekundung eines Zeugen über den Inhalt eines

---

[42] Vgl. *von Kries*, ZStW 6 (1886), 99; *Hegler*, Rechtsgang II (1916), 284 f.

[43] Vgl. z. B. *Eb. Schmidt*, LK I, Rn 450; *von Kries*, Lb, S. 346; *Beling*, Lb, S. 317; *Bennecke - Beling*, S. 342; *Maas*, Strafr. Abhdlgen 77 (1907), 58 ff. Die angeführten Beispiele betreffen jedoch zum Teil die Frage der verschiedenen Benutzungsform desselben Beweismittels, zum Teil nur die hier in Frage stehende Wahl zwischen verschiedenen Beweismitteln. Das beruht darauf, daß nirgends im Schrifttum das Prinzip der Form für die Beweiserhebung und das Prinzip der Wahl für die Gestaltung der Beweisführung klar voneinander getrennt werden.

Beleidigungsbriefes begnügen, anstatt den Brief selbst zum Beweis der Beleidigung zu benutzen. In allen diesen Fällen handelt es sich um mittelbare Beweisführung, die weder nach dem Gesetz noch nach Ansicht der jenigen Autoren unzulässig ist, die das Gebot der Wahl des tatnächsten Beweismittels als prinzipielle Forderung des Grundsatzes der Unmittelbarkeit ansehen. Es wird darauf hingewiesen, daß bei sachlichen Beweismitteln oft eine zuverlässige Vermittlung möglich sei und überdies auch praktische Gründe, wie die Gefahr von Beweisverlust oder der Gedanke der Prozeßökonomie, oftmals für eine mittelbare Beweisführung sprächen[44].

Bei näherer Betrachtung des Schrifttums zeigt sich, daß letztlich von allen Autoren die als allgemeiner Grundsatz der Verfahrensgestaltung dargestellte Forderung nach Wahl des tatnächsten Beweismittels ausschließlich im Hinblick auf die persönlichen Beweismittel erhoben wird, und zwar in ganz bestimmter Beziehung: *nur* die Vernehmung von Zeugen vom Hörensagen anstelle der unmittelbaren Wahrnehmungszeugen soll unzulässig sein. Damit stellt sich die Zulässigkeit mittelbarer Beweisführung durch Vernehmung von Zeugen vom Hörensagen als das einzige Problem der hier in Frage stehenden Forderung nach Wahl des tatnächsten Beweismittels dar. Da der Beweis durch Zeugen vom Hörensagen zugleich ein lebendiges Beispiel der Doppelbezogenheit des Unmittelbarkeitsbegriffs im strafprozessualen Schrifttum ist, bildet er den Kernpunkt aller Erörterungen im Streit um Inhalt und Bedeutung des Grundsatzes der Unmittelbarkeit.

Wegen der umfassenden Problematik, die die mittelbare Beweisführung durch Vernehmung von Zeugen vom Hörensagen aufwirft, soll die Frage ihrer Zulässigkeit sowie ihrer Regelung im folgenden einer gesonderten Betrachtung unterzogen werden. Aus der Einordnung der Regelung des Beweises durch Zeugen vom Hörensagen in den funktionalen Zusammenhang der hierfür bedeutsamen beweisrechtlichen Vorschriften der StPO soll zugleich die Antwort auf die Frage gewonnen werden, ob das Gesetz ein Gebot der Wahl des tatnächsten Beweismittels enthält und was somit nach dem System des geltenden Strafverfahrens als Inhalt und prozessuale Bedeutung des Grundsatzes der Unmittelbarkeit zu verstehen ist.

III. Die Zulässigkeit mittelbarer Beweisführung durch Vernehmung von Zeugen vom Hörensagen als Kernproblem des Streits um Inhalt und Bedeutung des Grundsatzes der Unmittelbarkeit

Eine kurze Darstellung des Beweises durch Zeugen vom Hörensagen in seiner allgemeinen prozessualen Bedeutung soll zunächst in Art und

---

[44] Vgl. *Eb. Schmidt*, LK I, Rn 450; *von Hippel*, S. 390; *von Kries*, Lb, S. 346.

Grund der vielgestaltigen Problematik einführen, bevor auf die Frage seiner Zulässigkeit und Regelung nach der StPO eingegangen wird. Die abschließende rechtsvergleichende Untersuchung über die Regelung des Beweises durch Zeugen vom Hörensagen im Prozeßsystem anderer Staaten dient nicht allein der Ergänzung des Problems in rechtstheoretischer und rechtspolitischer Hinsicht, sondern hierdurch sollen zugleich die Ergebnisse bestätigt werden, die für die Frage der Zulässigkeit des mittelbaren Hörensagenbeweises im Hinblick auf tragende Grundprinzipien des geltenden Strafverfahrens gewonnen werden.

1. *Der Beweis durch Zeugen vom Hörensagen im allgemeinen*

a) Begriff und beweisfunktionale Doppelstellung

Als „Zeuge vom Hörensagen" wird bezeichnet, wer vor Gericht in seiner Eigenschaft als Zeuge das wiedergibt, was ihm von einem Dritten, dem unmittelbaren Wahrnehmungszeugen, über den zu beweisenden Vorgang mitgeteilt worden ist. Die Wiedergabe *fremder* Tatsachenwahrnehmungen ist also der Inhalt und das kennzeichnende Kriterium des Zeugnisses „vom Hörensagen."

Im Hinblick darauf ist zu beachten, daß der Aussage des Zeugen vom Hörensagen eine zweifach denkbare Beweisfunktion zukommt, je nachdem, was Beweisthema bei seiner Vernehmung ist.

Geht es dem Gericht lediglich um die Feststellung der Tatsache, *daß* die Äußerung eines Dritten über den zu erweisenden Vorgang gemacht worden ist, so ist Beweisthema eben das Hörensagen selbst, die *eigene* sinnliche Wahrnehmung der Erzählung eines Dritten durch den Zeugen. Für diese Tatsache ist der darüber Vernommene Originalzeuge und nicht Zeuge „vom Hörensagen", und seine Aussage erbringt für die Tatsache der Erzählung als solche unmittelbaren Beweis[45].

Sind hingegen diejenigen Tatsachen, von denen der Zeuge selbst vom Hörensagen erfahren hat, das Beweisthema, so vermittelt der Zeuge vom Hörensagen dem Gericht lediglich die Kenntnis von Wahrnehmungen des Originalzeugen. Durch seine Bekundungen über den Inhalt

---

[45] In diesem Sinne ist es also unrichtig, vom Zeugen vom Hörensagen zu sprechen. Das meint *Heusler*, AcP 62 (1879), 276, wenn er sagt: „Wird das Hörensagen als Gegenstand des Beweises zugelassen, so hat man keine testes de auditu mehr". *Heusler*, a.a.O., S. 271 ff., zerlegt das Beweisverfahren so, daß die Feststellung *jeder* Tatsache Selbstzweck und Endzweck der Beweisaufnahme ist; von daher kommt er a.a.O., S. 2 zu der Folgerung, daß der Begriff des testis de auditu gar kein brauchbarer für das Beweisrecht sei; denn ein Zeuge könne in bezug auf die von ihm zu bezeugenden Tatsachen deshalb nie testis de auditu sein, weil zum Begriff des Zeugen die eigene Wahrnehmung von Tatsachen gehöre.

der Erzählung des Dritten wird daher nicht unmittelbar erwiesen, daß sich der Vorgang, der Gegenstand der Beweisführung ist, so wie geschildert auch zugetragen habe. Vielmehr liefert seine Aussage, daß er eine Erzählung bestimmten Inhalts gehört habe, nur ein „mehr oder weniger schwaches Indiz“[46] für den zu erweisenden Vorgang. Im Hinblick auf die mitgeteilten Tatsachen als Gegenstand der Beweisführung erbringt die Aussage des Zeugen vom Hörensagen also nur mittelbaren Beweis, seine Beweisfunktion erschöpft sich im Nachweis eines Indizes[47]. Es ist also von der jeweils den Gegenstand der Beweisführung bildenden Tatsache aus zu beurteilen, welche Beweisfunktion der Aussage des Zeugen vom Hörensagen in concreto zukommt[48], ob als unmittelbarer Beweis für die indizierende Tatsache der Erzählung oder als mittelbarer Beweis für die unmittelbar relevanten Tatsachen.

b) Besonderheit und Gefahren der mittelbaren Beweisführung durch Zeugen vom Hörensagen

In der Regel kommen der Aussage des Zeugen vom Hörensagen für die prozessuale Tatsachenerforschung beide Beweisfunktionen zu. Seine Vernehmung über die Tatsache der Erzählung als solche ist unstreitig und uneingeschränkt zulässig, denn insofern bekundet der Zeuge ja nicht „vom Hörensagen“, sondern sagt als Originalzeuge über eigene Wahrnehmungen aus; seine Angaben haben die bloße Tatsache, daß eine Äußerung erfolgt ist, zum Inhalt.

Die Eigenart der Beweisführung durch Vernehmung von Zeugen vom Hörensagen liegt aber gerade darin, daß die Tatsache der Erzählung, das Hörensagen als solches, nie eigentliches Beweisthema des Verfahrens ist. Ihre Feststellung ist daher nie letzter Zweck der Vernehmung des Zeugen vom Hörensagen, vielmehr dient sie dem weiteren Zweck, daraus Schlußfolgerungen auf die Wahrheit der mitgeteilten Tatsachen als Hauptbeweisthema und Ziel der gerichtlichen Beweisführung zu ziehen[49]. Durch die Vernehmung des Zeugen vom Hörensagen über eine indizierende Tatsache soll also im Wege mittelbarer Beweisführung das aufgeklärt werden, was durch die Aussage des Originalzeugen unmittelbar erwiesen werden könnte[50].

---

[46] *Eb. Schmidt*, LK I, Rn 450.

[47] Insbesondere von *Eb. Schmidt*, LK I, Rn 448, Rn 452, und *von Hippel*, S. 390 f., wird diese nur indizierende Funktion sehr klar herausgestellt und betont.

[48] *Eb. Schmidt*, LK I, Rn 448.

[49] Vgl. die klare Darstellung in diesem Sinne bei *S. Schäfer*, Strafr. Abhdlgen 320 (1933), 9 ff.

[50] Auf einer Verwechselung der Beweisthemen und ihrer Bedeutung für die Beweisführung beruht eine im älteren Schrifttum vereinzelt vertretene

Hierin liegen nun die besonderen Gefahren der Beweisführung durch Zeugen vom Hörensagen begründet.

In tatsächlicher Hinsicht sind zunächst die Fehlerquellen in Betracht zu ziehen, die eine Verfälschung der ursprünglichen Aussage des Originalzeugen bewirken können. Es besteht die Möglichkeit mißverständlicher Auffassung des Gehörten, die Gefahr hinzutretender subjektiver Momente, die Schwierigkeit, Gehörtes genau in Erinnerung zu behalten und korrekt wiederzugeben nach längerer Zeit. Zu berücksichtigen ist auch, daß unter Umständen bereits die Aussage des unmittelbaren Wahrnehmungszeugen unzuverlässig ist, weil er diese nicht in bewußter Verantwortung vor Gericht gemacht hat. Von Liszt gelangte beispielsweise aufgrund eingehender experimenteller Untersuchungen 1901 in seinem kriminalistischen Seminar zu dem Ergebnis, daß bei Zeugen vom Hörensagen auf zwei richtige Aussagen eine falsche komme, während das Verhältnis bei Augenzeugen 7:2 sei[51].

Es kann also — je nach Lage des Einzelfalles — die Aussage eines Zeugen vom Hörensagen inhaltlich unzuverlässig und ihr Beweiswert daher sehr gering sein[52].

Ansicht, nach der die Unzulässigkeit der Vernehmung eines Zeugen vom Hörensagen aus dem Begriff und der Natur des Zeugnisses hergeleitet wird. So ist nach Auffassung *Brauers*, GS 9 (1857), 48 das Zeugnis vom Hörensagen deshalb ungenügend, weil das gerichtliche Zeugnis seiner Natur nach eine vor Gericht (durch Eid) bekräftigte Aussage eines Zeugen über dessen *eigene* Sinneswahrnehmungen sein solle. Alle diese Voraussetzungen seien jedoch beim Zeugen vom Hörensagen nicht gegeben. Ähnlich folgern *Steman*, Preuß. Strafverfahren, S. 59 f., und *Ullmann*, ÖStPO, S. 393, die Unstatthaftigkeit des Zeugnisses vom Hörensagen aus dem Begriff des Zeugnisses, dem es widerspreche, an die Stelle der sinnlichen Wahrnehmungen des Zeugen dessen Mitteilungen über die sinnlichen Wahrnehmungen anderer zu setzen.

Diesen Auffassungen liegt die unrichtige Einbeziehung des *Inhalts* der Aussage — Weitergabe fremder Tatsachenwahrnehmungen — in den Zeugenbegriff zugrunde. Die Aussage über „Hörensagen" ist aber etwas zum Begriff des Zeugen selbständig Hinzutretendes, denn auch der Zeuge vom Hörensagen bekundet über eigene Sinneswahrnehmungen, eben die Tatsache der Erzählung.

Klar und treffend daher *Glaser*, Beiträge, S. 263: „Es handelt sich darum, die Begriffsverwirrung über das Beweisthema beim Zeugen vom Hörensagen fernzuhalten; es ist an sich kein Grund vorhanden, solche Aussagen unbedingt auszuschließen; welche Bedeutung die Tatsache, daß solche Reden geführt wurden, ... haben kann, hängt von der Beziehung dieser Tatsachen zum Hauptbeweisthema ab." Vgl. auch *Stenglein*, Komm. § 68 5.

[51] Siehe hierzu ausführlich *Kulischer*, GrünhutZ 34 (1907), 211 ff.

[52] *Kulischer*, GrünhutZ 34 (1907), 225, bringt treffend seine Abneigung gegen das Zeugnis vom Hörensagen als ein unzuverlässiges Produkt aus zwei fehlerhaften Zeugnissen mit folgenden Worten zum Ausdruck: „Das Zeugnis vom Hörensagen ist ein Pudding, der seine Entstehung den vereinten Kräften zweier Menschen verdankt, von denen der eine eine unbekannte Persönlichkeit, der andere ein Krüppel mit gebrochenen Armen und Beinen ist. Der eine bereitete ihn zu: woraus — läßt sich nunmehr auf keine

In prozessualer Hinsicht ist überdies zufolge der Eigenart des Zeugnisses vom Hörensagen als Wiederholung fremder Erzählungen über Tatsachen der besondere Charakter einer solchen Aussage als Indiz[53] zu berücksichtigen. Bei sachlichen Indizien ist die Quelle des Beweisinhalts das Indizium selbst, und aus diesem wird aufgrund objektiver Erfahrungssätze ein Schluß auf das Gegebensein von Haupttatsachen gezogen. Hingegen ist Quelle dessen, was der Zeuge vom Hörensagen in seiner Beweisfunktion als Indiz inhaltlich wiedergibt, der unmittelbare Wahrnehmungszeuge, und es besteht keinerlei genereller Erfahrungssatz, demzufolge aus der Tatsache, daß eine Äußerung bestimmten Inhalts erfolgt, auf die Richtigkeit der mitgeteilten und zu erweisenden Haupttatsachen geschlossen werden kann[54]. In der Verwertung der nur indizierenden Aussage des Zeugen vom Hörensagen zum Zweck der Feststellung der Wahrheit der erzählten Tatsachen liegt daher insbesondere die Gefahr dieser mittelbaren Beweisführung. Hinzu kommt für die prozessuale Beweiswürdigung dieser Aussage, daß das Gericht zwar die Glaubwürdigkeit des Zeugen vom Hörensagen beurteilen kann, daß es sich hingegen kein eigenes Urteil aufgrund persönlichen Eindrucks von der Glaubwürdigkeit des Originalzeugen bilden kann. Damit entfällt ein wichtiger Anhaltspunkt zur Beurteilung der Richtigkeit der ursprünglichen Aussage des unmittelbaren Zeugen als Quelle des durch den Zeugen vom Hörensagen vermittelten Beweisinhalts.

Weise ermitteln; wieviel untaugliches Material er da hineingesteckt hat — weiß niemand zu sagen; möglich, daß auch Gift hinzugeschüttet ist. Der andere schleppte ihn; man kann sogar erfahren, daß er sich beim Schleppen auch recht Mühe gab; doch was hilft's: auf dem Wege ließ er ihn mitten in den Kot fallen; darauf hob er ihn auf und trug ihn herbei. Den am Pudding von außen kleben gebliebenen Schmutz wäscht man ab, und so dient er als Speise für die kontinentale Justiz."

[53] Man unterscheidet hinsichtlich der das Beweisthema bildenden Tatsachen drei Beweisgegenstände:

1. die unmittelbar erheblichen oder Haupttatsachen; das sind diejenigen Tatsachen, aus denen sich die Erfüllung des Straftatbestandes, die Rechtswidrigkeit und Schuld des Angeklagten unmittelbar ergibt. Diese Haupttatsachen stellen das Ziel der gerichtlichen Beweisführung dar;
2. die mittelbar erheblichen, indizierenden Tatsachen; das sind solche, aus denen sich auf das Gegebensein von Haupttatsachen Schlüsse ziehen lassen;
3. die Hilfstatsachen; das sind solche, aus denen sich der Beweiswert der Beweismittel entnehmen läßt (zum Beispiel die Richtigkeit einer Urkundenabschrift, die Zuverlässigkeit eines Sachverständigen, die Glaubwürdigkeit eines Zeugen).

Vgl. Eb. *Schmidt*, LK I, Rn. 448 Anm. 240; *Henkel*, Lb., S. 266.

[54] Gegen die Qualifizierung der Aussage des Zeugen vom Hörensagen als Indiz für die Richtigkeit der unmittelbar relevanten Tatsachen daher *A. Arndt*, NJW 1962, 1193; *R. Schmidt*, Die Zeit, Nr. 7, 1963.

Diese Gefahren der mittelbaren Beweisführung durch Vernehmung von Zeugen vom Hörensagen und die daraus folgende Annahme generell völlig fehlenden Werts bzw. genereller Minderwertigkeit des mittelbaren Hörensagenbeweises sind die Gründe für die im Schrifttum geltend gemachte Ansicht von der Unzulässigkeit der Wahl und Verwendung dieses Beweismittels.

2. Die Regelung des Beweises durch Zeugen vom Hörensagen nach der Strafprozeßordnung

Bei der Untersuchung, wie das Gesetz die Frage des Beweises durch Zeugen vom Hörensagen regelt, ist davon auszugehen, daß die Unzulässigkeit des mittelbaren Hörensagenbeweises allgemein aus dem Grundsatz der Unmittelbarkeit gefolgert wird. Es soll daher einleitend klar herausgestellt werden, was die Vernehmung eines Zeugen vom Hörensagen im Hinblick auf die zwei unterschiedlichen prozessualen Forderungen bedeutet, die als Inhalt des Unmittelbarkeitsgrundsatzes in Frage stehen.

Die persönliche Vernehmung des Zeugen vom Hörensagen über die indizierende Tatsache, daß er eine Erzählung bestimmten Inhalts gehört habe, entspricht der Forderung nach Unmittelbarkeit der gerichtlichen Wahrnehmung des Beweismittels als Form der Beweisaufnahme. Hingegen ist die Forderung nach Unmittelbarkeit der Beweisführung verletzt, denn diese gebietet die Vernehmung des Originalzeugen als des tatnächsten Beweismittels für die Feststellung der von ihm wahrgenommenen Tatsachen.

Sofern ein verbindlich geltendes, prinzipielles *Gebot* der Wahl und Verwendung des Originalzeugen in der StPO Ausdruck gefunden hat, so folgt daraus ein *Verbot* des Beweises durch Zeugen vom Hörensagen.

a) Der Beweis durch Zeugen vom Hörensagen und das Unmittelbarkeitserfordernis des § 250 StPO

Von entscheidender Bedeutung für die Frage der Zulässigkeit des mittelbaren Beweises durch Zeugen vom Hörensagen und damit zugleich für die Inhaltsbestimmung des Grundsatzes der Unmittelbarkeit ist die Auslegung des § 250 StPO. Diese Vorschrift lautet: „Beruht der Beweis einer Tatsache auf der Wahrnehmung einer Person, so ist diese in der Hauptverhandlung zu vernehmen. Die Vernehmung darf nicht durch Verlesung des über eine frühere Vernehmung aufgenommenen Protokolls oder einer schriftlichen Erklärung ersetzt werden." Ob das

Gesetz hiermit ein Verbot der mittelbaren Beweisführung durch Vernehmung von Zeugen vom Hörensagen enthält, ist im Schrifttum und in der Rechstprechung schon bald nach Inkrafttreten der StPO vielfach erörtert worden und bis zum heutigen Tage heftig umstritten.

aa) Ergebnisse und Methoden der Auslegung im Schrifttum

Für die Frage, ob aus § 250 StPO ein *Verbot* des mittelbaren Beweises durch Zeugen vom Hörensagen folgt, ist entscheidend, ob Satz 1 dieser Vorschrift ein *Gebot* der Vernehmung des unmittelbaren Wahrnehmungszeugen enthält. Dementsprechend lassen sich die in Schrifttum und Rechtsprechung im einzelnen vertretenen Ansichten nach der jeweiligen Bestimmung des Gebotsinhalts des § 250 StPO zunächst zu zwei großen Gruppen zusammenfassen.

aaa) Interpretation des Unmittelbarkeitsgebots des § 250 StPO im Sinne eines Prinzips der Wahl für die Beweisführung

Eine Meinungsgruppe im Schrifttum entnimmt dem § 250 S. 1 StPO ein Gebot der Vernehmung des unmittelbaren Wahrnehmungszeugen und sieht damit ein Prinzip der Wahl für die Beweisführung als Forderung des Grundsatzes der Unmittelbarkeit in dieser Vorschrift normiert. Aus diesem Gebot wird jedoch in unterschiedlichem Umfang und in unterschiedlicher Weise des methodischen Vorgehens ein Verbot des Beweises durch Zeugen vom Hörensagen gefolgert.

(1) Folgerung eines unbedingten Verbots des Zeugnisses vom Hörensagen im Sinne einer Beweisausschlußregel

Eine im älteren Schrifttum vertretene Ansicht zieht aus dem ihrer Auslegung nach in § 250 S. 1 StPO enthaltenen unbedingten Gebot der Verwendung des unmittelbaren Zeugen den Schluß, daß der mittelbare Beweis durch Zeugen vom Hörensagen gänzlich ausgeschlossen sei[55]. Hauptvertreter dieser Ansicht ist von Kries, dessen Ausführungen im Jahre 1886[56] wohl den wesentlichen Anstoß zu der allgemeinen Diskussion um das Zeugnis vom Hörensagen gegeben haben. Von Kries folgert das Verbot des Beweises durch Zeugen vom Hörensagen aus dem —

---

[55] von *Kries*, Lb, S. 347; *ders.*, ZStW 6 (1886), 95 ff.; *Ullmann*, DStPO S. 473 f.; *Muskat*, GA 36 (1888), 283 ff., 287; trotz gewisser Unklarheiten wohl auch *Scanzoni*, JW 1925, 997, wie insbesondere die Berufung auf *von Kries* und *Ullmann* ergibt.

[56] Das Prinzip der Unmittelbarkeit im Beweisverfahren der deutschen Prozeßordnungen, ZStW 6 (1886), 85 ff.

auch seiner Ansicht nach in § 250 (damals § 249) StPO zum Ausdruck gekommenen — Prinzip der Unmittelbarkeit. Dieses bestimmt er jedoch nicht in der Weise, daß es das Verhältnis des erkennenden Gerichts zu den Beweismitteln beschreibe, sondern dadurch, daß es regele, was bzw. was nicht zum Gegenstand des Beweises gemacht werden dürfe[57]. Dies könne alles sein mit Ausnahme des Inhalts anderer Beweismittel[58]. Demzufolge sei beim Beweis durch Zeugen allein die Vernehmung von Augenzeugen zulässig, der mittelbare Beweis durch Zeugen vom Hörensagen hingegen gänzlich ausgeschlossen.

Von allen anderen wird dieses Ergebnis gefolgert aus Thesen wie: Das Zeugnis vom Hörensagen widerspreche dem *Geiste* des § 249 (heute § 250) StPO, nämlich dem darin zum Ausdruck gekommenen Prinzip der Unmittelbarkeit[59], oder: § 249 StPO verbiete grundsätzlich die Vermittelung der richterlichen Erkenntnis[60].

Alle Vertreter dieser Ansicht interpretieren den § 250 StPO in folgender Weise: das positive Gebot des ersten Satzes werde nicht durch das Verbot des zweiten Satzes erläutert und eingeschränkt, sondern bleibe in seiner vollen Tragweite bestehen. Das Verlesungsverbot des Satz 2 für Protokolle und schriftliche Erklärungen zum Ersatze der persönlichen Vernehmung solle nicht besagen, daß ausschließlich die Vermittlung durch Schriftstücke untersagt sei, vielmehr sollte hierdurch nur den Mißbräuchen einer früheren Praxis ausdrücklich entgegengetreten werden[61]. Gestützt wird diese Ansicht und Auslegung des § 250 StPO im wesentlichen auf ein aus dem Verlesungsverbot des Satz 2 gewonnenes argumentum a maiore ad minus: Es finde bei der Beweisführung durch Zeugen vom Hörensagen nicht nur „genau in der gleichen Weise eine Abschwächung und Trübung des Beweismaterials statt“[62] wie bei der Vermittlung des Inhalts einer Aussage durch Protokolle, sondern diese seien als schriftlich fixierte, behördliche Zeugnisse gegenüber den Aussagen von Zeugen vom Hörensagen wegen möglicher Gedächtnislücken derselben unstreitig die besseren Beweismittel. Es sei aber wohl kaum einzusehen, daß das Gesetz die bessere und sicherere Methode der Vermittlung verboten, hingegen die schlechtere ohne jede Beschränkung gestattet habe[63].

---

[57] ZStW 6 (1886), 98 f.

[58] a.a.O., S. 99.

[59] *Muskat*, GA 36 (1888), 283.

[60] *Ullmann*, DStPO, S. 474.

[61] *Ullmann*, DStPO, S. 474; *von Kries*, ZStW 6 (1886), 93.

[62] *von Kries*, ZStW 6 (1886), 92.

[63] *von Kries*, ZStW 6 (1886), 93; ebenso *Muskat*, GA 36 (1888), 284 f.

Als Begründung für das uneingeschränkte Verbot des Zeugnisses vom Hörensagen wird die Mangelhaftigkeit und damit die Gefährlichkeit des mittelbaren Hörensagenbeweises für die Wahrheitsfindung angeführt: „Hiernach wird man es nur billigen können, wenn das Gesetz auf eine so außerordentlich unsichere Vermittelungsmethode gänzlich verzichtet. Das Risiko, irre geleitet zu werden, ist hier zu erheblich[64].“

Das Ergebnis dieser Ansicht stellt sich somit als eine Beweisausschlußregel dar, gegründet auf die generelle Annahme gänzlich fehlenden Beweiswerts eines jeden Zeugnisses vom Hörensagen.

Methodisch wird das Ergebnis der völligen Unzulässigkeit des mittelbaren Hörensagenbeweises durch einen logischen Gegenteilsschluß bei der Gesetzesauslegung erzielt: aus dem kategorischen Gebot des § 250 S. 1 StPO zu unmittelbarer Beweisführung wird gefolgert, daß der nicht geregelte Fall des mittelbaren Zeugenbeweises schlechthin verboten sei.

(2) Folgerung eines bedingten Verbots des Zeugnisses vom Hörensagen im Sinne eines Prinzips des bestmöglichen Beweises

Die soeben dargestellte Interpretation des § 250 S. 1 StPO im Sinne eines Prinzips der Wahl des unmittelbaren Beweismittels liegt auch einer anderen Meinungsgruppe zugrunde, die jedoch daraus nur ein eingeschränktes, von der Vernehmung des unmittelbaren Zeugen abhängiges Verbot des Beweises durch Zeugen vom Hörensagen ableitet. Unzulässig soll dieser Ansicht nach die Vernehmung eines Zeugen vom Hörensagen dann sein, wenn dem Gericht gleichzeitig der Originalzeuge zur Verfügung steht und kein Gebrauch davon gemacht wird. Hingegen sei die Vernehmung des Zeugen vom Hörensagen neben dem oder anstelle des nicht erreichbaren Originalzeugen statthaft, da in diesen Fällen das Gebot des § 250 S. 1 StPO nicht verletzt werde bzw. gar nicht Platz greife[65].

Für die zugrundeliegende Auffassung, daß das Gebot der Wahl des tatnächsten Beweismittels als eine die Hauptverhandlung beherrschende „Klugheitsregel“ durch § 250 StPO für den Zeugenbeweis zur „Rechtsregel“[66] geworden sei, werden verschiedene Argumente angeführt.

---

[64] *von Kries*, a.a.O., S. 96; in diesem Sinne auch *Muskat*, a.a.O., S. 287.

[65] *Dahlke - Fuhrmann*, § 250 S. 1; *Erbs*, § 250 II; *Peters*, Lb 2, S. 267; *von Hippel*, S. 391; *Beling*, Lb, S. 319; *Bennecke - Beling*, S. 252; *Kautter*, S. 10 f.; *Erwin Rupp*, S. 129 ff., 135 ff.; *Grünwald*, JZ 1966, 493; *Wolfgang Mittermaier*, Justiz 5, 21; OGHSt 1, 33; OLG Oldenburg, JR 1951, 91.

[66] *Erwin Rupp*, S. 129, 141.

Zum Teil wird darauf hingewiesen, daß für eine solche Auslegung bereits der klare Wortlaut des § 250 S. 1 StPO spreche[67]. Daneben wird das Verhältnis von Satz 1 und Satz 2 der Vorschrift herangezogen: hätte der Gesetzgeber in § 250 StPO allgemein nur den Ersatz der persönlichen Vernehmung durch Protokolle und schriftliche Erklärungen verbieten wollen und käme somit dem ersten Satz keine weitergehende Bedeutung zu, so wäre Satz 2, der dieses Verbot ausdrücklich hervorhebe, gänzlich überflüssig[68]. Vielmehr sei durch Satz 1 der Vorschrift ganz allgemein der Ersatz der Vernehmung des unmittelbaren Wahrnehmungszeugen verboten, während durch den zweiten Satz nur „beispielsweise Consequenzen“[69] aus diesem allgemeinen Verbot gezogen würden.

Als rein rechtspolitisches Argument führt Peters[70] Gründe der Sicherheit der Wahrheitsfindung für die Auslegung des § 250 StPO an. Das umfangreiche Material, das der Tübinger Forschungsstelle für Strafprozeß und Strafvollzug zur Erforschung der Fehlerquellen im Strafverfahren vorliege, berechtige dazu, strenge Anforderungen an die Beweisgrundlagen zu stellen. Da beim Beweis durch Zeugen vom Hörensagen häufig große Fehlerquellen möglich seien und dadurch die Gefahr von Fehlurteilen bestehe, entnimmt Peters nunmehr entgegen seiner Ansicht in der ersten Auflage[71] dem Wortlaut des § 250 StPO das zwingende Gebot der Vernehmung des tatnächsten Zeugen.

Für die aus dieser Interpretation des § 250 StPO gezogene Konsequenz eines nur beschränkten Verbots des Beweises durch Zeugen vom Hörensagen, d. h. für subsidiäre Zulässigkeit wird angegeben: wenn der unmittelbare Beweis durch den Originalzeugen nicht mehr möglich sei, so sei nunmehr der Zeuge vom Hörensagen das tatnächste Beweismittel, und die Verwertung seiner Aussage als Indiz erscheine zwecks Verhütung von Beweisverlust notwendig und zulässig[72].

Diese Ansicht vom gesetzlich gebotenen Vorrang des Originalzeugen gegenüber dem Zeugen vom Hörensagen stellt eine formal nach dem Kriterium der Tatnähe bestimmtes Prinzip des bestmöglichen Beweises

---

[67] Dies wird durch Betonung oder Einschieben von Worten deutlich zu machen versucht, vergleiche etwa: *Erwin Rupp*, S. 133: „Beruht der Beweis einer Tatsache auf der Vernehmung *derselben* durch eine Person, so ...“. *von Hippel*, S. 391, und *Beling*, Lb, S. 319: „... so ist *diese* in der Hauptverhandlung zu vernehmen.“

[68] *Beling*, Lb, S. 319 Fußn. 1; *Erwin Rupp*, S. 131.

[69] *Erwin Rupp*, S. 131.

[70] Lb 2, S. 267.

[71] Lb 1. Aufl., S. 249.

[72] Vgl. die in diesem Sinne zu verstehenden Ausführungen bei *v. Hippel*, S. 390 ff.; *Rupp*, S. 138.

dar, das auf der generellen Vermutung der Minderwertigkeit des mittelbaren Beweises gegenüber dem unmittelbaren beruht. Entsprechend diesem zugrundeliegenden Gedanken ist das Ergebnis des bedingten Verbots des Beweises durch Zeugen vom Hörensagen methodisch durch eine vom Gebot des § 250 S. 1 StPO ausgehende Schlußfolgerung der Subsidiarität gewonnen worden. Hieraus ergibt sich notwendigerweise zugleich die Abhängigkeit dieses Verbots hinsichtlich seines Wirksamwerdens und Umfanges von der tatsächlichen Befolgung des Gebots der Vernehmung des unmittelbaren Zeugen.

(3) Gebotsergänzung des § 250 StPO im Wege progressiver Rechtsfindung mit der Folgerung eines bedingten Verbots des Beweises durch Zeugen vom Hörensagen

Eine Sondermeinung hinsichtlich der Auslegung des § 250 StPO ist in neuester Zeit von Dolderer[73] vertreten worden. Das Ergebnis, daß die Vernehmung von Zeugen vom Hörensagen immer dann unzulässig sei, wenn der unmittelbare Zeuge vom Gericht vernommen werden könne, gewinnt Dolderer im Wege einer die Grenzen der Auslegung überschreitenden Gesetzesberichtigung[74] durch eine Gebotsergänzung des § 250 StPO. Unter Übernahme der von Bennecke-Beling[75] getroffenen sachlichen und begrifflichen Unterscheidung zwischen einem Grundsatz der Unmittelbarkeit der Tatsachenerschließung und einem Grundsatz der Unmittelbarkeit des Verkehrs gelangt Dolderer zunächst durch eingehende Auslegung des § 250 StPO zu dem Ergebnis, daß nur die Unmittelbarkeit des Verkehrs in dieser Vorschrift normiert sei[76]. Der Gesetzgeber habe jedoch weder in dieser Vorschrift noch sonst irgendwo die Unmittelbarkeit der Tatsachenerschließung „zum Grundsatz des positiven Rechts erhoben“[77]. Aus den Gesetzesmaterialien zu § 250 StPO sowie aus der allgemeinen geschichtlichen Entwicklung des Grundsatzes der Unmittelbarkeit ergebe sich mit genügender Deutlichkeit, daß der Gesetzgeber bei Schaffung der Vorschrift an das Zeugnis vom Hörensagen und mithin auch an die Unmittelbarkeit der Tatsachenerschließung nicht im allerentferntesten gedacht habe[78].

---

[73] S. 64 ff.

[74] *Dolderer* bezieht sich bei seinen Ausführungen auf die zu diesem Problemkreis von *G.* und *D. Reinicke* in NJW 1951, S. 681 ff. und NJW 1952, 959 ff. aus der Rechtsprechung des BGH entwickelten allgemeinen Grundsätze zur Gesetzesauslegung, Gesetzesberichtigung und Gesetzesfortbildung.

[75] S. 258.

[76] S. 48, 51.

[77] S. 48.

[78] S. 47 ff.

Das daraus folgende Ergebnis der allgemeinen Zulässigkeit des Zeugnisses vom Hörensagen befriedige jedoch wegen seines allgemein geringeren Beweiswerts gegenüber der Aussage eines Originalzeugen nicht, auch wenn § 244 II StPO eine „gewisse Schranke“ gegen einen Mißbrauch darstelle[79].

Dolderer ist daher der Ansicht, daß die Unmittelbarkeit der Tatsachenerschließung auch ohne ausdrückliche Anordnung des Gesetzgebers bereits als geltende Rechtsregel angesehen werden müsse und auch dürfe[80]. Er begründet dies folgendermaßen: Da der Gesetzgeber bei Einführung der Unmittelbarkeit nur diejenige des Verkehrs in § 250 StPO geregelt habe, hingegen an die Unmittelbarkeit der Tatsachenerschließung überhaupt nicht gedacht habe, liege eine Lücke im Gesetz vor[81]. Diese sei im Wege „progressiver Rechtsfindung“[82] auszufüllen nach Sinn und Zweck des zu ergänzenden Gesetzes. Nach einem ausführlichen Hinweis darauf, daß die gegen eine Verwendung von Protokollen in der Hauptverhandlung sprechenden Gründe im wesentlichen auch gegen die Verwertung von Zeugen vom Hörensagen vorzubringen seien, führt Dolderer aus: „Wegen dieser Gleichheit der Bedenken gegen beide Arten von Vermittlung ist es daher geboten, die Lücke hinsichtlich der Unmittelbarkeit der Tatsachenerschließung im Wege der Gebots*ergänzung* des § 250 StPO dahin zu schließen, daß auch letzterer Grundsatz dem Grundgedanken und Zweck des Gesetzes entsprechend schon jetzt als geltendes Recht anzusehen ist[83].“

Die Anerkennung der verbindlichen Geltung dieses Grundsatzes habe jedoch nicht den völligen Ausschluß des Zeugen vom Hörensagen zur Folge, sondern lediglich seine Vernehmung anstelle des erreichbaren unmittelbaren Wahrnehmungszeugen[84].

Dieses methodisch aufgrund der Annahme einer Gesetzeslücke durch Gesetzesberichtigung erzielte Ergebnis Dolderers entspricht der Ansicht, die sich als Prinzip des bestmöglichen Beweises darstellt.

bbb) Interpretation des Unmittelbarkeitsgebots des § 250 StPO allein im Sinne eines Prinzips der Form der Beweisaufnahme

Entgegen den dargestellten Ansichten sind die herrschende Meinung im Schrifttum[85] und insbesondere die ständige höchstgerichtliche Recht-

[79] S. 63.

[80] S. 64 ff.

[81] S. 66.

[82] S. 65 unter Bezugnahme auf Rechtsfortbildungsgrundsätze der höchstrichterlichen Rechtsprechung.

[83] S. 67.

[84] S. 68.

[85] *Eb. Schmidt*, LK I, S. 257 Anm. 248, und LK II, § 250 Rn 3 und StPO

sprechung[86] der Auffassung, daß § 250 StPO keine Regelung des Beweises durch Zeugen vom Hörensagen enthalte und daß die Vernehmung solcher Zeugen zum Zwecke mittelbarer Beweisführung uneingeschränkt zulässig sei. Ihrer Ansicht nach ist in § 250 StPO allein der Grundsatz der Unmittelbarkeit der gerichtlichen Wahrnehmung von den Beweismitteln als Prinzip der Form der Beweisaufnahme zum Ausdruck gekommen.

Die herrschende Meinung interpretiert den § 250 StPO in folgender Weise: in der als Einheit aufzufassenden Vorschrift sei derselbe Gedanke zur positiven und zur negativen Seite hin umschrieben worden; das in Satz 2 enthaltene Verbot erläutere daher das Gebot des ersten Satzes und schränke damit zugleich seine dem Wortlaut nach weitergehende Bedeutung ein[87].

Zur Begründung dieser Auslegung und der gleichzeitig daraus folgenden Ansicht, daß durch § 250 S. 1 StPO nicht der gesetzliche Vorrang des unmittelbaren Wahrnehmungszeugen vor dem Zeugen vom Hörensagen geschaffen worden sei, werden verschiedene Argumente angeführt.

Aus den Beratungsmaterialien zur Strafprozeßordnung gehe eindeutig hervor, daß man bei der Redigierung des § 250 StPO[88] an das Zeugnis vom Hörensagen überhaupt nicht gedacht habe[89], mithin die Frage

---

Rn 111 und Nachträge, § 250 Rn 3; *KMR-Sax*, § 250, 2 a; *Schwarz - Kleinknecht*, § 250, 1 B; *Löwe - Rosenberg - Geier*, § 250, 3; *Kohlrausch*, § 250, 1 und 7 vor § 244—256; *G. Schulz*, § 250, C; *Löwe - Hellweg*, 11. Aufl., § 249, 1; *Feisenberger*, § 250, 2; *Stenglein*, Komm., § 249, 2; *Henkel*, Lb, S. 343; *Kern - Roxin*, S. 210 f.; *Rosenfeld*, S. 48; zu *Dohna*, S. 175 Anm. 98; *Glaser*, Hdb I, S. 447; *Bennecke*, S. 342, 408 Anm. 12, S. 542 Anm. 15; *Birkmeyer*, S. 514 i. V. m. 511; *Krause*, S. 132 ff.; *Sprang*, S. 36 ff.; *Alsberg - Nüse*, S. 199 f.; *Stein*, S. 62 Anm. 41; *Schorn*, Strafrichter, S. 281, und Menschenwürde, S. 64; *Groth*, S. 45 f.; *Maas*, Strafr. Abhdlgen 77 (1907), 70 ff.; *Hegler*, Rechtsgang II (1916), 316 ff.; *Kohlhaas*, JR 1957, 42; *Schneidewin*, JR 1951, 482; *Haag*, DJ 1937, 810, und DStR 1938, 414; *Spendel*, JuS 1964, 472 f.; *Geerds*, SchlHA 1962, 187; *Tiedemann*, MDR 1963, 457; *Mamroth*, JW 1926, 2448; *Ditzen*, ZStW 10 (1890), 153; *Pollack*, GA 33, (1885), 253 ff.

[86] RGSt 2, 160 (161); RG Rspr. 3 (1881), 678 (679); RGSt 5, 142 (144); RG Rspr 7 (1885), 457 (458); RGSt 14, 266; 27, 163 (165); 48, 246; RG JW 1914, 434 Nr. 55; RG GA 61 (1914), 509; RG JW 1925, 997 Nr. 53; RG Recht 1925, 2121 und 1926, 2049; RG JW 1926, 2448 Nr. 3; RG LZ 1926, 56; RG JW 1935, 2979 Nr. 56 und 1938, 2965 Nr. 23; BGHSt 1, 373 (376); 6, 209 f. = BGH LM Nr. 8 zu § 250 StPO; 9, 292 (296); 17, 382 (383) = BGH LM Nr. 14 zu § 250 StPO; BGH bei *Dallinger*, MDR 1954, 400; OLG Hamm NJW 1970, 821.

[87] *Krause*, S. 136; *Schneidewin*, JR 1951, 482; *Hegler*, Rechtsgang II, (1916), 317; BGHSt 6, 210.

[88] § 212 des Entwurfes III von 1874.

[89] Siehe die Protokolle der Kommission des Reichstages S. 381 bei *Hahn*, Mat. I, S. 860. Die Beratung zu § 212 des Entwurfs verlief in folgender Weise: Abgeordneter Dr. von Schwarze bemerkte, daß er in diesem Paragraphen eine Beschränkung der allgemein in § 211 des Entwurfs (§ 248,

seiner Zulässigkeit mit dieser Vorschrift nicht regeln wollte[90]. Vielmehr sei bei Schaffung der Vorschrift davon ausgegangen worden, daß Zeugen und Sachverständige in der Hauptverhandlung regelmäßig nicht zum ersten Male vernommen würden, sondern sehr oft schon Vernehmungen durch die Polizei, die Staatsanwaltschaft oder das Gericht und deren Aufzeichnung in Protokollen vorangegangen seien. Sinn des § 250 StPO sei daher, zur Sicherung des in Satz 1 ausgesprochenen Gebots für diese Protokolle die grundsätzliche Freiheit des Beweises durch Urkunden auszuschließen[91]. Die besondere Hervorhebung des in Satz 2 ausgesprochenen Verbots beruhe eben darauf, daß das positive Recht eine praktisch bedeutsame Gefahr allein in der Verlesung von Protokollen erblickt habe, zu welcher die Versuchung aus Gründen der Bequemlichkeit und raschen Erledigung besonders groß sei[92].

Die herrschende Meinung stützt ihre Auslegung des § 250 StPO insbesondere durch den Hinweis auf den Bedeutungszusammenhang im Gesetzesaufbau[93]. Aus der systematischen Stellung des § 250 StPO im Rahmen der den Urkundenbeweis behandelnden Vorschriften (§§ 249 bis 256 StPO) ergebe sich, daß mit dieser Vorschrift allein die Frage der Ersetzung des Zeugenbeweises durch den Urkundenbeweis habe geregelt werden sollen. Dagegen sei nicht beabsichtigt gewesen, in § 250 StPO die Frage der Ersetzung des Originalzeugen durch Zeugen vom Hörensagen zu entscheiden. Letzteres aber anzunehmen hieße, dem Gesetzgeber „eine ganz unwahrscheinliche Regelwidrigkeit im gesetzlichen Aufbau“[94] zu unterstellen.

Aus alledem ergebe sich, daß trotz des mehrdeutigen Wortlauts[95] in § 250 StPO allein eine bindende Regelung des Inhalts zu sehen sei, daß, wenn der Beweis durch das Zeugnis einer Person geführt werden solle, „die Überlieferung desselben mündlich und nicht schriftlich“[96] zu geschehen habe. Dagegen bestimme § 250 StPO nicht, über welche Tatsachen der Zeugenbeweis erhoben werden müsse — ob über Haupt-

---

später § 249 StPO) ausgesprochenen Befugnis sehe, so daß im übrigen ... die Verlesung von Urkunden unbedingt zulässig sei. Hierzu entgegnete der Geheime Oberregierungsrat Hanauer, daß zweifellos durch § 212 nur die Verlesung von Vernehmungsprotokollen ausgeschlossen werden solle.

[90] *Glaser*, Hdb I, S. 447; *Alsberg - Nüse*, S. 200; *Hegler*, Rechtsgang II, (1916), 318 f.; *Sprang*, S. 36.

[91] *Löwe - Rosenberg - Geier*, § 250, 1.

[92] *Hegler*, Rechtsgang II (1916), 318.

[93] *Alsberg - Nüse*, S. 200; *zu Dohna*, S. 175; *Krause*, S. 137; *Hegler*, Rechtsgang II (1916), 318; *Pollack*, GA 33 (1885), 253.

[94] *Schneidewin*, JR 1951, 482.

[95] *zu Dohna*, S. 175; *Glaser*, Hdb I, S. 447; *Alsberg - Nüse*, S. 200; *Schneidewin*, JR 1951, 482; *Pollack*, GA 33 (1885), 252.

[96] *zu Dohna*, S. 175.

tatsachen, Indizien oder Hilfstatsachen[97]. Mithin sei es im Rahmen des § 250 StPO belanglos, ob die Vernehmung eines Zeugen über die Tatsache erfolge, daß ein Vorgang stattgefunden habe, oder zum Beweis der nur indizierenden Tatsache, daß von jemand geäußert sei, der Vorgang habe stattgefunden[98]. Für diese Gleichbehandlung von unmittelbar und mittelbar wirkenden Beweismitteln im Rahmen des § 250 StPO spreche zudem die vorbehaltlose (und nicht bloß subsidiäre) Zulassung des Indizienbeweises in § 267 Abs. 1 S. 2 StPO[99].

bb) Prüfung des möglichen Wortsinnes als Gebot der Wahl und Kritik der auf isolierter Normdeutung beruhenden Ansichten

Bereits an anderer Stelle[100] wurde ausführlich dargetan, daß in § 250 StPO durch das zur positiven und negativen Seite hin umschriebene und betonte Gebot der persönlichen Vernehmung der Grundsatz der Unmittelbarkeit im Sinne einer Forderung nach unmittelbarer Wahrnehmung der Beweismittel zum Ausdruck gekommen ist. Bei der folgenden Untersuchung — wie auch bei dem Gegensatz der dargestellten Ansichten[101] — geht es daher nicht um eine alternative Sinndeutung des § 250 StPO, sondern allein um die Frage, ob in Satz 1 dieser Vorschrift zugleich auch ein Gebot der Wahl des unmittelbaren Wahrnehmungszeugen für die Beweisführung enthalten ist.

Eine solche Auslegung und die Folgerung eines Verbots des mittelbaren Beweises durch Zeugnis vom Hörensagen ist sowohl nach dem sehr weit gefaßten Wortlaut als auch aufgrund der Zweiteilung des § 250 StPO in einen Gebots- und Verbotssatz zweifelsohne möglich. Doch wie die gegensätzliche Argumentation der dargestellten Ansichten in dieser Beziehung wohl zur Genüge zeigt, ist die Fassung der Vorschrift in ihrer Mehrdeutigkeit kein hinreichender Anhaltspunkt, um diesen möglichen Wortsinn als tatsächlichen Sinn des Gesetzes zu bestimmen.

Gegen die Annahme, daß durch § 250 StPO die Wahl und der Vorrang des unmittelbaren Zeugen vor dem Zeugen vom Hörensagen geboten

---

[97] *Eb. Schmidt*, LK II, § 250 Rn 3.

[98] So ausdrücklich und wiederholt insbesondere die Rechtsprechung, vgl. RGSt 2, 160 (161); RG JW 1925, 997 Nr. 53; RG LZ 1926, 56. Vgl. ferner *Pollack*, GA 33 (1885), 253.

[99] *Hegler*, Rechtsgang II (1916), 323.

[100] Vgl. oben 3. Abschnitt A I, S. 41 f.

[101] Das gilt mit Ausnahme der Meinung von *v. Kries* und *Muskat*, die das Gebot des § 250 S. 1 StPO und den Grundsatz der Unmittelbarkeit *allein* als Prinzip der Wahl für die Beweisführung bestimmen. Diese Ansicht ist aber durch die oben im 3. Abschnitt unter A I erfolgten Ausführungen bereits hinreichend widerlegt.

sei, spricht zunächst die Stellung der Vorschrift im Gesetzesaufbau. Die §§ 249—256 StPO behandeln insgesamt die Frage der Zulässigkeit des Urkundenbeweises, wobei dem § 250 StPO erkennbar die Bedeutung zukommt, für alle die Fälle, in denen der Beweis einer Tatsache auf der Wahrnehmung einer Person beruht, die nach § 249 StPO grundsätzlich freie Verwendung von Urkunden auszuschließen. Unwahrscheinlich ist es, daß das Gesetz in diesem sachlichen Zusammenhang seinen Gegenstand der Regelung völlig gewechselt hat und mit § 250 StPO zugleich auch die Frage der Zulässigkeit des Beweises durch Zeugen vom Hörensagen zu entscheiden beabsichtigte. Eine so bedeutsame Bestimmung wie den Ausschluß des Zeugnisses vom Hörensagen wegen gesetzlich präsumierter Ungeeignetheit oder Minderwertigkeit hätte der Gesetzgeber vermutlich eher im sachlichen Zusammenhang der den Zeugenbeweis regelnden Vorschriften, §§ 48 ff. StPO, getroffen.

Des weiteren bestätigt auch die gesamte Entstehungsgeschichte des § 250 StPO allein die aus seiner systematischen Stellung sich ergebende Bedeutung. In den dürftigen Beratungsmaterialien findet sich nur die Einschränkung des Urkundenbeweises als Zweck des § 250 StPO erwähnt. Sowohl hieraus als auch aus den historischen Gegebenheiten, von denen der Gesetzgeber bei Schaffung der Vorschrift ausging, ist zu schließen, daß die Frage der Zulässigkeit des Beweises durch Zeugen vom Hörensagen in § 250 StPO nicht geregelt werden sollte. Denn dem Hauptanliegen der Reformbestrebungen, der Forderung nach Unmittelbarkeit der Beweisaufnahme vor dem erkennenden Gericht, sollte durch die besondere Ausgestaltung des § 250 StPO Rechnung getragen werden. Doch die Reformbewegung beschäftigte sich nicht mit der Frage, welche Beweismittel zur Tatsachenaufklärung heranzuziehen seien. Vielmehr war die Zulässigkeit der Vernehmung von Zeugen vom Hörensagen auch im preußischen Strafverfahren vor der Reichsstrafprozeßordnung von 1877 anerkannt[102]. Hätte nun der Gesetzgeber bei Schaffung der geltenden Strafprozeßordnung beabsichtigt, entgegen dem vorherigen Rechtszustand die mittelbare Beweisführung durch Zeugen vom Hörensagen mit § 250 StPO zu verbieten, so hätte es dazu wohl mehr als des einen und überdies mißverständlichen Satzes bedurft, und diese Absicht hätte auch in den Motiven oder bei den Beratungen der Reichsjustizkommission erkennbar werden müssen.

---

[102] Vgl. *Oppenhoff*, S. 136 Nr. 43 und 138 Nr. 56 unter Berufung auf zwei Urteile des Preußischen Obertribunals; *Löwe*, S. 329 f.; a. A., jedoch widersprüchlich *Steman*, Strafverfahren, S. 138; siehe dazu *John* III, S. 209. Vgl. auch den Privatentwurf *Weebers* zu einer Strafprozeßordnung aus der Zeit des reformierten Strafprozesses, wonach gem. §§ 302 Abs. 2, 312 Abs. 3 die Vernehmung des Untersuchungsrichters als Zeuge vom Hörensagen über die im Vorverfahren gemachten Aussagen von Zeugen oder Sachverständigen in der Hauptverhandlung zulässig sein soll.

Nach alledem ist also zusammenfassend festzustellen, daß der Gesetzgeber erkennbar *allein* den Grundsatz der unmittelbaren Wahrnehmung der persönlichen Beweismittel als „Fundamentalsatz des Strafverfahrens“[103] in § 250 StPO verwirklicht und betont hat, hingegen ein Gebot der Wahl des unmittelbaren Zeugen und ein Verbot des Beweises durch Zeugen vom Hörensagen in dieser Vorschrift nicht aussprechen wollte.

Man kann nun — und das scheint leitender Gesichtspunkt der Interpretation für alle diejenigen Autoren zu sein, die dem § 250 StPO ein Verbot des Beweises durch Zeugen vom Hörensagen entnehmen — den erkennbaren Ansichten, Beweggründen und Zwecken des historischen Gesetzgebers jede Verbindlichkeit absprechen[104] und somit den „Willen des Gesetzgebers“ als nicht maßgeblich für die Auslegung einer Vorschrift erachten[105]. Man kann für die Sinndeutung einer Norm auf den „Willen des Gesetzes“ als entscheidendes Kriterium abstellen, d. h. bei der Auslegung den dem Gesetz immanenten, heute maßgeblichen Sinn zu erschließen und aufzuweisen suchen, wobei dieser normative Gesetzessinn zu verstehen ist als eine in sich vernünftige, von den Wertvorstellungen und der Überzeugung der Rechtsgemeinschaft getragene und ihren gegenwärtigen Bedürfnissen dienende Ordnung[106].

Gleichviel aber, ob man bei der Gesetzesauslegung als verbindliche Beziehungsgröße auf den historischen Gesetzgeber oder auf die immanente Vernünftigkeit und Teleologie der normativen Sollensordnung der derzeitigen Rechtsgemeinschaft abstellt, für beide Wege zur Deu-

---

[103] RGSt 12, 104 (105).

[104] Ganz deutlich wird dieser Ausgangspunkt bei *v. Kries*, ZStW 6 (1886), 89: „Weder der Zusammenhang mit § 248 ... noch die Beratungsmaterialien können daher irgend etwas anderes darthun, als daß bei Redigierung des § 249 nicht die ausdrückliche Absicht vorhanden war, das Zeugnis vom Hörensagen auszuschließen. Daß diese Thatsache aber der *lex lata* gegenüber nicht entscheidend ist, dürfte selbstverständlich sein.“

[105] Auf den Willen des historischen Gesetzgebers, d. h. auf die Interpretationssituation zur Zeit des Inkrafttretens eines Gesetzes, stellt die subjektive (historische) Auslegungstheorie bei der Ermittlung von Sinn und Zweck einer Gesetzesnorm ab. Vgl. hierzu *Larenz*, S. 30 ff. und die dort auf S. 33 Anm. 1 Zitierten.

[106] So die objektive Auslegungstheorie, die das Gesetz als verobjektivierte aktuelle Ordnung einer Rechtsgemeinschaft auf die dynamische Wirklichkeit bezieht und somit Erfordernissen der Gegenwart auch gegenüber einem klar erkennbar entgegenstehenden Willen des historischen Gesetzgebers zum Durchbruch verhelfen will. Die aus den Materialien ersichtlichen Absichten des Gesetzgebers sind daher nicht bindend, gleichwohl aber als „bloße Ansichtsäußerungen mehr oder weniger intimer Sachkenner“ (*Reichel*, S. 69) unter Umständen als Hilfsmittel und Hinweise zur Erkenntnis des normativen Gesetzessinnes von Bedeutung. Vgl. zur objektiven Auslegungstheorie *Engisch*, Einführung, S. 88 ff. sowie ausführlich *Buschendorf*, S. 213 ff.

tung des möglichen Wortsinnes einer einzelnen Gesetzesvorschrift gilt gleichermaßen, daß der gesamte positivrechtliche Sinn- und Beziehungszusammenhang zu berücksichtigen ist, in dem sie steht. Denn unabhängig davon, wer als Urheber oder konstituierende Größe einer normativen Ordnung anzusehen ist — das Gesetz als Sinnganzes und als eine in allen Teilen Befolgung verlangende Gesamtregelung kann nicht gut zwei Rechtsfolgen anordnen, die einander widersprechen oder den gleichen Sachverhalt in gleicher Hinsicht in entgegengesetzter Weise bewerten.

Entscheidend für eine Auslegung des § 250 StPO des Inhalts, daß hierdurch die Wahl des unmittelbaren Zeugen geboten und der Beweis durch Zeugen vom Hörensagen verboten sei, ist also, daß eine solche Deutung sich widerspruchslos in das Beziehungsgefüge der einzelnen Rechtssätze der StPO einfügen muß, soll sie dem Sinn des Gesetzes entsprechen. Ein solches Gebot der Wahl für die Beweisführung wäre Ausdruck einer prinzipiellen und formal bestimmten gesetzlichen Bewertung der Geeignetheit und Rangfolge bestimmter Beweismittel für die Wahrheitserforschung. Also muß es auf seine sachlich-logische Vereinbarkeit mit denjenigen Vorschriften hin untersucht werden, in denen die Strafprozeßordnung die Wertung und Wahl der Beweismittel allgemein und grundsätzlich regelt im Hinblick auf die Erforschung der materiellen Wahrheit als oberstes Ziel des Strafverfahrens.

Aus diesem Erfordernis notwendiger Überprüfung des möglichen Wortsinnes des § 250 StPO am Sinnganzen der strafprozessualen Regelung ergibt sich aber eine grundsätzliche Kritik zunächst am methodischen Vorgehen derjenigen Autoren, die aus § 250 StPO ein Verbot des Beweises durch Zeugen vom Hörensagen folgern.

Die Vertreter der ersten Ansicht gelangen zu dem Ergebnis der völligen Unzulässigkeit des Zeugnisses vom Hörensagen aufgrund eines Gegenteils- oder Umkehrschlusses aus dem Gebot des § 250 S. 1 StPO. Der Gegenteilsschluß ist jedoch nur dann zulässig, „wenn klar erkennbar ist, daß der Gesetzgeber mit der Beschränkung seiner Regelung auf bestimmte Fälle zum Ausdruck bringen wollte, daß die anderen Fälle nicht so geregelt sein sollten. Diese Feststellung ist sehr schwer zu treffen ... Logische Mittel versagen, der rechtspolitische Zweck weist den Weg“[107]. Ob die Beschränkung einer bestimmten Rechtsfolge auf einen bestimmten Tatbestand ersichtlich vom Gesetzgeber gewollt oder nach dem Zweck der gesetzlichen Regelung geboten ist, muß zunächst im Wege der Auslegung ermittelt werden. „Keinesfalls kann dies unterstellt werden; vielmehr muß der den Umkehrschluß erlaubende

[107] *Bartholomeyczik*, S. 92.

ausschließende Charakter des betreffenden Rechtssatzes jeweils nachgewiesen werden[108]."

Es hätte also zur Rechtfertigung des Umkehrschlusses zunächst des Nachweises bedurft, daß die alleinige Normierung des Gebots der Vernehmung des unmittelbaren Zeugen erkennbar nach der gesamten Zwecksetzung der strafprozessualen Regelung auch bedeute, daß ausschließlich der unmittelbare Beweis durch Tatzeugen zulässig sein solle. Hierzu reicht aber die isolierte Interpretation des § 250 StPO schlechthin nicht aus. Ein solcher Nachweis erfordert, daß die am Ziel der materiellen Wahrheit orientierte Gesamtkonzeption des Beweisrechts berücksichtigt wird, insbesondere die Entscheidung des Gesetzes für den Untersuchungsgrundsatz des § 244 Abs. 2 StPO und der Grundsatz der freien Beweiswürdigung gemäß § 261 StPO. Bei den Vertretern der Ansicht vom völligen Ausschluß des Zeugnisses vom Hörensagen fehlt aber jeder Anhaltspunkt in ihren Ausführungen dafür, daß sie die logischen Voraussetzungen sowie das Ergebnis ihres Umkehrschlusses auf ihre Vereinbarkeit mit dem Sinnganzen und der Zwecksetzung der strafprozessualen Regelung hin überprüft haben. Vielmehr stützt sich diese Ansicht allein auf eine isolierte Sinndeutung des § 250 StPO und auf eigene, den Gegenteilsschluß begründende Wertungen. Deutlich erkennbar ist dies bei von Kries[109]. Seine Inhaltsbestimmung des Prinzips der Unmittelbarkeit findet weder im Wortlaut des Gesetzes noch in der Geschichte eine Stütze, sondern beruht allein auf dem Bestreben, das Zeugnis vom Hörensagen wegen seiner Mangelhaftigkeit auszuschließen. Ebenso verhält es sich mit dem Argument Muskats, das Zeugnis vom Hörensagen widerspreche dem „Geist" des § 250 StPO[110]. Diese These stellt schlicht eine petitio principii dar, sofern nicht nachgewiesen wird, daß der völlige Ausschluß des Zeugnisses vom Hörensagen dem Sinn des Gesetzes entspricht. Die Fehlerhaftigkeit solchen methodischen Vorgehens bei der Gesetzesauslegung liegt nach dem Gesagten auf der Hand.

Auch die zweite der dargestellten Ansichten beachtet bei ihrer Art und Weise der Interpretation des § 250 StPO nicht, daß jede Gesetzesauslegung unter dem Grundsatz der gegenseitigen Erhellung von Teilen und Ganzem eines sinnhaften Zusammenhanges steht.

Ausgehend von der Annahme, daß der mittelbare Beweis stets schlechter sei als der unmittelbare, wird aus dem § 250 S. 1 StPO entnommenen Gebot der Wahl des unmittelbaren Zeugen der Schluß gezogen, daß der mittelbare Beweis durch Zeugen vom Hörensagen nicht stellvertretend, sondern nur subsidiär zulässig sei.

---

[108] *Larenz*, S. 295.
[109] Vgl. ZStW 6 (1886), 96.
[110] GA 36 (1888), 283.

Diese Schlußfolgerung der Subsidiarität setzt also voraus, daß der Beweiswert der in Frage stehenden Beweismittel generell festgelegt ist, nämlich abstrakt-formal nach der Tatnähe bestimmt. Ein solcher Schluß als Mittel, ein dem Sinn des Gesetzes entsprechendes Ergebnis zu gewinnen, kann aber nur dann gerechtfertigt sein, wenn die angenommene Voraussetzung bindend festgelegten Beweiswerts dem Sinn des Gesetzes entspricht. Das aber kann nicht allein aus dem mehrdeutigen Wortlaut des § 250 StPO gefolgert werden, da doch erst die widerspruchslose Vereinbarkeit dieses ihm möglicherweise zugrundeliegenden Sinnes mit dem Sinnganzen der strafprozessualen Regelung eine eindeutige Interpretation ermöglicht.

Das Gesetz regelt die Frage, welche Beweiskraft den zur Sachverhaltsaufklärung benötigten Beweismitteln zuzusprechen ist, in § 261 StPO gemäß dem Prinzip der freien Beweiswürdigung. Die Vereinbarkeit dieser gesetzlichen Anordnung mit der für § 250 StPO zugrundegelegten Annahme gesetzlich bindend festgelegten Beweiswerts für unmittelbare und mittelbare Zeugen hat jedoch keiner der Autoren untersucht, die aus dem Gebot des § 250 S. 1 StPO auf ein bedingtes Verbot des Beweises durch Zeugen vom Hörensagen schließen. Solange dieser Nachweis aber nicht erbracht ist, muß die Zulässigkeit einer solchen Schlußfolgerung in Frage gestellt werden.

Kennzeichnend dafür, daß auch hier wieder allein eigene Wertungen und rechtspolitische Bemühungen die Interpretation des isoliert betrachteten § 250 StPO bestimmen, sind die Ausführungen von Peters. Allein kriminalpolitische Forschungsergebnisse und dadurch gewonnene Gründe der Sicherheit der Wahrheitsfindung veranlassen ihn, in neuerer Zeit entgegen seiner früheren Ansicht dem Wortlaut des § 250 StPO den zwingend gebotenen Vorrang des unmittelbaren Zeugen vor dem Zeugen vom Hörensagen zu entnehmen.

Fehlt somit auch bei der Ansicht, die in § 250 StPO die Wahl des tatnächsten Zeugen geboten sieht, jegliche Berücksichtigung des gesetzlichen Sinnzusammenhanges, so steht infolge dieser Mangelhaftigkeit des Vorgehens auch die Richtigkeit des gewonnenen Ergebnisses noch in Frage.

Anlaß zu Kritik gibt insbesondere das methodische Vorgehen Dolderers bei der Gesetzesauslegung. Dolderer stützt seine „progressive Rechtsfindung", die Gebotsergänzung des § 250 StPO mit der Folge eines bedingten Verbots des Beweises durch Zeugen vom Hörensagen, auf die Annahme einer ausfüllungsbedürftigen Lücke im Gesetz. Als Gesetzeslücke deutet er die Tatsache, daß der Gesetzgeber bei Schaffung des § 250 StPO erkennbar an das Zeugnis vom Hörensagen nicht gedacht und daher die Wahl der Beweismittel und mithin die Zulässigkeit des Zeugnisses vom Hörensagen in dieser Vorschrift nicht geregelt habe[111].

Eine solche echte[112] oder eigentliche Lücke im Gesetz liegt nur und überall da vor, wo für einen bestimmten Sachverhalt „eine Regel fehlt, deren Vorhandensein nach dem Grundgedanken und der immanenten Teleologie der gesetzlichen Regelung erwartet werden kann"[113]. Ausgehend davon, daß das Gesetz als Sinnganzes eine in sich vollständig und sachlich übereinstimmende Gesamtregelung erstrebt, bedeutet das Vorliegen einer Lücke also eine dem Plan des Gesetzgebers widersprechende, eine „planwidrige Unvollständigkeit"[114] der gesetzlichen Regelung. Daher muß die Frage, ob eine Regelung unvollständig ist, notwendigerweise vom Standpunkt des Gesetzes selbst aus beurteilt werden: „Maßgebend ist die Grundkonzeption oder ‚Intention' des Gesetzgebers, die Absicht einer Gesamtregelung, der gesetzesimmanente Zweck[115]."

Hieraus ergibt sich klar, daß das Fehlen einer Regelung der Zulässigkeit des Zeugnisses vom Hörensagen in § 250 StPO — für sich betrachtet — nicht einfach als „Lücke im Gesetz" gedeutet werden kann. Dolderer hätte vom Sinnganzen der beweisrechtlichen Regelung der StPO aus beurteilen müssen, ob die von ihm vermißte spezielle Regelung eine planwidrige Unvollständigkeit des Gesetzes sei. Hierzu aber hätte er zweierlei nachweisen müssen: erstens, daß die Strafprozeßordnung die Frage der Zulässigkeit des Beweises durch Zeugnis vom Hörensagen überhaupt nicht regele und somit unvollständig sei (wobei zu berücksichtigen gewesen wäre, daß die hierbei relevanten Fragen der Wahl und der Wertung der Beweismittel in den Generalklauseln der §§ 244 Abs. 2, 261 StPO behandelt sind); zweitens, daß die festge-

---

[111] *Dolderer,* S. 65, legt für seine Gebotsergänzung als zweite Stufe der „progressiven Rechtsfindung" die Annahme einer Lücke zugrunde, die dadurch entstanden sein soll, daß der Gesetzgeber Lebensverhältnisse nicht gesehen habe.

[112] Der Gegensatz von echten und unechten Gesetzeslücken liegt in folgendem: echte oder eigentliche Lücke-Regelung fehlt. „Die Rechtsordnung, als planmäßiges Ganzes aufgefaßt, (enthält) eine unbeantwortete, obschon notwendig zu stellende Frage," *Burckhardt,* S. 8. Unechte oder uneigentliche Lücke-Regelung vorhanden, aber sie ist zu beanstanden; „wo das Gesetz an einem praktischen Mangel leidet, indem es zwar eine vollständige Antwort erteilt, aber eine unrichtige, inhaltlich unzulängliche", *Burckhardt,* S. 55.

Vgl. in diesem Sinne, wenn auch terminologisch verschieden, die Unterscheidungen bei *Zitelmann,* S. 24, 27; *Heck,* S. 161 ff. u. 169; *Bartholomeyczik,* S. 82 f.; *Dahm,* S. 63; *Larenz,* S. 281 ff.; RGZ 162, 247.

[113] *Larenz,* S. 283.

[114] *Larenz,* S. 286; *Engisch,* Einführung, S. 138; besonders betont dies *Elze,* S. 12.

[115] *Larenz,* S. 282.

stellte Unvollständigkeit der StPO dem ihr zugrundeliegenden Zweck der materiellen Wahrheitserforschung widerspreche.

Jedwede Berücksichtigung dieser Gesichtspunkte als notwendige Voraussetzungen seines methodischen Vorgehens fehlt in den Ausführungen Dolderers. Mithin sind die Annahme einer Lücke im Gesetz allein aufgrund isolierter Betrachtung des § 250 StPO und die Ausfüllung derselben im Wege „progressiver Rechtsfindung" schlechthin unzulässig. Auch das Vorgehen Dolderers bei der Gesetzesauslegung beruht wiederum ersichtlich auf seiner eigenen Wertung, daß die uneingeschränkte Zulässigkeit des Zeugnisses vom Hörensagen „nicht befriedigt"[116].

Zusammenfassend ist also festzustellen: Die Frage, ob § 250 StPO ein Gebot der Wahl des unmittelbaren Zeugen und ein Verbot des Beweises durch Zeugen vom Hörensagen enthält, kann nicht allein durch Auslegung dieser Vorschrift für sich bejahend oder verneinend entschieden werden. Für eine Überprüfung dieser Auslegungshypothese am Sinnzusammenhang der beweisrechtlichen Regelung der StPO sind nach dem bereits Ausgeführten zwei Kriterien maßgebend: die Annahme generell festgelegten Beweiswerts für Aussagen unmittelbarer Zeugen und Zeugen vom Hörensagen und die darauf beruhende bindende Anordnung der Wahl unter diesen Beweismitteln.

Im folgenden soll daher entsprechend diesem Bedingungszusammenhang untersucht werden, wie die StPO die Frage der Wertung und die Frage der Wahl der Beweismittel allgemein regelt nach den tragenden Grundprinzipien der §§ 261, 244 Abs. 2 StPO. Im Rahmen dieser Untersuchung soll zugleich die sachliche Richtigkeit der Ansichten von einem unbedingten oder einem bedingten Verbot des Beweises durch Zeugen vom Hörensagen unter folgender Fragestellung überprüft werden: läßt sich eine Beweisausschlußregel, beruhend auf der Vermutung gänzlich fehlenden Beweiswerts zum einen, oder ein formal-abstraktes Prinzip des bestmöglichen Beweises, beruhend auf der generellen Annahme der Minderwertigkeit mittelbarer Beweismittel, zum anderen, mit der teleologischen Ausrichtung und den Bewertungsmaßstäben des Gesetzes vereinbaren, wie sie in den §§ 244 Abs. 2, 261 StPO zum Ausdruck gekommen sind?

Erst der Sinnzusammenhang der funktional aufeinander bezogenen Vorschriften der §§ 244 Abs. 2, 250, 261 StPO kann erhellen, ob ein Gebot der Wahl des tatnächsten Zeugen und somit eine Forderung nach Unmittelbarkeit der Beweisführung verbindliche Geltung im System des strafprozessualen Beweisrechts haben kann.

---

[116] *Dolderer*, S. 63.

b) Der Beweis durch Zeugen vom Hörensagen im Systemzusammenhang des Gesetzes

Das strafprozessuale Beweisrecht ist insgesamt teleologisch ausgerichtet auf die Erforschung der materiellen Wahrheit als Ziel eines jeden Strafverfahrens. Dieser oberste Zweck bestimmt als leitende Hinsicht Inhalt und Tragweite aller Einzelregelungen und zugleich ihre Funktion im Systemganzen. Daher muß ein zwingendes Gebot der Wahl des tatnächsten Zeugen mit der Folge eines unbedingten oder bedingten Verbots des Beweises durch Zeugnis vom Hörensagen an der Mittelqualität des Systemganzen im Hinblick auf die Erreichung des Prozeßzwecks der Wahrheitsfindung gemessen werden.

Dem Zweck bestmöglicher Wahrheitsfindung soll auch die hier in Frage stehende bindende Regel für die Wahl unter den Beweismitteln dienen. Diese Zwecksetzung wird sogar als selbständige und alleinige Geltungsgrundlage angesehen von denjenigen Autoren, die den Vorrang des unmittelbaren Zeugen vor dem Zeugen vom Hörensagen oder die völlige Unzulässigkeit des mittelbaren Zeugenbeweises nicht aus dem Wortlaut des § 250 StPO ableiten, sondern zur Begründung einer solchen Regel auf einen allgemeinen Prozeßgrundsatz verweisen.

So ergibt sich nach Ansicht von Goldschmidt[117] die Forderung nach Benutzung des bestmöglichen Beweismittels ohne weiteres aus dem Prozeßzweck; Beling[118] gibt, genauer gefaßt, den Grundsatz der materiellen Wahrheitserforschung an als den letztlich leitenden und bestimmenden Gesichtspunkt für eine Forderung nach Unmittelbarkeit der Beweisführung, für den Vorrang des direkten Beweises vor dem indirekten. Gerland[119] hingegen mißt dem aus dem allgemeinen Prinzip der Unmittelbarkeit gefolgerten Grundsatz, daß das Gericht „stets die beste Erkenntnisquelle“[120] zu benutzen habe, ohne weiteres verbindliche Geltung zu. Ähnlich ist auch John[121] der Ansicht, daß der Satz, daß man auf die Benutzung des schlechteren Beweismittels erst dann eingehen dürfe, wenn man das bessere nicht habe, „als ein selbstverständlicher“[122] von dem heutigen Prozeßrecht anerkannt sei; daraus ergebe sich der Rechtsgrundsatz, daß ein Zeuge vom Hörensagen niemals anstelle des zur Abgabe des Zeugnisses bereiten Zeugen vernommen werden könne.

Auch die völlige Unzulässigkeit des Beweises durch Zeugnis vom Hörensagen wird mit Erwägungen allgemeiner Art begründet. So ver-

[117] JW 1925, 2996.

[118] Lb, S. 319; vgl. auch S. 33.

[119] S. 173, siehe auch S. 368.

[120] S. 173.

[121] III, S. 210.

[122] III, S. 210.

langen v. Steman[123] und v. Tippelskirch[124] — in Anlehnung an das englische Beweisrecht — das Vorbringen des jeweils besten Beweismittels, welches die Natur der Sache gestatte, und leiten aus dieser Regel den gänzlichen Ausschluß des Hörensagenbeweises ab[125]. Kulischer[126] hingegen begründet allein durch ausführliche Hinweise auf die Unzuverlässigkeit, völlige Unbrauchbarkeit und Gefährlichkeit des Zeugnisses vom Hörensagen für die Wahrheitsfindung die Notwendigkeit einer entsprechenden Beweisausschlußregel nach dem Vorbild der englischen Beweislehre.

Wenn somit auch die Forderung nach Wahl des tatnächsten Zeugen und ein uneingeschränktes oder bedingtes Verbot des Beweises durch Zeugen vom Hörensagen im Hinblick auf den die gesamte StPO beherrschenden Zweck der materiellen Wahrheitserforschung ausgesprochen werden, so bedeutet diese gleiche Ausrichtung noch keineswegs Übereinstimmung mit dem Sinnganzen der Regelung. Denn während eine Beweisausschlußregel oder ein formales Prinzip des bestmöglichen Beweises die Wahrheitsfindung durch *Bindung* des Richters in Wahl und Wertung auf bestmögliche Weise zu gewährleisten suchen, ist die Art und Weise der Wahrheitssuche in der StPO nach den Prinzipien der allumfassenden gerichtlichen Aufklärungspflicht und der freien Beweiswürdigung durch *Freiheit* des Richters in Wahl und Wertung der erkenntnisvermittelnden Objekte bestimmt.

Im folgenden ist daher aufzuweisen, ob eine bindende Regel beim Beweis durch Zeugen mit diesen teleologisch entgegengesetzten, allgemeinen Regeln des Gesetzes zur Wahrheitserforschung vereinbar ist.

aa) Der Grundsatz der freien Beweiswürdigung nach § 261 StPO

Nach dem in § 261 StPO niedergelegten Grundsatz der freien Beweiswürdigung hat das erkennende Gericht über die Beweiskraft aller Beweismittel jeweils im Einzelfall aufgrund seiner Kenntnis von der konkreten Sachlage und kraft eigenen Ermessens zu befinden.

Die Anerkennung des Prinzips der freien richterlichen Überzeugungsbildung um die Mitte des 19. Jahrhunderts im Strafprozeß der deutschen Länder beruhte auf der Erkenntnis, daß die gesetzlichen Beweisregeln der formellen Beweistheorie mit dem Prinzip der materiellen Wahrheit unvereinbar seien. Diese Beweisregeln waren objek-

---

[123] GS 4 (1852), 84.
[124] GA 5 (1857), 316.
[125] *Steman*, GS 4 (1852), 84, 89; *v. Tippelskirch*, GA 5 (1857), 317.
[126] GrünhZ 34 (1907), 178, 208 ff., 225 ff., 230 ff.

tive Erfahrungssätze, die, zu Rechtssätzen erstarrt, den Richter bindend anwiesen, wie und wann er zu der Überzeugung von der Wahrheit oder Unwahrheit einer Tatsache gelangen sollte.

Die Bindung an solche notwendigerweise abstrakte Regeln verhindert aber, daß der Richter im konkreten Fall den Besonderheiten desselben Rechnung tragen kann, wodurch doch allein die Wahrheit einer konkreten Tatsache zu erkennen ist. Daher enthält sich die StPO, beherrscht von den einander bedingenden Prinzipien materieller Wahrheitserforschung und freier richterlicher Überzeugungsbildung, der Aufstellung jeglicher Regeln, die den Richter in der Wertung des vorgebrachten Beweismaterials binden. Aus dem gleichen zugrundeliegenden Gedanken heraus ist auch prinzipiell kein Beweismittel wegen generell vermuteter Ungeeignetheit, Unzuverlässigkeit oder Minderwertigkeit von der Verwendung zur Wahrheitserforschung ausgeschlossen. Das Gesetz hält es für die Wahrheitssuche dienlicher, jedes möglicherweise Erkenntnis bringende Beweismittel heranzuziehen und die Entscheidung über seinen Wert im einzelnen Fall der freien Beurteilung des Richters zu überlassen.

Angesichts dieser Regelung und Bedeutung des § 261 StPO wird ersichtlich, daß der oftmals geringe Beweiswert des Zeugen vom Hörensagen nicht zur Grundlage eines bedingten oder unbedingten Verbots seiner Verwendung gemacht werden kann. Dem entspricht die ganz herrschende Meinung in Rechtsprechung[127] und Schrifttum[128], wonach über die Frage der Zulässigkeit eines Zeugenbeweises unabhängig von seiner Zuverlässigkeit zu entscheiden ist. Auch die oftmals zweifelhaften Zeugenaussagen von Kindern oder Geisteskranken sind nicht von der Berücksichtigung ausgeschlossen, sondern unterliegen der freien richterlichen Beweiswürdigung und können im Einzelfall die Grundlage der richterlichen Entscheidung bilden. Ebenso verhält es sich mit der Einlassung des Angeklagten, der sicherlich im allgemeinen kein großer Beweiswert zukommt.

Dieselben Grundsätze müssen aber auch hinsichtlich des hier betrachteten Beweismittels gelten. Wenngleich das Zeugnis vom Hörensagen auch im allgemeinen fehlerhaft und somit unzuverlässig ist,

---

[127] Beispielsweise RGSt 5, 144; RG Rspr 3 (1881), 678 (679); RGSt 35, 5 (8); 35, 55 (56); 48, 246 f.; BGHSt 1, 373 (376); BGH bei *Dallinger*, MDR 1954, 400.

[128] *KMR-Sax*, § 250, 2 a; *Schorn*, Komm., S. 233 und Menschenwürde, S. 65; *Maas*, Strafr.Abhdlgen 77 (1907), 72; *Sprang*, S. 39, 64; *Friemel*, S. 113; *Stegmann*, S. 31 f.; *Hegler*, Rechtsgang II (1916), 326, 327, 342, 346; *Alsberg-Nüse*, S. 222; *Evers*, S. 253; *Pollack*, GA 33 (1885) 253 f.; *Haag*, DJ 1937, 809, 810 und DStR 1938, 414; *Kohlhaas*, JR 1957, 42; *Woesner*, NJW 1961, 536; *Tiedemann*, JuS 1965, 17 Anm. 30.

daraus allein kann unter Geltung des Prinzips der freien Beweiswürdigung nicht seine Unzulässigkeit gefolgert werden. Vielmehr ist festzustellen, daß weder ein unbedingtes noch auch ein nur bedingtes Verbot des Beweises durch Zeugen vom Hörensagen vereinbar ist mit dem Grundsatz des § 261 StPO[129]. Sowohl eine Beweisausschlußregel, beruhend auf der generellen Annahme völliger Wertlosigkeit des Zeugnisses vom Hörensagen, als auch ein Prinzip des bestmöglichen Beweises, beruhend auf der generellen Vermutung der Minderwertigkeit des mittelbaren Zeugenbeweises gegenüber dem unmittelbaren, stellt sich als *abstrakt-formale Beweisregel* im Sinne einer negativen Beweistheorie dar. Als solche aber stehen sie in klarem Widerspruch zu der Entscheidung des Gesetzes für eine *konkrete* Zumessung des Beweiswerts aufgrund freier Beurteilung des Einzelfalls.

Nun wird zwar vereinzelt auch von Vertretern der Ansicht eines bedingten oder völligen Verbots des Beweises durch Zeugen vom Hörensagen der Charakter desselben als Beweisregel erkannt, seine Unvereinbarkeit mit dem Grundsatz des § 261 StPO aber dennoch geleugnet.

So räumt Dolderer[130] ein, daß die Minderbewertung des mittelbaren Beweises der Aufstellung einer negativen Beweisregel gleichkomme. Diese stehe jedoch dann nicht im Gegensatz zum Grundsatz der freien Beweiswürdigung, wenn es der Wille des Gesetzes sei, das mittelbare Beweismittel nur anstelle des nicht mehr erreichbaren oder neben dem Originalbeweismittel zu verwenden; denn § 261 StPO greife naturgemäß erst dann ein, *wenn* zulässiger Beweis erhoben worden sei.

Aufgrund ähnlicher Erwägungen — wenn auch mit terminologisch anderem Ausgangspunkt — verneint auch Kulischer[131] eine Verletzung des Prinzips der freien Beweiswürdigung durch eine Beweisausschlußregel für das Zeugnis vom Hörensagen. Hierdurch würden nicht — wie bei den negativen Beweisregeln des formalen Beweissystems — dem Richter nach Sammlung des Beweismaterials Beweiswürdigungsvorschriften gemacht, sondern es würde allein absolut untauglicher Beweis von vornherein als Grundlage der Erkenntnis ausgeschieden.

Demgegenüber ist folgendes einzuwenden: Richtig ist zwar, daß die freie richterliche Bewertung erst nach Erhebung des zulässig vorgebrachten Beweismaterials in der mündlichen Verhandlung stattfindet und daß somit dem Richter selbst keinerlei bindende Anweisung für

---

[129] Vgl. *Sprang*, S. 38; *Hegler*, Rechtsgang II (1916), 323; *Krause*, S. 140; *Westhoff*, S. 124; *Birkmeyer*, S. 84 und 511; a. A. aber *Kulischer*, GrünhZ 34 (1907), 209: „Freie Beweiswürdigung und Zulassung des Zeugnisses vom Hörensagen bilden einen unversöhnlichen Widerspruch."

[130] S. 23.

[131] GrünhZ 34 (1907), 167 ff., insbes. 172 f.

die Bemessung des Beweiswerts im konkreten Fall gegeben wird, erklärt man das Zeugnis vom Hörensagen stets oder unter bestimmten Bedingungen von vornherein für unzulässig. Doch wenn somit auch ein völliges oder bedingtes Verbot des Beweises durch Zeugnis vom Hörensagen keine echte, die richterliche Würdigung in concreto verletzende negative Beweisregel bedeutet — eine Beweisausschlußregel dieser Art verbietet sich erst recht im Hinblick auf den Gedanken, der dem Prinzip der freien Beweiswürdigung zugrundeliegt[132].

Hiernach sieht das geltende Recht die Erkenntnis materieller Wahrheit dadurch am besten gewährleistet, daß nicht der Gesetzgeber durch abstrakte Regeln, sondern der Richter im konkreten Einzelfall die Geeignetheit eines Beweismittels zur Wahrheitsfindung beurteilt. Diesem Gedanken steht aber nicht nur eine gesetzliche Bindung des Richters bei der Beweiswürdigung als letzter Stufe der Wahrheitserkenntnis entgegen, sondern mehr noch die Verhinderung möglicher Erkenntnis überhaupt durch eine gesetzliche Untauglichkeitserklärung eines Beweismittels schlechthin. Somit ergibt sich, daß angesichts der — aus seiner Zweck-Mittel-Bezogenheit her zu bestimmenden — Tragweite des § 261 StPO ein völliger oder bedingter Ausschluß des Beweises durch Zeugen vom Hörensagen keinen Raum haben kann im System des geltenden Beweisrechts.

Dieses Ergebnis wird auch bestätigt durch einen kurzen Blick auf die Regelung des Beweises durch Zeugnis vom Hörensagen in der Geschichte der Gesetzgebung[133]. In allen das Beweisverfahren regelnden Gesetzen vergangener Rechtsepochen wird das Zeugnis vom Hörensagen nie gänzlich als Beweismittel ausgeschlossen. Es fand vielmehr stets unter stillschweigender Voraussetzung seiner Zulässigkeit nur eine Regelung hinsichtlich seiner Würdigung, d. h. seiner Bedeutung für die Beweisführung und seines Beweiswertes[134].

So gab es schon im Corpus Iuris Civilis eine Bestimmung[135], wonach die Aussage eines Zeugen vom Hörensagen allein, d. h. ohne hinzutretende andere Umstände, als unzureichend für den vollen Beweis der in Frage stehenden Tatsachen anzusehen ist. In vergleichbarer Weise behandelt auch der Corpus Iuris Canonici in mehreren Vorschriften die Frage des Beweises durch „testes de auditu". Ausgehend von der allgemeinen Regel, daß die Zeugen grundsätzlich nur über Dinge aussagen

---

[132] Vgl. *Beling*, ZStW 28 (1908), 292. Ähnlich auch *v. Kries*, Lb, S. 351.

[133] Siehe ausführlich hierzu *Sprang*, S. 17 bis 24.

[134] *Kulischer*, GrünhZ 34 (1907), 171; *Sprang*, S. 17.

[135] Corpus Juris Civilis (Textausgabe von *Krüger - Mommsen*), C.4.20.4: „Solam testationem prolatam nec aliis legitimis adminiculis causa approbata nullius esse momenti certium est."

sollen, die sie selbst unmittelbar wahrgenommen haben[136], ist andernorts bestimmt, daß ein Zeugnis vom Hörensagen keinen genügenden Beweis erbringe[137]. Eine Ausnahme wird bei bestimmten Sittlichkeitsdelikten insofern gemacht, als hier auch ein Zeugnis vom Hörensagen beweiskräftig sein kann, wenn es anderweitig bestätigt wird[138].

Die im allgemeinen übliche Bewertung, daß die Aussagen von Zeugen vom Hörensagen allein nicht ausreichend zum vollen Beweis seien, kommt sehr deutlich zum Ausdruck in der Regelung, die sich in zwei der bedeutsamsten älteren deutschen Gesetzbücher findet. Im Anschluß an die Vorschrift des Artikel 77 der Bamberger Halsgerichtsordnung des Freiherrn zu Schwarzenberg vom Jahre 1507[139] heißt es fast gleichlautend in Artikel 65 der Constitutio Criminalis Carolina Karls V. von 1532: „Item die zeugen sollen sagen von jrem selbs eygen waren wissen, mit anzeygung jres wissens gründtlicher Vrsach. So sie aber vonn frembden hören sagen würden, das soll nit gnugsam geacht werden[140].“ „Nit gnugsam“ bedeutet aber nicht den völligen Ausschluß des Zeugnisses vom Hörensagen[141], sondern nur, daß dieser den Charakter einer „Anzeigung“[142] (d. h. eines Indizes) tragende Beweis nicht ausreichend war für die Verurteilung zur peinlichen Strafe.

Entsprechend dem beherrschenden Einfluß der CCC auf den gemeinen deutschen Strafprozeß bis in das 19. Jahrhundert haben nicht nur die Partikulargesetze jener Zeit diese Regelung des Beweises durch Zeugnis vom Hörensagen inhaltlich unverändert übernommen[142], sondern auch die gemeinrechtliche Lehre bestätigt sie. Dem Zeugnis vom Hörensagen wird kein voller Beweiswert für die Tat selbst zuerkannt, wohl aber eine stärkere oder schwächere indizierende Funktion[143].

---

[136] Corpus Juris Canonici, Pars Prior, Decretum Magistri Gratiani: Decreti Secunda Pars Causa III, Quest. IX c XV (Textausgabe *Richter - Tauchnitz*, Spalte 532): „Testes non dicant testimonium, nisi de his, que praesentialiter noverunt.“ (Wegen der Länge der einzelnen Artikel beschränkt sich der Verfasser auf die Wiedergabe der jeweiligen Überschriften, die den in den Artikeln entwickelten Rechtssatz zusammenfassend ausdrücken.)

[137] Corpus Juris Canonici, Pars Secunda, Decretalium Collectiones. Decretal. Gregor. IX, Lib. II, Tit. XX. De Test. et Attest. C. 33: „Ad probanda impedimenta electi, laici et feminae admittuntur. Adde: et testes de auditu et fama sufficienter non probant.“

[138] Textausgabe von *Kohler*, Bd. II, S. 35: „Item der zeuge sage, die allein von frembdem hoeren sagen, sollen nit fur gnugsam geacht werden.“

[139] Zitiert nach der Textausgabe von *Radbruch*.

[140] So aber *Henkel*, Lb, S. 43; *Goldschmidt*, JW 1929, 2296.

[141] *Tittmann*, S. 622 und 623 Anm. e; *Quistorp*, S. 272.

[142] Vgl. die Nachweise bei *Sprang*, S. 20 f.

[143] *Quistorp*, S. 260 und 272; *Tittmann*, S. 622 f. Besonders deutlich kommt dies zum Ausdruck in einer Arbeit aus dem Jahre 1711 von *Johann Jodocus Beck* mit dem Titel: „De probatione per testes de auditu alieno deponentes“;

Allein die Bedeutung des Beweises durch Zeugen vom Hörensagen für die richterliche Überzeugung von der Wahrheit oder Unwahrheit einer Tatsache behandeln auch die Gesetzbücher des beginnenden 19. Jahrhunderts, und zwar im Sinne der negativen Beweistheorie[144].

Eine solche Zeugenaussage wurde z. B. kraft Gesetzes als nicht „vollgültig“[145] betrachtet, oder es wurde bestimmt, daß aufgrund einer Angabe, die sich nicht auf unmittelbare eigene Wahrnehmungen von der Tat stütze, eine Anschuldigungstatsache nicht „für rechtlich gewiß“[146] angenommen werden könne.

Wenn somit der Beweis durch Zeugnis vom Hörensagen in der ganzen Geschichte der Gesetzgebung stets zulässig war und allein sein zureichendes Maß an Beweiskraft gesetzlich vorgeschrieben war, so mußte mit Einführung des Prinzips der freien Beweiswürdigung notwendig auch diese letzte Einschränkung, die Bindung des Richters an kategorisch von vornherein festgelegte Beweiswerte, entfallen.

Angesichts der teleologischen Bedeutung des § 261 StPO im geltenden Strafverfahren vermag daher kein noch so dringlicher und begründeter Hinweis auf die generelle Unzuverlässigkeit des mittelbaren Hörensagenbeweises die Geltung eines völligen oder bedingten Verbots seiner Wahl zur Beweisführung zu begründen. Vielmehr stellt bei seiner uneingeschränkten Zulässigkeit die freie und dadurch zugleich verantwortliche richterliche Würdigung das Korrektiv dar, anhand dessen festzustellen ist, ob die potentiellen Fehler und Gefahren des mittelbaren Hörensagenbeweises im konkreten Einzelfall aktuelle sind[147].

---

siehe S. 21: „Licet autem testimonium de auditu non faciat plenam probationem, facit tamen secundum communem oppinionem indicium et aliqualem praesumtionem.“

Vgl. auch *Brunnemann*, S. 139, der aber Namensnennung und Vernehmung des unmittelbaren Wahrnehmungszeugen verlangt.

[144] Unter einer „negativen Beweistheorie“ versteht man eine solche Gesetzgebung, die vorzugsweise negative Beweisregeln aufstellt, d. h. bindende Regeln, die dem Richter bei Vorliegen gewisser Voraussetzungen verbieten, von der Wahrheit einer Tatsache überzeugt zu sein. Im Gegensatz dazu schreiben die positiven Beweisregeln (= positive Beweistheorie) dem Richter vor, bei Vorliegen bestimmter Voraussetzungen eine Tatsache für erwiesen und wahr zu erklären. Vgl. hierzu *Birkmeyer*, S. 84; *Zachariä*, Hdb II, S. 400 mit weiteren Nachweisen.

[145] Siehe Strafprozeßordnung für das Königreich Württemberg von 1843, Art. 303 (nach der Textausgabe von *Knapp*, S. 165); vgl. auch Art. 205 (*Knapp*, S. 110). Ebenso die Regelung des Art. 277 i. V. m. Art. 214 des Strafgesetzbuches für das Königreich Bayern von 1813.

[146] Vgl. Strafprozeßordnung für das Großherzogtum Baden von 1845, § 254 (Textausgabe von *Thilo*, S. 199).

[147] S. *Schäfer*, Strafr.Abhdlgen 320 (1933), 5. Siehe die Berufung auf § 261 StPO bei Bejahung der Zulässigkeit auch bei *Eb. Schmidt*, LK I, Rn 452 sowie S. 257 Anm. 248; *KMR-Sax*, § 250, 2 a und § 261, 5; *Löwe - Rosenberg - Geier*, § 250 Anm. 3; *Schorn*, Komm. S. 233, und Menschenwürde,

bb) Der Grundsatz der gerichtlichen Aufklärungspflicht nach § 244 Abs. 2 StPO

Eine bindende Zumessung des Beweiswertes bedingte nach den dargestellten Ansichten ein bindendes Gebot der Wahl unter unmittelbaren und mittelbaren Zeugen, ein völliges oder eingeschränktes Verbot des Beweises durch Zeugen vom Hörensagen. Entsprechend diesem Bedingungszusammenhang muß sich dann aber umgekehrt aus der soeben dargestellten Freiheit des Richters in der Würdigung der Beweismittel notwendig auch die Freiheit ihrer Wahl zur Beweisführung ergeben.

Schon daraus folgt, daß weder ein völliger Ausschluß des Beweises durch Zeugen vom Hörensagen noch eine bindend bestimmte Rangfolge im Sinne eines formal bestimmten Prinzips des bestmöglichen Beweises vereinbar sein kann mit dem die richterliche Forschungsfreiheit enthaltenden Grundsatz der allumfassenden gerichtlichen Aufklärungspflicht des § 244 Abs. 2 StPO.

Hiernach sieht das Gesetz die Erforschung der materiellen Wahrheit dadurch am besten gewährleistet, daß das Gericht von Amts wegen alle nur möglicherweise entscheidungserheblichen Tatsachen aufzuklären hat, alle möglicherweise Erkenntnis bringenden Beweismittel heranziehen soll. Die Pflicht zur vollständigen und wahrheitsgemäßen Aufklärung des zu beurteilenden Sachverhalts steht dabei völlig beherrschend im Vordergrund, während über den Weg zur Erreichung dieses Ziels das pflichtgemäße Ermessen des Richters entscheidet. Dieses wird grundsätzlich die Verwendung eines jeden bekannten und zulässigen Beweismittels gebieten, mit dessen Hilfe entweder erst die Aufklärung des Sachverhalts zu erreichen ist, oder zu dessen Benutzung der dem Gericht bekannte Sachverhalt trotz einer schon vorhandenen bestimmten richterlichen Überzeugung drängt[148].

Im Hinblick auf die Erfordernisse und Tragweite dieses Grundsatzes ergibt sich für die obengenannten Ansichten:

Durch einen völligen Ausschluß des Beweises durch Zeugnis vom Hörensagen würde dem Gericht ein Beweismittel entzogen, das oftmals als Indiz bestätigender Art neben der Aussage des Tatzeugen von Be-

---

S. 64; *Alsberg - Nüse*, S. 199 ff.; *Krause*, S. 140; *Stegmann*, S. 33; *Sprang*, S. 38 ff.; *Hegler*, Rechtsgang II (1916), 323, 326 f., 342, 346; *Dallinger*, MDR 1954, 400; *Geerds*, SchlHA 1962, 187 Anm. 63, *Maas*, Strafr.Abhdlgen 77 (1907), 72; RG Respr. 3 (1881), 678 (679); RGSt 5, 142 (144) und 48, 246 (247); BGHSt 1, 373 (376) und 17, 382 (384); BGH bei *Dallinger*, MDR 1954, 400; OLG Hamm NJW 1970, 821.

[148] Vgl. *Löwe - Rosenberg - Geier*, § 244, C 9, S. 958; *KMR-Sax*, § 244, 4 a und b; *Eb. Schmidt*, LK II, § 244 Rn 7.

deutung sein kann, manchmal aber auch als einziges erreichbares Beweismittel eine Aufklärung zu geben vermag. Der klare Widerspruch einer solchen Beweisausschlußregel zu dem der Erforschung materieller Wahrheit dienenden Untersuchungsgrundsatz des § 244 Abs. 2 StPO bedarf keiner weiteren Begründung[149]. Zutreffend spricht das Reichsgericht insofern von einem „mit einer gedeihlichen Rechtspflege unvereinbaren Satz“[150].

Ein nur bedingtes Verbot des mittelbaren Beweises durch Zeugen vom Hörensagen im Sinne eines Prinzips des bestmöglichen Beweises sieht sich hingegen dem Vorwurf von Beweisverlust nicht ausgesetzt. Denn hiernach ist die Vernehmung des mittelbaren Zeugen sowohl neben dem als auch anstelle des nicht mehr verfügbaren Originalzeugen zulässig, und daher kann seine Aussage als zusätzliches Indiz oder aber als einzige Beweismöglichkeit subsidiär zur Wahrheitserforschung verwandt werden.

Inwieweit ein solches formal-abstraktes Prinzip des bestmöglichen Beweises dennoch nicht in Einklang steht mit den Befugnissen und Verpflichtungen, die dem Gericht aus dem Gebot zur umfassenden Aufklärung des Sachverhalts gemäß § 244 Abs. 2 StPO erwachsen, sei anhand folgenden Beispiels verdeutlicht und im einzelnen näher begründet:

Zwei junge Männer sind seit Jahren Freunde und enge Vertraute. Auf einen von ihnen wird ein Mordanschlag verübt; er berichtet sofort nach der Tat seinem Freunde in allen Einzelheiten davon. Kurze Zeit darauf verliert er infolge einer Krankheit weitgehend sein Erinnerungsvermögen.

Kommt es nun zum Strafverfahren über den Mordanschlag, so würde ein Prinzip des bestmöglichen Beweises das Gericht in folgender Weise bei der Wahl der Zeugen zur Aufklärung des Sachverhalts binden:

1. Zwingend geboten ist die Vernehmung des Angegriffenen als Originalzeugen, auch wenn zu erwarten steht, daß dieser infolge weitgehender Gedächtnislücken nur völlig verwirrende Angaben machen kann.
2. Unzulässig soll hingegen die Vernehmung des Freundes als Zeuge vom Hörensagen sein, wenn nicht zugleich auch der Angegriffene vernommen wird, dies selbst dann, wenn das Gericht aufgrund der ihm bekannten Sachlage sich allein von der Vernehmung des Freundes eine Aufklärung des Vorganges verspricht.

---

[149] Betont wird dies auch von *Stegmann*, S. 71, und *Tiedemann*, JuS 1965, 16.

[150] RGSt 48, 246.

3. Hingegen sollen die Vernehmung des Freundes und die Verwertung seiner Aussage zur Urteilsfindung dann sofort als zulässig anzusehen sein, wenn hinzutretend — und sei es auch zu einem späteren Zeitpunkt des Verfahrens — auch der Angegriffene als Zeuge befragt wird, selbst wenn dessen unklare Angaben die Erforschung des Tatherganges nur schwieriger machen.

An einem solchen Beispiel wird deutlich, daß eine Bindung an ein formales Prinzip des bestmöglichen Beweises der gerichtlichen Pflicht zur Wahrheitserforschung im Einzelfall durchaus hinderlich entgegenstehen kann. Hier kann eine vollständige und wahrheitsgemäße Aufklärung des Sachverhalts am besten allein durch die Aussage des Freundes als Zeuge vom Hörensagen erreicht werden. Ihm gegenüber ist der tatnähere Originalzeuge bei materieller Betrachtungsweise das schlechtere Beweismittel. Vom Zweck der Wahrheitsermittlung aus gesehen überzeugt es daher in keiner Weise, hier die Vernehmung des Originalzeugen zwingend zu gebieten.

Aus dem gleichen Grund erscheint es sachlich ebenso ungerechtfertigt, *allein* von der Befolgung dieses Gebots die Frage der Zulässigkeit des mittelbaren Beweises durch den Freund abhängig zu machen und danach unterschiedlich zu entscheiden. Ob der unmittelbare Zeuge nun vernommen wird oder nicht — die Beweisfunktion und der Beweiswert des Freundes als Zeuge vom Hörensagen sind doch stets die gleichen: seine Aussage vermag immer nur ein Indiz für die Tat zu erbringen, seine Zuverlässigkeit und persönliche Glaubwürdigkeit ändern sich in keiner Weise durch die Vernehmung des Originalzeugen. Trotz unverändert gleichbleibender Beweiskraft soll seine Aussage aber einmal als Urteilsgrundlage verwertbar sein, ein anderes Mal hingegen soll dies als unzulässig gelten.

Wie wenig es aber auch nach allgemeinen prozessualen Grundsätzen angängig ist, die Zulässigkeit der Vernehmung eines Zeugen vom Hörensagen von solchen außerhalb seiner Person und Beweismittelqualität gegebenen Umständen abhängig zu machen, ergibt sich aus folgender Abwandlung des Beispielsfalles:

Das Gericht vernimmt zunächst den Freund, der als Zeuge von der Anklage benannt worden ist; erst bei Befragung nach dem Grund seines Wissens gemäß § 69 Abs. 2 StPO stellt sich heraus, daß dieses nicht auf eigener Wahrnehmung, sondern auf „Hörensagen" beruht. Die Vernehmung des Freundes als Zeuge vom Hörensagen müßte ab diesem Augenblick als unzulässig gelten; hingegen wäre sie von dem Zeitpunkt an wiederum als zulässig anzusehen, in dem auch der Angegriffene aufgrund eines Gerichtsbeschlusses nunmehr geladen und vernommen wird.

Hier kann erst nach bereits erfolgter Vernehmung des Zeugen vom Hörensagen über seine Zulässigkeit als Beweismittel entschieden werden. Schon v. Kries[151] hat aber überzeugend dargelegt, daß die Zulässigkeit eines Zeugenbeweises nicht vom Ergebnis der Vernehmung abhängig gemacht werden könne, indem er ausführt: „Wenn nun die letztere auch zu dem Resultat führen sollte, der Beweis sei gänzlich verfehlt, es sei nicht der Schatten eines Beweises erbracht, so kann das nicht rückwärts die Wirkung haben, daß die produzierten Personen oder Sachen ihre Beweismittelqualität verlieren. Die Vorschriften über Beweisantretung und Beweisaufnahme sind ja auf sie bereits angewandt worden; man kann doch unmöglich behaupten, dies sei zu Unrecht geschehen."

Was hier im Hinblick auf die erst nach Beweisantritt festzustellende tatsächliche Eignung und Ergiebigkeit eines Beweismittels gesagt wird, muß gleichermaßen für den oft erst nach Beweisantritt sich herausstellenden Grund des Wissens eines Zeugen gelten. Dieser ist wie jene ein Umstand, den der Richter bei der Beurteilung des Ergebnisses der Beweisaufnahme zu würdigen hat, der aber nicht rückwirkend die Zulässigkeit der Verwendung des jeweiligen Beweismittels aufheben kann.

Zutreffend wird daher auch im Schrifttum[152] hervorgehoben, daß vernünftigerweise ein Verbot des Beweises durch Zeugnis vom Hörensagen auch gar nicht in das Gesetz aufgenommen werden kann, da sich häufig erst nach der Vernehmung eines Zeugen herausstelle, ob er die bekundeten Tatsachen aus eigener Wahrnehmung oder von fremder Mitteilung wisse.

Somit ist zunächst festzustellen, daß es sowohl aus sachlichen Gründen als auch aufgrund allgemeiner prozessualer Erwägungen nicht gerechtfertigt ist, die Frage der Zulässigkeit des Beweises durch Zeugnis vom Hörensagen von der Vernehmung des unmittelbaren Zeugen abhängig zu machen. Daß aber gerade letzterer Umstand entscheidend sein soll, erweist deutlich, daß es den Vertretern dieser Ansicht offensichtlich auch keineswegs um ein *Verbot* des mittelbaren Hörensagenbeweises wegen der ihm selbst anhaftenden Gefahren geht, sondern allein um das *Gebot*, stets und unter allen Umständen auch den Originalzeugen zu vernehmen. Dem liegt die Auffassung zugrunde, daß nur so die vollständige Aufklärung der zu erweisenden Tatsachen gewährleistet sei.

Demgegenüber ist jedoch zu beachten, daß sich ein Gebot zur Vernehmung des unmittelbaren Wahrnehmungszeugen für das Gericht in

---

[151] ZStW 6 (1886), 153 f.

[152] *Löwe - Hellweg*, 11. Aufl., § 68, 4; *Mamroth*, JW 1926, 2448.

fast allen Fällen ohnedies aus der grundlegenden Vorschrift des § 244 Abs. 2 StPO ergibt. Denn die Wahrheitserforschungspflicht besagt, daß das Gericht zwecks Gewinnung einer vollen Überzeugung alle verfügbaren und zulässigen Beweismittel auszunutzen hat, um bestehende Zweifel zu beseitigen oder um zu noch besseren und sichereren Ergebnissen zu gelangen, auch wo das bisher Ermittelte schon auszureichen scheint[153].

Das aber bedeutet für die Frage der Wahl und Verwendung von unmittelbaren und mittelbaren Zeugen zur Beweisführung: gerade weil der Originalzeuge aufgrund eigener Wahrnehmung von dem zu erweisenden Vorgang dem Gericht in aller Regel am genauesten, zuverlässigsten und besten Kenntnis von den aufzuklärenden Tatsachen verschaffen kann, ist gemäß § 244 Abs. 2 StPO seine Vernehmung geboten. Da hingegen der Zeuge vom Hörensagen immer nur ein Indiz — die Tatsache der Erzählung — zu beweisen vermag, nicht aber unmittelbar die Wahrheit der Tatsachen, auf die von dem durch ihn bekundeten Indiz erst geschlossen werden muß, deshalb werden diese letzteren, sachurteilserheblichen Tatsachen in aller Regel nicht hinreichend aufgeklärt sein ohne die Vernehmung des unmittelbaren Wahrnehmungszeugen.

Daher darf das Gericht sich mit der Erkenntnis, daß die Vernehmung eines Zeugen vom Hörensagen zum Zwecke mittelbarer Beweisführung zulässig ist, und mit den durch seine Aussage gewonnenen Ergebnissen nicht zufrieden geben. Allein die Möglichkeit, durch die Vernehmung des erreichbaren Originalzeugen zu einer vollständigeren und besseren Aufklärung des Sachverhalts zu gelangen, läßt die Pflicht zu seiner Heranziehung entstehen[154]. Nur dann ist dies nicht geboten, wenn das Gericht aufgrund besonderer Umstände von vornherein davon ausgehen kann, daß der unmittelbare Zeuge völlig ungeeignet ist zur Ermittlung der fraglichen Tatsachen, oder wenn nicht zu erwarten ist, daß er eine andere und vor allem zuverlässigere Aussage machen wird als der Zeuge vom Hörensagen.

Mangelnde Eignung des Originalzeugen zur Sachverhaltsaufklärung kann beispielsweise dann von vornherein begründet angenommen werden, wenn der Zeuge bereits vor der Hauptverhandlung definitiv erklärt hat, er werde von seinem Recht zur Zeugnisverweigerung Gebrauch machen. Von der Vernehmung des unmittelbaren Zeugen kann das Gericht ebenso in dem eingangs gebrachten Beispielsfall absehen, da nicht zu erwarten ist, daß der Angegriffene aufgrund seiner Krank-

---

153 *Eb. Schmidt*, LK II, § 244 Rn 7.

154 Vgl. *Eb. Schmidt*, LK II, § 244 Rn 8 und *Löwe - Rosenberg - Geier*, § 244, 9.

heit irgendetwas zur Aufklärung der Tat beitragen kann, diese vielmehr durch die anderweitig bestätigte Aussage des Freundes als Zeuge vom Hörensagen zuverlässig und hinreichend erwiesen werden kann. Als weiteres Beispiel mag der in der Literatur häufig erwähnte Fall dienen, daß ein dreijähriges Mädchen nach einem Sittlichkeitsverbrechen gemäß § 176 Abs. 3 StGB aus frischem Erleben heraus seiner Mutter den Vorfall erzählt. Auch hier kann es genügen, allein die völlig glaubwürdige Mutter als Zeugin vom Hörensagen zu vernehmen, da die Vernehmung des Kindes, das sich nach geraumer Zeit an nichts mehr genau zu erinnern vermag, nur noch eine reine Formsache wäre oder gar eine unnötige psychische Belastung für das Kind.

In solchen Ausnahmefällen kann das Gericht nach pflichtgemäßem Ermessen die mittelbare Beweisführung durch Zeugnis vom Hörensagen allein für ausreichend erachten zur vollständigen und bestmöglichen Aufklärung des zu beurteilenden Sachverhalts[155].

Zusammenfassend ergibt sich also, daß — neben dem praktischen Bedürfnis — allein die das ganze Verfahren beherrschende Pflicht des Gerichts zu erschöpfender Aufklärung für die Frage der Wahl unter den Beweismitteln entscheidend ist. Ein abstrakt-formales Prinzip des bestmöglichen Beweises mit dem sachlich durch nichts gerechtfertigten bedingten Verbot des Zeugnisses vom Hörensagen kann daneben keine Geltung haben.

Vielmehr könnte man hinsichtlich des § 244 Abs. 2 StPO von einem „*materiellen* Prinzip des bestmöglichen Beweises" sprechen, wenn man darunter die Verpflichtung des Gerichts versteht, in concreto von demjenigen Beweismittel zur Aufklärung einer Tatsache Gebrauch zu machen, zu dessen Benutzung der bereits bekannte Sachverhalt drängt und das zur Wahrheitserforschung am besten geeignet erscheint. Auch diesem Grundsatz zufolge darf der Zeuge vom Hörensagen regelmäßig nicht den unmittelbaren Wahrnehmungszeugen ersetzen; doch beruht dies nicht auf einem Verbot des mittelbaren Hörensagenbeweises, sondern allein auf der Pflicht des Gerichts zur umfassenden Sachverhaltsaufklärung. Unzulässig kann somit nie die Vernehmung des Zeugen vom Hörensagen sein, sondern allein das Unterbleiben der Vernehmung des Originalzeugen, sofern der dem Gericht bekannte Sachverhalt diese erfordert oder zumindest nahelegt[156].

---

155 Grundlegend ist in diesem Sinne RGSt 48, 246 f.: „Der mittelbare Beweis ist grundsätzlich unbeschränkt. Er ist nicht durch die Unmöglichkeit bedingt, die wahrnehmende Person zu vernehmen ... Das Gericht wird die unmittelbare Beweisführung als die bessere Beweisquelle bevorzugen. Sein pflichtgemäßes Ermessen kann aber auch die mittelbare Beweisführung für ausreichend erachten." Im Anschluß daran ebenso RG JW 1925, 997 Nr. 53; 1926, 2448 Nr. 3; 1935, 2979 Nr. 56; RG LZ 1926, 56.

156 Vgl. *Sarstedt*, S. 192: „Man kann unter Berufung auf den allgemeinen

Entsprechend dem Gesagten sind die herrschende Meinung[157] im Schrifttum und insbesondere die Rechtsprechung[158] der Ansicht, daß die Vernehmung von Zeugen vom Hörensagen schlechthin zulässig sei; sie betonen jedoch daneben einhellig, daß das Gericht im Hinblick auf seine Aufklärungspflicht zu prüfen habe, ob es sich mit den Bekundungen des mittelbaren Zeugen begnügen dürfe und daß unter Umständen ein Verstoß gegen § 244 Abs. 2 StPO vorliege, wenn nicht auch der erreichbare Originalzeuge vernommen werde.

cc) Der funktionale Zusammenhang der Beweisgrundsätze der §§ 244 Abs. 2, 250, 261 StPO

Im Anschluß an die vorstehend gewonnenen Ergebnisse bleibt nunmehr noch zusammenfassend aufzuweisen, wie das Problem des mittelbaren Beweises durch Zeugnis vom Hörensagen durch das Zusammenspiel der tragenden Grundsätze des strafprozessualen Beweisrechts nach den §§ 244 Abs. 2, 250, 261 StPO geregelt ist und welche Bedeutung somit dem Grundsatz der Unmittelbarkeit in diesem funktionalen Zusammenhang zukommt.

Zunächst bedarf es nochmals der ausdrücklichen Hervorhebung, daß in der Vorschrift des § 250 StPO in keinerlei Weise ein Verbot des mittelbaren Beweises durch Zeugnis vom Hörensagen zum Ausdruck gekommen ist[159]. Denn wie sich unter Beachtung des gesetzlichen Sinnzusammenhanges ergibt, kann diese Einzelbestimmung nicht so ausgelegt werden, daß hierin neben dem Gebot der *Form* für die Beweiserhebung zugleich auch ein Gebot der *Wahl* für die Beweisführung, beruhend auf einer bindenden Festlegung des *Beweiswerts* enthalten sei.

Vielmehr sind diese drei Kriterien für die gerichtliche Wahrheitssuche in drei tragenden Normen des Beweisrechts berücksichtigt, denen

---

Grundsatz der Unmittelbarkeit nicht rügen, daß ein bestimmtes Beweismittel benutzt worden ist, sondern höchstens, daß ein bestimmtes ... anderes Beweismittel nicht benutzt worden ist."

[157] *Eb. Schmidt*, LK I, S. 257 Anm. 248 und LK II, § 250 Rn 3 und § 244 Rn 8; *ders.* StPO Rn 111 und Nachträge I, § 250 Rn 3; *KMR-Sax*, 250, 2 a und § 244, 4 e; *Schwarz - Kleinknecht*, § 250, 1 B; *Kohlrausch*, 7 vor §§ 244 bis 256; *Löwe - Rosenberg - Geier*, § 250, 3 und § 244, 9; *Henkel*, Lb, S. 200 und 343; *Stenglein*, Komm., § 68, 5; *Schorn*, Komm., S. 233, und Strafrichter, S. 281, und Menschenwürde, S. 64; *G. Schulz*, § 250 C; *zu Dohna*, S. 175; *Kern-Roxin*, S. 210 f.; *Birkmeyer*, S. 511; *Krause*, S. 139 f.; *Sarstedt*, S. 192 f.; *Alsberg - Nüse*, S. 199 ff.; *Hegler*, Rechtsgang II, (1916), 327, 341; *Sprang*, S. 40 f.; *Schneidewin*, JR 1951, 482; *Kohlhaas*, JR 1957, 42; *Haag*, DJ 1937, 810; *Dallinger*, MDR 1954, 400.

[158] RGSt 2, 160 (161); BGHSt 1, 373 (376); 6, 209 f.; 17, 382 (383 f.); BGH JR 1954, 310 (311).

[159] Siehe oben im 3. Abschnitt unter A III 2 a, bb.

jeweils eine eigene Funktion im Hinblick auf die Wahrheitsfindung zukommt. Das Gesetz will dementsprechend den mittelbaren Beweis durch Zeugnis vom Hörensagen wie jeden anderen Weg zur richterlichen Überzeugungsbildung nach folgenden Grundsätzen geregelt wissen:

Die *Wahl der Beweismittel* bestimmt sich gemäß § 244 Abs. 2 StPO nach dem Grundsatz der gerichtlichen Aufklärungspflicht. Hiernach ist das Gericht gebunden allein durch das Ziel umfassender Aufklärung, jedoch grundsätzlich frei in seiner Forschungstätigkeit. Dementsprechend kann das Gericht den mittelbaren Hörensagenbeweis als mögliche Erkenntnisquelle uneingeschränkt zur Urteilsfindung heranziehen und verwerten.

Die *Form der Beweiserhebung* ist gemäß § 250 StPO beim Zeugenbeweis nach dem Grundsatz der Unmittelbarkeit geregelt. Hier hat das Gesetz für alle Fälle, in denen der Beweis einer Tatsache auf der Wahrnehmung einer Person beruht, die persönliche Vernehmung durch das erkennende Gericht zwingend vorgeschrieben, weil es den eigenen persönlichen Eindruck als notwendig für eine zuverlässige Beurteilung der Wahrheit oder Unwahrheit einer Aussage erachtet. Diesem Grundgedanken zufolge ist es völlig unerheblich, über welche Tatsachen ein Zeuge vernommen wird — ob über unmittelbar oder mittelbar erhebliche Tatsachen oder nur Hilfstatsachen des Beweises. Auch der Zeuge vom Hörensagen hat im Sinne des § 250 StPO selbst Tatsachen wahrgenommen, nämlich die Tatsache der Erzählung seitens des Originalzeugen. Indem er hierüber in der Hauptverhandlung persönlich vernommen wird, ist die nach § 250 StPO gebotene Form der Beweiserhebung also gewahrt.

Es sei an dieser Stelle daher besonders betont, daß der Grundsatz der Unmittelbarkeit, wie er in § 250 StPO zum Ausdruck gekommen ist, durch die Vernehmung eines Zeugen vom Hörensagen nie verletzt werden kann.

Die *Bewertung der Beweismittel* ist nach dem in § 261 StPO niedergelegten Grundsatz der freien Beweiswürdigung der richterlichen Beurteilung im jeweiligen Einzelfall anheimgestellt. Zwar kann hiernach der Richter frei darüber befinden, welches Gewicht der Aussage eines Zeugen vom Hörensagen an sich beizumessen ist und welche Tragweite ihr für die Aufklärung der sachurteilserheblichen Tatsachen zukommt. Doch erscheint gerade bei der mittelbaren Beweisführung durch Zeugen vom Hörensagen nicht so sehr die *Freiheit* des Richters in der Würdigung von Bedeutung für die materielle Wahrheitsfindung, sondern mehr noch die zugleich damit verbundene *Verantwortung*. Gerade weil die Weitergabe mündlicher Mitteilungen in der Regel große Fehlerquellen in sich birgt und der mittelbare Hörensagenbeweis daher oftmals in hohem Maße unzuverlässig ist, bedarf es einer besonders ernsthaften und kritischen Prüfung des Richters, inwieweit aus solcher Aussage Schlußfolgerungen auf die Wahrheit der mitgeteilten Tatsachen gezogen werden können.

In zweifacher Weise ergibt sich hieraus das Zusammenspiel des Prinzips der freien Beweiswürdigung gemäß § 261 StPO und des Aufklärungsgrundsatzes gemäß § 244 Abs. 2 StPO beim Beweis durch Zeugnis vom Hörensagen:

Zunächst stellt die freie und verantwortungsbewußte richterliche Würdigung gemäß § 261 StPO ein notwendiges Korrektiv gegenüber der aus § 244 Abs. 2 StPO folgenden grundsätzlichen Wahlfreiheit unter den Beweismitteln dar, anhand dessen die Geeignetheit des Zeugnisses vom Hörensagen für die Wahrheitserforschung im konkreten Falle zu überprüfen ist.

Des weiteren bestimmt sich zugleich nach der gemäß § 261 StPO gewonnenen richterlichen Überzeugung von der Beweiskraft des mittelbaren Zeugnisses im jeweiligen Einzelfall, ob daneben zur besseren und vollständigeren Aufklärung des Sachverhalts auch noch die Heranziehung des unmittelbaren Zeugen gemäß § 244 Abs. 2 StPO geboten ist.

Aus dem Gesagten erhellt, daß in dem Zusammenhang der genannten Verfahrensgrundsätze letztlich die verantwortungsvolle Handhabung des Prinzips der freien Beweiswürdigung über die eigentliche Lösung des Problems mittelbarer Wahrheitserforschung durch Vernehmung von Zeugen vom Hörensagen entscheidet.

Dieser dogmatisch aus dem Systemganzen der StPO gewonnenen und begründeten Lösung gegenüber soll nicht verkannt werden, daß gerade die aus § 261 StPO folgende „Omnipotenz“[160] des Richters in der Würdigung beim Beweis durch Zeugen vom Hörensagen unter Umständen recht bedenklich sein kann.

Während sich in der Einführung des Grundsatzes der freien Beweiswürdigung um die Mitte des 19. Jahrhunderts das Vertrauen des Liberalismus in die mit sachlicher und persönlicher Unabhängigkeit versehenen Richter zeigte, der Glaube daran, daß ihre Erkenntniskraft und Entscheidungsfreiheit im Einzelfall die bestmöglichen Garantien zur Verwirklichung materieller Gerechtigkeit seien, macht sich in der Prozeßrechtswissenschaft heutiger Zeit hingegen insoweit ein gewisser Wandel der Auffassungen bemerkbar. Durch die Aufdeckung und Ana-

---

[160] So im Hinblick auf die gänzlich unbeschränkte Freiheit *Alsberg - Nüse*, S. 201 Anm. 17; im Hinblick auf die sich daraus ergebenden Bedenken so *A. Arndt*, NJW 1962, 1193 und Anm. 1 von S. 1192.

lyse von Fehlurteilen im Strafverfahren[161], durch die Erkenntnis der Unzuverlässigkeit der persönlichen Beweismittel und vor allem des Zeugenbeweises[162], durch soziologische und psychologische Untersuchungen über den Prozeß richterlicher Überzeugungsbildung ist die Vorstellung erschüttert worden, daß durch die freie Beweiswürdigung die der materiellen Wahrheitsfindung durch unzuverlässige Beweismittel drohenden Gefahren beseitigt würden[163]. Zwar wird von niemandem ernsthaft eine Rückkehr zu den starr-formalen Beweisregeln der vergangenen Rechtsepochen gefordert, vielmehr trotz aller Bedenken und Skepsis die Notwendigkeit und der zutreffende Grundgedanke des Prinzips der freien Beweiswürdigung anerkannt und betont[164]. Doch zeigt sich zunehmend die Tendenz zu einer Begrenzung der richterlichen Beurteilungs- und Entscheidungsfreiheit zugunsten einer stärkeren Betonung der Rechtssicherheit und der vom Strafverfahren berührten sozial-ethischen Werte. Dies wird besonders deutlich in der aktuellen Diskussion um die Bedeutung und Auswirkung der Beweisverbote im Strafprozeß sichtbar[165].

Aber selbst diese neueren wissenschaftlichen Erkenntnisse und Bestrebungen zu einer Einschränkung der Richtermacht vermögen nichts an der Funktion und Tragweite des § 261 StPO im geltenden System der Wahrheitsfindung zu ändern, und es kann daher nicht allein mit der Unzuverlässigkeit eines Beweismittels seine Unzulässigkeit begründet werden. Weder das Mißtrauen gegenüber der unbedingten Richtigkeit der freien Ermessensentscheidung durch das erkennende Gericht noch andersartige rechtspolitische Vorstellungen berechtigen somit dazu, die Geltung des Prinzips der freien Beweiswürdigung gewissermaßen zu ignorieren und die Gefahren des mittelbaren Hören-

---

[161] Vgl. hierzu vor allem *Max Hirschberg*, Das Fehlurteil im Strafprozeß, 1960, der als Zentralproblem seiner Analyse die Psychologie richterlicher Urteilsfindung, die „Pathologie der Rechtsprechung", behandelt.

[162] Hierzu besonders *Paul Plaut*, Der Zeuge und seine Aussage im Strafprozeß, 1931; ferner *Karl Peters*, Zeugenlüge und Prozeßausgang, 1939, sowie Lb, 2, S. 314 bis 345. Vgl. ferner *Döhring*, S. 92 bis 95.

[163] *Grünwald*, JZ 1966, 487, insbesondere S. 493. Siehe vor allem *Karl Peters*, Freie Beweiswürdigung und Justizirrtum, Festschrift für Olivecrona, 1964, S. 541 ff.

[164] Selbst *Peters* hält das Prinzip der freien Beweiswürdigung für unentbehrlich, vgl. Summum ius, S. 192 und 202, ähnlich auch in Festschrift für Olivecrona, S. 534.

[165] Vgl. die Gutachten für den 46. Deutschen Juristentag (Verhandlungen des 46. DJT 1966, Band I, Teil 3 A) von *Karl Peters*, Beweisverbote im deutschen Strafverfahren, S. 91 ff., insbesondere S. 94; *Hans Heinrich Rupp*, Beweisverbote im Strafprozeß in verfassungsrechtlicher Sicht, S. 165 ff., insbesondere S. 205 ff.; ferner das Generalgutachten von *Hans-Heinrich Jescheck*, Verhandlungen des 46. DJT 1966, Band I, Teil 3 B, S. 4. Vgl. auch *Grünwald*, Beweisverbote und Verwertungsverbote im Strafverfahren, JZ 1966, 489 ff., insbesondere S. 493.

sagenbeweises durch ein bindendes Verbot auszuschalten zu suchen. Die aufgezeigte Regelung des Problems nach den §§ 244 Abs. 2, 250, 261 StPO stellt sicher nicht die einzig denkbare, möglicherweise auch nicht die wünschenswerte Lösung dar; doch muß sie als Entscheidung des geltenden Rechts unbedingt respektiert werden bei der Ermittlung von Sinn und Gebotsinhalt des Gesetzes.

Zusammenfassend ist als Ergebnis der vorstehenden Untersuchung hervorzuheben, daß in dem aufgewiesenen, durch richterliche Freiheit und Verantwortung gekennzeichneten System der Wahrheitsfindung nach der StPO ein bindendes Gebot der Wahl des tatnächsten Zeugen keine Geltung haben kann. Hieraus folgt zugleich, daß eine prinzipielle Forderung nach Unmittelbarkeit der Beweisführung weder aus der Vorschrift des § 250 StPO noch aus einem Prozeßgrundsatz allgemeiner Art abgeleitet werden kann. Ein solches Gebot ist also in keiner Weise zum Grundsatz des geltenden Rechts erhoben worden und kann daher auch nicht Inhalt des allgemeinen Prinzips der Unmittelbarkeit sein. Vielmehr läßt sich aufgrund der vorangegangenen Ausführungen sagen, daß das Gesetz mit den einander bedingenden Verfahrensgrundsätzen der §§ 244 Abs. 2, 261 StPO von einem *materiell* zu verstehenden Prinzip des besten Beweises ausgeht, demzufolge über Art und Umfang der Beweisführung das pflichtgemäße richterliche Ermessen entscheidet. In diesem Zusammenspiel der zur Wahrheitsfindung einander ergänzenden Prinzipien kommt dem Grundsatz der Unmittelbarkeit somit *allein* die Funktion zu, die Form der Beweiserhebung gemäß der Forderung nach unmittelbarer sinnlicher Wahrnehmung der Beweismittel bindend festzulegen als die zuverlässigste Erkenntnisgrundlage für die ansonsten freie richterliche Überzeugungsbildung.

Die hiermit abschließend gewonnene Bestimmung von Inhalt und prozessualer Bedeutung des Grundsatzes der Unmittelbarkeit folgt nach dem Gesagten also aus dem gesetzlichen Sinn- und Bedingungszusammenhang der strafprozessualen Regelung selbst. Sie allein entspricht auch jenem „Leitbild der Unmittelbarkeit", welches der Gesetzgeber aufgrund der geschichtlichen Entwicklung bei Schaffung der StPO verwirklichen wollte.

3. Rechtsvergleichende Untersuchung über die Regelung des Beweises durch Zeugen vom Hörensagen in anderen Staaten

Nachdem die Frage mittelbarer Beweisführung durch Vernehmung von Zeugen vom Hörensagen im geltenden deutschen Strafverfahren in ihrer Bedeutung dargestellt und ihre Lösung im System des Beweisrechts aufgezeigt wurden, soll zur Ergänzung der Problematik ein

Blick auf die entsprechenden Regelungen im Prozeßrecht anderer Staaten dienen.

Für eine solche kurze rechtsvergleichende Betrachtung sprechen zwei Gründe:

Zum einen findet sich bei der Behandlung der Frage nach Zulässigkeit und Regelung des mittelbaren Hörensagenbeweises in der deutschen Prozeßrechtswissenschaft immer wieder der Hinweis auf die andersartige Regelung des Problems im englischen Recht, und vielfach wird nach dem Vorbild der hearsay-rule eine entsprechende Beweisausschlußregel für das deutsche Strafverfahren gefordert[166]. Eine Darstellung der hier behandelten Problematik im System des englischen Prozeßrechts kann daher nicht allein das Verständnis für eine rechtspolitisch und rechtstheoretisch anders begründete Lösung öffnen, sondern sie wird zugleich Antwort auf die Frage geben, ob die verlangte Übertragung der fremden Regelung in das System des deutschen Beweisverfahrens möglich ist.

Des weiteren erscheint es sinnvoll, gerade im Hinblick auf die Heftigkeit und Beharrlichkeit des Streits um die Zulässigkeit des mittelbaren Beweises durch Zeugen vom Hörensagen in der deutschen Prozeßrechtslehre, in einer rechtsvergleichenden Untersuchung eine Bestätigung für das oben gewonnene Ergebnis zu suchen. Hierzu sollen beispielhaft die Regelungen in England, Frankreich, Italien und Österreich herangezogen werden.

a) Der Beweis durch Zeugen vom Hörensagen unter Berücksichtigung des Prozeßsystems

Im Hinblick auf die angegebene Zwecksetzung der folgenden Untersuchung ist es nicht ausreichend, allein die Regelung des mittelbaren Beweises durch Zeugen vom Hörensagen im jeweiligen fremden Rechtskreis darzustellen. Sowohl für die Frage der Übertragbarkeit einer andersartigen Regel in das deutsche Beweisverfahren als auch für die Suche nach Bestätigung für ein hier rechtstheoretisch aus dem Zusammenhang des Systemganzen gewonnenes Ergebnis muß die Ausgestaltung des jeweils betrachteten Prozeßsystems mitberücksichtigt werden. Da die Frage der Bewertung der Beweismittel einerseits, die Frage der Wahl unter den zur Wahrheitserforschung heranzuziehenden Beweismitteln andererseits sich als entscheidend für die Regelung des Bewei-

---

[166] Siehe zum Beispiel *v. Steman,* GS 4 (1852) 84, vgl. auch S. 72 und 75; *v. Tippelskirch,* GA 5 (1857), 316; *Kulischer,* GrünhZ 34 (1907), 230 ff.; *C. J. A. Mittermaier,* Einleitung S. XXVI zu *Best - Marquardsen; Muskat,* GA 36 (1888), 288; *R. Schmidt,* DIE ZEIT Nr. 7 vom 15. 2. 1963, vgl. auch DIE ZEIT Nr. 53 vom 29. 12. 1961; siehe ferner *Glaser,* Beiträge, S. 264.

ses durch Zeugnis vom Hörensagen erwiesen haben, sind diese maßgeblichen Gesichtspunkte in die vergleichende Betrachtung einzubeziehen.

Im Rahmen der folgenden Untersuchung soll daher auch kurz aufgezeigt werden, ob die das deutsche Strafverfahren beherrschenden Prinzipien der freien Beweiswürdigung und der Wahrheitserforschung von Amts wegen in etwa vergleichbarer Weise auch in dem jeweils betrachteten fremden Prozeßsystem Geltung haben.

aa) England

Im englischen Strafverfahren ist der mittelbare Beweis durch Zeugen vom Hörensagen, abgesehen von einigen fest umgrenzten Ausnahmen absolut unzulässig.

Dieser grundsätzliche Ausschluß des Hörensagenbeweises beruht auf der „hearsay-rule“[167], die eine der wichtigsten und am striktesten beachteten Regeln der englischen Beweislehre darstellt[168]. Unter „hearsay-evidence“ fallen alle Zeugenaussagen, die die Weitergabe fremder Tatsachenwahrnehmungen zum Inhalt haben und die Wahrheit der mitgeteilten Tatsachen erweisen sollen[169, 170]. Hingegen ist ein Zeugnis über solche Ausrufe oder Mitteilungen Dritter, die gleichzeitig mit der Tat gefallen sind oder in enger Verbindung mit dem Tatverlauf stehen, kein Hörensagenbeweis im Sinne der hearsay-Regel; solche Aussagen über die „res gestae“[171] sind immer zulässig und dienen als unmittelbarer Beweis allein der Feststellung der Tatsache, *daß* ein Ausruf oder eine Mitteilung bestimmten Inhalts erfolgt sind, ohne deren Wahrheit zu beweisen[172].

---

[167] Siehe hierzu grundsätzlich *Earl of Halsbury*, Stichwort Evidence Nr. 486, Nr. 533 ff.; *Williams*, S. 139 ff.; *Kenny - Turner*, S. 460 ff.; ausführlich und kritisch hierzu *Morgan*, Hearsay and Non-Hearsay, Harvard Law Review 48, 1138 ff., und *Nokes*, An Introduction to Evidence, S. 259 ff.

[168] Die Regel über den Ausschluß von „hearsay-evidence“ gilt im gesamten angelsächsischen Strafprozeßverfahren, also auch im amerikanischen Recht, und zwar in gleicher Weise, wie oben aufgezeigt wird.

[169] *Kenny - Turner*, S. 460; *Earl of Halsbury*, Stichwort Evidence Nr. 533.

[170] Die Bezeichnung „hearsay“ und damit die Ausschlußregel bezieht sich dabei nicht allein auf mündliche, sondern auch auf schriftliche Mitteilungen, d. h. auch Urkundenbeweis kann „hearsay-evidence“ und als solcher unzulässig sein; *Kenny - Turner*, S. 461; *Williams*, S. 141; *Earl of Halsbury*, Stichwort Evidence, Nr. 533; *Stephen*, S. 23; American Jurisprudence, Stichwort Evidence, § 455.

[171] Unter „res gestae“ sind alle Ereignisse, Umstände oder Tatsachen zu verstehen, die im Zusammenhang mit der abzuurteilenden Tat geschahen oder gleichzeitig vorlagen und die als solcherart begleitende oder erklärende Umstände beweiserheblich sind; vgl. *Kenny - Turner*, S. 463 f. und *Nokes*, S. 85.

[172] *Best - Marquardsen*, S. 321; *Earl of Halsbury*, Stichwort Evidence, Nr. 533; *Newman*, S. 63; *Westhoff*, S. 125. Daß die Zulassung des Beweises über

Die Ausschlußregel betrifft also nur den *mittelbaren* Beweis[173] durch Zeugen vom Hörensagen. Der Richter muß solche Beweismittel als unzulässig verwerfen und vom Prozeß fernhalten. Jeder Verstoß gegen diese Regel — und sei es auch nur in der Weise, daß ein Zeuge neben eigenen Wahrnehmungen zugleich auch über Tatsachen berichtet, deren Kenntnis er vom Hörensagen hat — gibt einen unbedingten Grund zur Revision[174].

Für den völligen Ausschluß des mittelbaren Hörensagenbeweises werden mehrere Gründe von unterschiedlicher theoretischer und praktischer Bedeutung angeführt.

Wesentlich und eigentlich tragend dürfte wohl vor allem der Hinweis darauf sein, daß die vom mittelbaren Zeugen weitergegebene Aussage nicht mit denjenigen prozessualen Garantien versehen ist, die generell für die Wahrheit einer Aussage sprechen[175].

Zum einen habe der ursprüngliche Autor der Erzählung diese nicht unter Eid vor Gericht und somit nicht im Bewußtsein ihrer Bedeutung und in Verantwortung für ihre Richtigkeit abgegeben[176]. Bedeutsamer aber noch sei der weitere Umstand, daß die Richtigkeit der Hörensagenmitteilung nicht durch ein angemessenes Kreuzverhör überprüft werden könne[177]. Die Ausübung des Kreuzverhörs durch die Prozeßparteien[178/180] stelle jedoch das wesentliche Mittel zur Erkenntnis der

---

res gestae daher keine Ausnahme von der hearsay-rule ist, wird betont z. B. von *Kenny - Turner*, S. 466, und *Westhoff*, S. 125; vgl. auch *Nokes*, S. 92.

[173] *Kenny - Turner*, S. 460, spricht von „direct-evidence at second hand", siehe auch S. 466.

[174] *Kulischer*, GrünhZ 34 (1907), 195; *Marquardsen*, GS 1. Jahrgang Bd. 2 (1849), 123.

[175] American Jurisprudence, Stichwort Evidence § 452.

[176] *Newman*, S. 63; *C. J. A. Mittermaier*, Engl. Strafverfahren, S. 327; *Marquardsen*, GS 1. Jahrgang, Bd. 2 (1849), S. 123. In der neueren Literatur wird hingegen aufgrund gewandelter Bewertung des Eides als Wahrheitsgarantie das Fehlen der Beeidigung nicht mehr als ausreichende Rechtfertigung der hearsay-rule angesehen; vgl. *Williams*, S. 145, und *Nokes*, S. 275.

[177] *Newman*, S. 63; *Williams*, S. 140; *Nokes*, S. 274; *Kenny - Turner*, S. 461; vgl. auch *Marquardsen*, GS 1. Jahrgang Bd. 2 (1849), 123, und *C. J. A. Mittermaier*, Engl. Strafverfahren, S. 327.

[178/180] Im englischen Strafverfahren geht eine Zeugenvernehmung in folgender Weise vor sich: An die Hauptvernehmung des Zeugen (Examination in Chief) durch diejenige Partei, die den Zeugen als Beweismittel benannt und geladen hat, schließt sich sogleich das Kreuzverhör (Cross-examination) an. Dieses wird durchgeführt von der Gegenpartei oder deren Anwalt und dient dem Zweck, die vom Zeugen zuvor gegebene Aussage zu überprüfen und möglichst ihre Ungenauigkeit oder Unrichtigkeit nachzuweisen.

Im Anschluß an das Kreuzverhör kann eine nochmalige Vernehmung des Zeugen (Re-examination) durch die ladende Partei stattfinden. Die Fragen und Antworten dieser Vernehmung müssen sich jedoch streng auf die Erläuterung der im Kreuzverhör gemachten Aussagen beschränken. Vgl. hierzu *Kenny - Turner*, S. 442, und *Newman*, S. 90 ff.

Wahrheit oder Unwahrheit einer Zeugenaussage dar, „and the law rejects evidence which cannot be adequately tested“[181].

Abgesehen vom Fehlen dieser Wahrheitsgarantien sei das Nichterscheinen des Originalzeugen vor Gericht auch deshalb ein Grund für den Ausschluß des Hörensagenbeweises, weil „both the court and the jury are without opportunity to test the credibility of hearsay statements by observing the demeanour of the person who made them“[182].

Des weiteren wird als Rechtfertigung der hearsay-rule angeführt, daß die Geschworenen durch Aussagen vom Hörensagen nur verwirrt und irregeleitet würden[183], da bei der Wiederholung der Erzählung durch den mittelbaren Zeugen die Tatsachen oft stark entstellt würden[184]. Die Wiedergabe von „idle rumor“[185] vergeude vielmehr nur nutzlos die Zeit des Gerichts[186].

Aus den genannten Gründen ist das Zeugnis vom Hörensagen nach englischem Beweisrecht schlechthin und regelmäßig auch dann ausgeschlossen, wenn der unmittelbare Wahrnehmungszeuge gestorben ist oder aus sonstigen Gründen nicht vernommen werden kann[187]. Der notwendig hierdurch eintretende Beweisverlust wird unter Hinweis auf die mehrfach begründete Unzuverlässigkeit und Gefährlichkeit des mittelbaren Hörensagenbeweises in Kauf genommen.

Die Striktheit dieser grundsätzlichen Regelung und die daraus resultierende Einschränkung von Beweismöglichkeiten ist jedoch dadurch gemindert, daß die englische Gerichtspraxis eine nicht unbedeutende

---

181 *Earl of Halsbury*, Stichwort Evidence Nr. 486.

182 American Jurisprudence, Stichwort Evidence § 452; ebenso *Nokes*, S. 276, und *Williams*, S. 140.

183 *Nokes*, S. 277; *C. J. A. Mittermaier*, Einleitung S. XXVI zu *Best - Marquardsen*. Dieser Gesichtspunkt wurde besonders im letzten Jahrhundert vorangestellt und vom Englischen Parlament in der Evidence Act, 1938, S. 1 (5) wiederholt, vgl. die Angaben bei *Nokes*, S. 277; kritisch hierzu *Williams*, S. 148 ff.

184 *Newman*, S. 63; *Earl of Halsbury*, Stichwort Evidence Nr. 534; *C. J. A. Mittermaier*, Engl. Strafverfahren, S. 327.

185 *Earl of Halsbury*, Stichwort Evidence Nr. 534.

186 *Earl of Halsbury*, a.a.O.; ebenso *Newman*, S. 63.

187 Aus diesem Grund kann die hearsay-rule auch nicht als Beispiel der das englische Beweisrecht grundlegend beherrschenden „Best-Evidence-Rule“ angesehen werden; so aber *Earl of Halsbury*, Stichwort Evidence Nr. 486, und *C. J. A. Mittermaier*, Engl. Strafverfahren, S. 327; ferner *Sprang*, S. 118. Zufolge der best-evidence-rule (es darf stets nur der unter den gegebenen Umständen bestmögliche aufzufindende Beweis benutzt werden) erfolgt der Ausschluß eines Beweismittels, *weil* ein besseres vorhanden und erreichbar ist; die hearsay-rule aber gebietet den Ausschluß, *obwohl* kein anderer Beweis beigebracht werden kann; vgl. *Nokes*, S. 277.

Anzahl von Ausnahmen zu dem Verbot des hearsay-evidence entwickelt und anerkannt hat[188].

In all diesen fest bestimmten und genau umgrenzten Sonderfällen beruht die Zulässigkeit des Beweises durch Zeugen vom Hörensagen darauf, daß die Erklärung oder Mitteilung des unmittelbaren Wahrnehmungszeugen unter solchen Umständen abgegeben wurde, die als prima-facie-Garantie für ihre Wahrheit und Zuverlässigkeit angesehen werden[189].

Am aufschlußreichsten für die solche Ausnahmen begründenden Umstände und ihre Rechtfertigung als Abweichung vom allgemeinen Prinzip ist hier der spezielle und oft einzig genannte Fall[190] der Zulässigkeit des Beweises durch Zeugen vom Hörensagen über „dying declarations in cases of homicide" anzuführen: In Prozessen wegen Mord- oder Totschlagsverbrechen[191] können die Angaben des Sterbenden über die Ursache und näheren Umstände seines Todes durch Vernehmung von Zeugen vom Hörensagen in das Verfahren eingeführt und zum Beweis der Tat verwandt werden. Strikt geforderte und beachtete Voraussetzung für das Eingreifen dieser Ausnahmeregelung ist jedoch, daß das Opfer seine Mitteilungen in hoffnungsloser Erwartung und Gewißheit des nahenden Todes machte[192]. „It is not sufficient that he was in fear of death or thought he was going to die. He must have felt ... a settled, hopeless expectation of death[193]."

Zur Rechtfertigung der Zulässigkeit des mittelbaren Hörensagenbeweises unter solchen Umständen werden zwei Gründe angeführt: zum einen könne auf die Angaben des Getöteten, der oft der einzige Augenzeuge der Tat sei, wegen der Schwere des Verbrechens nicht verzichtet werden[194]. Zum anderen sei wegen der extremen Umstände, unter de-

---

[188] Die Vernehmung eines Zeugen vom Hörensagen ist z. B. zulässig über folgende Arten von Erklärungen: admissions and confessions, statements in public documents, statements by deceased persons in certain cases: declarations against pecuniary or proprietary interest, declarations in the course of duty, declarations as to public rights, declarations as to pedigree, dying declarations in cases of homicide, declarations by testators as to their will. Vgl. hierzu *Stephen*, S. 23 ff.; *Earl of Halsbury*, Stichwort Evidence Nr. 535 bis 571; *Nokes*, S. 281 ff.; *Kenny - Turner*, S. 469 ff.

[189] *Earl of Halsbury*, Stichwort Evidence Nr. 549. Siehe zur Begründung der einzelnen Ausnahmen des näheren *Nokes*, S. 281 ff., S. 307 ff. und S. 331 ff.

[190] So z. B. *Wimmer*, S. 29, und *Sprang*, S. 120.

[191] „It should be carefully remembered that the rule is limited, not merely to trials for crime, but to trials for homicide"; *Kenny - Turner*, S. 487.

[192] *Nokes*, S. 310; *Williams*, S. 144; *Stephen*, S. 34; *Best - Marquardsen*, S. 153.

[193] *Kenny - Turner*, S. 487 unter Berufung auf Gerichtsentscheidungen.

[194] *Earl of Halsbury*, Stichwort Evidence Nr. 567; *Newman*, S. 68.

nen der Sterbende seine Mitteilungen gemacht habe, das Fehlen der üblichen Wahrheitsgarantien des gerichtlichen Eides und des Kreuzverhörs bedeutungslos. Das Bewußtsein des nahen Todes bewirke gewöhnlich, daß das Opfer nichts anderes als die Wahrheit sage: „The religious awe inspired by the approach of death is deemed fully equal to the sanction of any judical oath[195]."

Auch an der Begründung dieser Ausnahmeregelung zeigt sich also, daß der tragende Grund für den prinzipiellen Ausschluß des mittelbaren Hörensagenbeweises seine generell angenommene Unzuverlässigkeit ist, für die das Fehlen von Eid und Kreuzverhör als maßgeblich angesehen wird.

Die Geltung der hearsay-rule als formaler Beweisausschlußregel wird voll verständlich, wenn man die Besonderheiten des englischen Prozeß- und Beweisverfahrens berücksichtigt.

Zunächst ist von Bedeutung, daß das Prinzip der materiellen Wahrheitserforschung von Amts wegen mit der grundsätzlichen Freiheit des Richters in der Wahl der Beweismittel hier nicht gilt. Vielmehr haben aufgrund der den angelsächsischen Strafprozeß beherrschenden Verhandlungsmaxime allein die Parteien — der Strafkläger einerseits, der Beschuldigte andererseits — den Prozeßstoff beizubringen und den Rechtsgang in der Voruntersuchung und der Hauptverhandlung zu betreiben. Beweisdisposition und Beweiserhebung einschließlich der Befragung der Zeugen ist ausschließlich Sache der Parteien, während der unparteiische Richter lediglich die Innehaltung der Formen dabei überwacht[196]. Bei der hierdurch bedingten Geltung des Grundsatzes der *formellen* Wahrheit steht es also völlig außerhalb richterlicher Einflußnahme, welche Beweismittel als am besten geeignet zur Wahrheitserforschung heranzuziehen sind.

Bedeutsamer aber noch für die Besonderheiten des englischen Beweisrechts ist der weitere Umstand, daß auch die Würdigung des vorgebrachten Beweismaterials nicht Aufgabe des Richters ist. Denn im englischen Strafprozeß wirken regelmäßig mit den geschulten Richtern Geschworene zusammen, denen die Bewertung der Beweismittel und somit die Feststellung der Tatsachen obliegt und die daraufhin die Entscheidung über Schuld oder Unschuld des Angeklagten zu treffen haben[197]. Auf dieser für die Urteilsfindung entscheidenden Mitwirkung

---

[195] *Kenny - Turner*, S. 486 f.; vgl. ebenso Earl of Halsbury, Stichwort Evidence Nr. 567; *Westhoff*, S. 124; *Best - Marquardsen*, S. 153; *Newman*, S. 68; *Kulischer*, GrünhZ 34 (1907), 200. Kritisch zu dieser Rechtfertigung der Ausnahmeregelung durch Berufung auf den Eid als Wahrheitsgarantie *Williams*, S. 145, und *Nokes*, S. 308 f.

[196] *Wimmer*, S. 24; *Sachs*, Vorwort S. 18 zu *Newman; Krause*, S. 139.

[197] *Newman*, S. 33 und 35; *Best - Marquardsen*, S. 73 f.

von Laien beruht zu großen Teilen ein wesentliches Charakteristikum des angelsächsischen Beweisverfahrens, nämlich eine Vielzahl von formellen und materiellen Beweisregeln[198]. Überwiegend handelt es sich dabei um Beweisausschlußregeln[199], mit deren Hilfe alle überflüssigen, unzuverlässigen und irreführenden Beweismittel vom Richter als unzulässig verworfen und so von den Geschworenen ferngehalten werden sollen. Daneben gelten für einzelne Fälle aber auch Regeln für die Bewertung des Beweismaterials, d. h. über die Unzulänglichkeit mancher Beweismittel[200] und die Notwendigkeit der Bestätigung durch weiteren Beweis[201]. Der Richter muß die Geschworenen auf diese Regeln und ihre Beachtung hinweisen, wobei es sich nicht nur um „Anweisungen kraft Rechtsausübung"[202] handelt, sondern zum Teil um Beweisregeln, deren Geltung auf Gesetz beruht[203], so daß von einer „wirklich" freien Beweiswürdigung keineswegs gesprochen werden kann[204].

Da die Entwicklung des englischen Beweisrechts zu seiner heutigen Form im großen und ganzen erst mit der Umwandlung der Beweisjury in die Urteilsjury eingesetzt hat[205], stellen sich die Beweisregeln bei historischer Betrachtungsweise als Korrektiv für die Laieneigenschaft der Geschworenen[206] und somit als Folgen des Jury-Systems dar. Rechtsethisch und rechtspolitisch liegt ihnen erkennbar das Bestreben zugrunde, richterliche Willkür bei der Urteilsfindung auszuschalten[207].

Zusammenfassend ist somit festzustellen, daß der Parteibetrieb des englischen Strafverfahrens einerseits, die Kompetenzverteilung zwischen Richtern und Geschworenen andererseits im wesentlichen den Grund für die das englische Beweisverfahren beherrschenden bindenden Regeln bei der Wahrheitssuche bilden.

---

[198] *Kenny - Turner*, S. 418 und 435; *Newman*, S. 33; *Westhoff*, S. 167 f.; vgl. auch *Sachs*, Vorwort S. 21 zu *Newman*.

[199] *Kenny - Turner*, S. 435.

[200] Vgl. z. B. bei *Wimmer*, S. 29: bei Hochverrat sind zwei vollwertige Zeugen erforderlich; bei Eidesdelikten genügt nie die Aussage nur eines Gegenzeugen; Kinderaussagen reichen allein für eine Verurteilung nicht aus.

[201] *Newman*, S. 83; vgl. auch S. 35.

[202] So *C. J. A. Mittermaier*, Engl. Strafverfahren, S. 326; vgl. auch *ders.* Einleitung S. XV und XVII zu Best - Marquardsen.

[203] Siehe *Newman*, S. 84 f. sowie S. 85 Anm. 5.

[204] *Westhoff*, S. 105; in diesem Sinne auch *Wimmer*, S. 29; a. A. *Sachs*, Vorwort S. 19 zu *Newman*.

[205] *Westhoff*, S. 167; auf S. 98 wird etwa die Mitte des 14. Jahrhunderts als Beginn des Überganges, das Jahr 1650 als Zeitpunkt der endgültig vollzogenen Umwandlung von Beweis- zu Urteilsjury angegeben.

[206] Vgl. *Kenny - Turner*, S. 418: „A safeguard against mistakes by the jury."

[207] Vgl. *Sachs*, Vorwort S. 22 zu *Newman*.

bb) Frankreich

Nach französischem Strafprozeßrecht ist der Beweis durch Zeugnis vom Hörensagen ohne Einschränkung zulässig.

Zunächst ist festzustellen, daß der Code d'instruction criminelle[208] weder ein Verbot noch eine sonstige ausdrückliche Regelung des Zeugnisses vom Hörensagen enthält. Vielmehr gibt es schlechthin keinerlei gesetzliche Bestimmungen, die die Frage der Zulässigkeit der Vernehmung eines Zeugen abhängig vom Inhalt seiner Aussage regeln. Mit Ausnahme der kraft Gesetzes vom Zeugnis ausgeschlossenen Personen (z. B. wegen Zeugnisunfähigkeit oder -unwürdigkeit, Verwandtschaft, Befangenheit[209]) kann somit grundsätzlich jeder Zeuge sein, der Bekundungen über beweiserhebliche Tatsachen machen kann, die er selbst gesehen, gehört oder anderweitig wahrgenommen hat: „Etre témoin, c'est attester la vérité d'un fait dont on a la connaissance personelle, soit pour l'avoir vu, soit pour l'avoir entendu[210]."

Weder nach dem Gesetz noch nach Ansicht der französischen Rechtslehre ist es also von Bedeutung, über welche Tatsachen ein Zeuge vernommen wird[211], ob über unmittelbar oder nur mittelbar erhebliche Tatsachen, woraus die Zulässigkeit der Vernehmung eines Zeugen auch über Mitteilungen Dritter folgt.

Die uneingeschränkte Zulässigkeit des mittelbaren Beweises durch Zeugen vom Hörensagen wird ausdrücklich betont und des näheren erläutert von Garraud[212], der unter Hinweis auf den bedingten Ausschluß des *„témoignage ex auditu alieno"* im älteren französischen Recht[213] und das Verbot von „témoignange par ouï-dire"[214] in anderen Ländern ausgeführt: „Ces règles ne sont pas écrites dans nos lois; mais la défiance du témoignage indirect ... est une règle de circonspection, à laquelle le juge ne saurait se soustraire[215]."

---

[208] Code d'instruction criminelle von 1808 in der Fassung vom 23. Dezember 1958.

[209] Siehe hierzu näheres bei *Vouin - Léauté,* S. 225; *Vidal - Magnol,* S. 1005 f.; *Westhoff,* S. 127.

[210] *Garraud* II, S. 2.

[211] Vgl. z. B. *Vouin - Léauté,* S. 225: „Le Témoignage est le fait des personnes, qui, aú courant de telle ou telle circonstance d'une infraction pénale, viennent dire en justice ce qu'elles en savent et comment elles l'ont appris."

[212] *Garraud* II, S. 10 f.

[213] Verboten war der mittelbare Beweis über die von einem bestimmten Dritten gehörten Tatsachen, falls nicht folgende Bedingungen erfüllt waren: 1. que le témoin eût appris le fait de personnes qui avaient assisté; 2. qu'il nommât ces personnes; 3. que celles-ci fussent deux au moins, et dignes de foi; 4. qu'il fût impossible de les entendre elles-mêmes"; Garraud II, S. 10.

[214] *Ders.* a.a.O.

[215] *Ders.* a.a.O.

Daß die Vernehmung von Zeugen mit mittelbar erworbener Tatsachenkenntnis in Rechtsprechung und Lehre allgemein anerkannt ist, ergibt sich auch aus folgendem: In Fällen, in denen Angehörige des Beschuldigten gemäß Art. 156, 322 Code d'instruction criminelle in der Hauptverhandlung nicht vernommen werden dürfen, erachtet man es einhellig für zulässig, ihre außergerichtlichen Äußerungen durch Vernehmung von Zeugen vom Hörensagen in das Verfahren einzuführen und bei der Urteilsfindung zu verwerten[216]. Ebenso bejaht man für diese Fälle auch die Zulässigkeit der Vernehmung von Beamten aus dem Vorverfahren als Zeugen vom Hörensagen über die vor ihnen abgegebenen Aussagen der in den Art. 156, 322 Code d'instruction criminelle genannten Personen[217].

Die Tatsache, daß man somit im französischen Strafprozeßrecht allgemein von der Zulässigkeit des mittelbaren Beweises durch Zeugen vom Hörensagen ausgeht, wird auch nicht widerlegt dadurch, daß gelegentlich im Schrifttum[218] gefordert wird, man solle auf die Vernehmung von Zeugen über „ouï-dire" absehen: „Les témoins ... ne doivent déposer que sur ce qu'ils constaté par eux-mêmes et non de ce qu'ils ont appris par *ouï-dire, la preuve par ouï-dire* étant essentiellement incertaine et dangereuse[219]."

Wie aber aus den Ausführungen Garraud's zu entnehmen ist, darf der Beweis über ouï-dire wohl nicht schlechthin gleichgesetzt werden mit dem mittelbaren Beweis über Tatsachen, die der Zeuge durch Mitteilung eines bestimmten Dritten erfahren hat, „le témoignage *ex auditu alieno*"[220]. Vielmehr ist unter der Bezeichnung „ouï-dire" auch ein allgemeines Gerede über ein öffentliches Gerücht zu verstehen, über dessen Quelle der Zeuge keinerlei Angaben machen kann. Der vereinzelt geforderte Verzicht auf den Hörensagenbeweis wegen seiner großen Unsicherheit wird daher wohl letztere Art des Zeugnisses über „un bruit notoire, une rumeur publique"[221] betreffen.

---

[216] *Garraud* II, S. 105 unter Hinweis auf eine Entscheidung des Gerichts zu Besancon vom 8. Februar 1860 und eine Entscheidung der Cour de Cass. crim. vom 10. Dezember 1869; weitere Literaturhinweise bei *Sprang*, S. 110.

[217] *Vidal - Magnol*, S. 1065 Anm. 1 unter Hinweis auf ein Urteil der Cour de Cass.crim. vom 16. März 1901; *Garraud* II, S. 106 unter Hinweis auf Urteile der Cour de Cass.crim. vom 6. August 1887, vom 9. Juni 1905 und vom 5. November 1903.

[218] *Vidal - Magnol*, S. 1064 f.; *Bouzat*, S. 940 f.

[219] *Vidal - Magnol*, S. 1064 f.

[220] *Garraud* II, S. 10. Er umschreibt diesen in unserem Sinne mittelbaren Hörensagenbeweis wie folgt: „La preuve testimoniale devient alors une preuve au second degré: elle tend à établir ‚non plus le fait allegué, mais un premier témoignage'".

[221] *Ders.* a.a.O.

Die uneingeschränkte Zulässigkeit des Beweises durch Zeugnis vom Hörensagen im französischen Strafprozeßrecht beruht darauf, daß das Verfahren von zwei tragenden Grundsätzen beherrscht ist: Es gilt das Prinzip der freien Beweiswürdigung, des „preuve morale" oder „de l'intime conviction"[222], daneben und in engem Zusammenhang hierzu das Prinzip der materiellen Wahrheitserforschung von Amts wegen, „le pouvoir et le dévoir d'investigation du juge"[223], welches die grundsätzliche richterliche Forschungsfreiheit und Wahlfreiheit unter den Beweismittel einschließt, „la règle de la liberté de la preuve"[224].

Das Prinzip der freien Beweiswürdigung kraft „moralischer oder innerer Überzeugung" ist zwar im geltenden Code d'instruction criminelle nicht mehr ausdrücklich normiert; die Vorschrift des ehemaligen Art. 342 Code d'instruction criminelle, in der dieser Grundsatz in Form einer Anweisung an die Geschworenen sehr plastisch umschrieben verankert war[225], wurde durch Gesetz vom 25. November 1941 gestrichen, weil man sie für selbstverständlich und deshalb überflüssig hielt[226]. Trotz formeller Aufhebung hat daher der Grundsatz der freien Beweiswürdigung weiterhin eine ganz allgemeine, absolute Geltung im französischen Strafverfahren; er bezieht sich auf alle Phasen des Prozesses und gilt für alle Richter und Geschworenen[227, 228].

---

[222] Siehe hierzu *Vidal - Magnol*, S. 1043 f.; *Bouzat*, S. 918 ff.; *Vouin - Léauté*, S. 222; *Höchster*, S. 58; *Roskothen*, S. 62 f.

[223] Siehe hierzu *Vouin-Léauté*, S. 221; *Bouzat*, S. 914 und S. 915 f.; *Vouin*, S. 317; *Westhoff*, S. 111.

[224] *Vouin*, S. 317; *Vouin - Léauté*, S. 221; *Bouzat*, S. 915 f.

[225] Diese „Instruction aux jurés" lautete: „La loi ne demande pas compte aux jurés des moyens par lesquels ils doivent faire particulierement dépendre la plénitude et la suffisance d'une preuve, elle leur prescrit de s'interroger eux-mêmes dans le silance et le recueillement et de chercher dans la sincérité de leur conscience quelle impression ont faite sur leur raison les preuves rapportés contre l'accusé et les moyens de sa défense. La loi ne leur dit point: vous tiendrez pour vrai tout fait attesté par tel ou tel nombre de témoins, elle ne leur dit pas non plus: vous ne regardez pas comme suffisament établie toute preuve qui ne sera pas formée de tel procès-verbal, de telles pièces, de tant de témoins ou de tant d'indices, elle ne leur fait que cette seule question qui renferme toute la mesure de leur devoir: avez-vous une intime conviction?"

[226] *Bouzat*, S. 919.

[227] *Vidal - Magnol*, S. 1043 Anm. 2; *Bouzat*, S. 919; *Vouin*, S. 318; *Roskothen*, S. 63 Anm. 283. Die Anweisung an die Geschworenen, die in dem aufgehobenen Art. 342 Cod. d'instr. crim. enthalten war, betraf nur das Verfahren vor den Cours d'Assises, d. h. den Schwurgerichten; doch findet das Prinzip der freien Beweiswürdigung gleichermaßen Anwendung im Verfahren vor den Tribunaux de Police, die mit Einzelrichtern besetzt sind, und den Tribunaux de Police Correctionelle, den reinen Richterkollegien; vgl. *Vidal - Magnol*, S. 1043 Anm. 2.

[228] Demzufolge enthält das französische Beweisrecht bis auf wenige Ausnahmen grundsätzlich keinerlei Beweisregeln. Es weist nur insofern eine Eigentümlichkeit auf, als die Zeugen eingeteilt sind in Personen, die Zeugnis

Infolge des Prinzips, daß die Zumessung der Beweiskraft eines jeden Beweismittels der freien inneren Überzeugung des Richters anheimgestellt ist, ist nach französischem Strafverfahrensrecht grundsätzlich kein Beweismittel kraft Gesetzes als ungeeignet zur Wahrheitserforschung ausgeschlossen. „Il n'existe pas dans notre loi de préeminence ni d'exlusion en matière de preuves... Il est possible de recourir aux preuves les plus variées... sauf exigence spéciale de la loi en certains cas particuliers[229]."

Es gilt somit „la règle de la liberté de la preuve", die grundsätzliche Freiheit des Richters in der Wahl der zur Wahrheitserforschung benötigten Beweismittel. Dieses Recht des Richters ist Bestandteil und zugleich Mittel der ihm obliegenden Pflicht zur umfassenden Aufklärung des Sachverhalts sowohl zur belastenden als auch zur entlastenden Seite hin. Das Prinzip der materiellen Wahrheitserforschung von Amts wegen hat für das Verfahren vor den Schwurgerichten in Art. 268 Code d'instruction criminelle in besonderer Weise Ausdruck gefunden: „Le président est investi d'un pouvoir discrétionnaire, en vertu duquel il pourra prendre sur lui tout ce qu'il croira utile pour découvrir la vérité; et la loi charge son honneur et sa conscience d'employer tous ces efforts pour en favoriser la manifestation." Diese Vorschrift verleiht dem Vorsitzenden der Cour d'Assises eine höchstpersönliche, unübertragbare und das Verfahren vor den Schwurgerichten besonders gestaltende „diskretionäre Gewalt", zufolge derer er ermächtigt ist, im Rahmen der Gesetze alle geeignet erscheinenden und zum Teil sogar sonst nicht zulässigen Maßnahmen zur Wahrheitserforschung anzuordnen, und zwar allein kraft eigenen, souveränen Ermessens[230].

Wenngleich auch diese besondere, in Art. 268 Code d'instruction criminelle normierte Befugnis den Richtern aller anderen Instanzen nicht zusteht, so verleiht doch der Text der Vorschrift der ihnen allen gleichermaßen obliegenden Pflicht zur Erforschung der materiellen Wahrheit beredt Ausdruck[231].

Das französische Beweisrecht ist also zusammenfassend betrachtet durch das Zusammenspiel der genannten Verfahrensprinzipien gekenn-

---

geben dürfen und unter Eid auszusagen haben, und Personen, die bloße Auskünfte, „renseignements", liefern und nicht eidlich vernommen werden dürfen; siehe hierzu *Vidal - Magnol*, S. 1059, und *Vouin - Léauté*, S. 225 f. Wenngleich auch diese Einteilung mit dem Prinzip der freien Beweiswürdigung nicht zu vereinbaren ist, so hat doch der Gerichtsgebrauch daraus keine Ausnahme von der freien Überzeugungsbildung aufgrund der im konkreten Fall abgegebenen Aussagen entstehen lassen; *Westhoff*, S. 127.

[229] *Voin*, S. 317; ebenso *Bouzat*, S. 915; *Höchster*, S. 61.

[230] Siehe hierzu des näheren *Vidal - Magnol*, S. 1288 ff.; *Westhoff*, S. 112; *Höchster*, S. 303 f.; *Roskothen*, S. 82 f.

[231] *Vouin*, S. 221; vgl. auch S. 281.

zeichnet als ein System grundsätzlicher richterlicher Freiheit bei der Wahrheitsfindung.

cc) Italien

Die Zulässigkeit des mittelbaren Beweises durch Vernehmung von Zeugen vom Hörensagen wird im italienischen Strafverfahrensrecht einhellig bejaht.

Schon aus dem Gesetz geht klar hervor, daß ein solches Beweisverfahren möglich und zulässig ist. Zunächst enthält Art. 348 Abs. 1 des Codice Di Procedure Penale[232] einleitend und grundsätzlich für den Zeugenbeweis die Anweisung an den Richter, alle Zeugen zu vernehmen, die über beweiserhebliche Tatsachen Auskunft geben können und ihm zur Wahrheitserforschung geeignet erscheinen: „Il guidice deve esaminare i testimoni informati dei fatti per cui si procede e che ritiene utili all'accertamento della verità." Folgt schon hieraus eindeutig, daß zur Beweisführung auch Zeugen mit nur mittelbar erworbener Kenntnis von der Straftat herangezogen werden können, so ergibt sich dies darüberhinaus durch einen Umkehrschluß aus Art. 349 Codice Di Procedura Penale[233]. Hierin ist bestimmt, daß Zeugen dann keine Aussagen abgeben dürfen, wenn ihr Wissen von der abzuurteilenden Tat nur auf bloßem öffentlich umhergehenden Gerede beruht.

Entsprechend dieser gesetzlichen Regelung geht auch die italienische Prozeßrechtswissenschaft vorbehaltlos davon aus, daß ein Zeuge nicht nur über unmittelbare eigene Wahrnehmungen von der Straftat, sondern auch darüber vernommen werden könne, was er durch Mitteilung des unmittelbaren Wahrnehmungszeugen von dem zu beweisenden Vorgang erfahren habe: „Testimonianza è la dichiarazione circa determinati fatti, visti o uditi o appresi da chi li ha visti o uditi, ...[234]." Besteht somit im Schrifttum keinerlei Zweifel oder Kritik an der Zulässigkeit des mittelbaren Zeugenbeweises, der „testimonianze *di sentito dire*"[235], so wird jedoch zugleich auch die Berechtigung des Verbots von

[232] Vom 19. Oktober 1930 in der Fassung vom 18. Juni 1955.

[233] Die Vorschrift lautet: „I testimoni non devono deporre sulle voci correnti nel publico intorno ai fatti di cui si tratta nel processo."

[234] *Santoro,* S. 454; ebenso *Leone,* S. 338. Siehe auch *Frosali,* S. 260 f.: „La testimonianza-deposizione ... è la narrazione di cose avvenute, ed apprese direttamente (c.d.testimoni *diretti)* o indirettamente (c.d.testimoni *per sentito dire*), ...". *Manzini,* Instituzioni, S. 159, ist hingegen der Ansicht, daß die „testimonianze de *sentito dire*" keine eigentlichen und richtigen Zeugnisse seien. Er sieht Zeugen vom Hörensagen nur als Auskunftspersonen an, deren Vernehmung dazu diene, auf das wirkliche Zeugnis zurückgehen zu können; vgl. auch Trattato, Bd. II, S. 183, angegeben bei *S. Schäfer,* Strafr. Abhdlgen 320 (1935), 45.

[235] Vgl. *Frosali,* S. 261; *Manzini,* Istituzioni, S. 159, der auch keineswegs die Zulässigkeit dieses Beweismittels verneint, sondern ihm nur den Charakter eines echten Zeugnisses aberkennt.

Aussagen über bloßes Gerücht nach Art. 349 Abs. 4 Codice Di Procedura Penale anerkannt und der zugrundeliegende Rechtsgedanke betont[236]. Ein Zeuge mit Tatsachenkenntnis vom Hörensagen müsse immer in der Lage sein, genau die Quelle seines Wissens anzugeben[237].

Als ganz entscheidend wird somit der Umstand angesehen, daß dem Gericht durch Benennung des ursprünglichen Autors der Erzählung die Möglichkeit gegeben wird, diesen auch zu laden und zu vernehmen und so die Richtigkeit und Zuverlässigkeit der vom Zeugen vom Hörensagen wiedergegebenen Aussage zu überprüfen.

Für einen besonderen Fall des mittelbaren Beweises ist dieser Gedanke sogar zur Grundlage eines ausdrücklichen Beweisverbots geworden. Gemäß den Art. 349 Abs. 6, 450 Codice Di Procedura Penale[238] darf der an die polizeiliche Verschwiegenheitspflicht gebundene Richter Polizeibeamte nicht als Zeugen über solche Mitteilungen vernehmen, die sie von Personen erhalten haben, deren Namen nicht zu offenbaren sie sich für verpflichtet halten. Erfolgt gleichwohl eine solche Aussage von Polizeibeamten, so ist sie gänzlich unbeachtlich und unverwertbar zum Beweis[239].

Grund und Zweck dieser Regelung gehen klar aus den Ausführungen Massaris[240] hervor; es solle hierdurch jeglicher Verdacht ferngehalten werden, der darauf beruhe, daß das Zeugnis gerade von Polizeibeamten sei; denn es komme häufig vor, daß diese irgendwelche Tatsachen bekräftigten unter Hinweis darauf, daß sie diese von Vertrauensleuten der Polizei empfangen hätten. Die Bestimmung des Art. 349 Abs. 6 Codice Di Procedura Penale sichere somit die Verwirklichung der Prinzipien des kontradiktorischen Verfahrens und der Fairness der Prozeßführung: „Prinzipien, um deren Garantie es schlecht bestellt

---

236 Vgl. *Santoro*, S. 454; *Manzini*, Istituzioni, S. 159.

237 Treffend sagt *Santoro*, a.a.O., ein öffentlich verbreitetes Gerede zu wiederholen hieße, „ciòé dar corpo alle ombre", den Schatten einen Körper zu geben.

238 Die Vorschrift des Art. 349 Abs. 6 cod.proc.pen. lautet: „Il guidici non può obbligare gli ufficiali e gli agenti di polizia giudiziaria (221) a rivelare i nomi delle persone che hanno ad essi fornito notizie, e non può ricevere, a pena di nullità, dagli ufficiali od agenti predetti notizie avute da persone i cui nomi essi non ritengono di dovere manifestare (450)".

In Art. 450 ist im Hinblick auf mehrere die Vernehmung von Zeugen betreffende Gesetzesvorschriften unter anderem auch für Art. 349 bestimmt: „Il guidici, i magistrati del pubblico ministero, i cancellieri e i segretari, anche se appartenenti a guirisdizioni speciali, i quali hanno avuto parte per ragione del loro ufficio negli atti del procedimento, non passono essere assunti come testimoni". — Ein ähnliches Beweisverbot wie in Art. 349 Abs. 6 cod. proc. pen. war schon in der italienischen StPO von 1912, Art. 246 enthalten; vgl. *S. Schäfer*, Strafr.Abhdlgen 320 (1933), 64.

239 *De Marsico*, S. 183; vgl. auch *Tiedemann*, MDR 1965, 871 Anm. 8.

240 S. 378.

wäre, wenn ein jeder nach freiem Belieben generelle oder heimliche Äußerungen, die daher nicht kontrollierbar und somit auch nicht angreifbar seien, zu Beweiszwecken in den Prozeß einführen könnte[241]."

Erkennbar beruht also das von der italienischen Rechtslehre[242] anerkannte Verbot des mittelbaren Beweises durch Zeugen vom Hörensagen in dem einzigen und speziellen Fall des Art. 349 Abs. 6 Codice Di Procedura Penale auf folgender Abwägung und Entscheidung: ist einerseits die Beachtung polizeilicher Geheimhaltungsinteressen gesetzlich geboten, so soll deswegen aber andererseits nicht zugleich der staatliche Strafverfolgungsanspruch mit Beweisinhalten aus unüberprüfbaren und verdächtigen Quellen zum Nachteil des Angeklagten durchgesetzt werden.

Ein kurzer Blick auf die das italienische Beweisverfahren maßgeblich gestaltenden Grundsätze läßt die prinzipiell freie Wahl und Verwertbarkeit des mittelbaren Zeugnisses vom Hörensagen als notwendig durch das Prozeßsystem bedingt erkennbar werden.

Zunächst kann in einem allgemein kennzeichnenden Überblick gesagt werden, daß die Wahrheitssuche nach italienischem Strafverfahrensrecht sowohl durch den Grundsatz der freien richterlichen Beweiswürdigung als auch durch den Grundsatz der richterlichen Aufklärungspflicht in prinzipiell freier Forschungstätigkeit geprägt ist. Beide Prinzipien sind jedoch nicht ausdrücklich im Gesetz formuliert und somit klar in ihrer prozeßgestaltenden Bedeutung abgegrenzt worden. Ihre Geltung ist jedoch unbestritten und findet nach Ansicht der Lehre Anhaltspunkte in verschiedenen Bestimmungen des italienischen Strafverfahrensrechts. Es beruht daher wohl auf dem Mangel ausdrücklicher Normierung zum einen, dem inhaltlich und funktional engen Zusammenhang der genannten Prinzipien zum anderen, daß in der italienischen Rechtslehre teilweise *ein umfassendes* Prinzip zur allgemeinen Kennzeichnung dieser beiden tragenden Grundsätze des Beweisverfahrens vorangestellt wird.

So wird gesagt, es gelte „das Prinzip der Ermittlung der materiellen Wahrheit, welches auch bezeichnet werde als Prinzip der freien richterlichen Überzeugungsbildung"[243]. Hierunter sei das Recht und die Pflicht des Richters zu verstehen, von überall her den Beweis über die

---

[241] *Massari*, a.a.O.

[242] Vgl. neben *Massari*, a.a.O., ferner *de Marsico*, S. 183; *Manzini*, Istituzioni, S. 159; *Santoro*, S. 455; *Cordero*, S. 141 f.

[243] *Leone*, S. 325: „... nel processo penale vige il principio dell'accertamento della verità materiale, contrassegnato anche come principio del libero convincimento del guidice". Vgl. ebenso die Überschrift für das Kapitel über den Beweis, a.a.O.

Tatsachen einzuholen und ihn ohne jegliche Beschränkung zu würdigen[244].

Dieses umfassende Prinzip der Freiheit des Richters in der *Überzeugungsbildung* schließt also sowohl die freie Bewertung des vorgebrachten Beweismaterials als auch die grundsätzliche Forschungs- und Wahlfreiheit des Richters in Vollziehung seiner Pflicht zur Wahrheitsermittlung ein[245].

Die Geltung des Grundsatzes der freien richterlichen Beweiswürdigung findet einen Anhaltspunkt in der Vorschrift des Art. 158 Codice Di Procedura Penale[246]. Hierin ist bestimmt, daß die durch die besondere mündliche Verhandlung des „processo verbale" festgelegte Vermutung der Richtigkeit der von einem öffentlichen Beamten abgegebenen Erklärungen über bestimmte von ihm vorgenommene Handlungen oder in seiner Gegenwart geschehene Tatsachen ohne Einfluß sei auf die freie Würdigung von seiten des Richters hinsichtlich der bestätigten Tatsachen oder der in der Verhandlung selbst erfolgten Aussagen.

Die grundsätzliche Freiheit des Richters in der Wahl der zur Wahrheitserforschung heranzuziehenden Beweismittel — auch gekennzeichnet als das Beweisthema und Beweismittel gleichermaßen betreffende „principio della libertà di prova"[247] — kommt zum Ausdruck in Art. 308 Codice Di Procedura Penale[248]. In dieser Vorschrift wird betont, daß alle im Zivilrecht gesetzlich festgelegten Begrenzungen über die Zulässigkeit des Beweises keine Geltung haben für den Strafprozeß mit Ausnahme des Beweises über den Personenstand.

Demzufolge ist nach italienischem Strafverfahrensrecht im Grundsatz die Benutzung eines jeden Beweismittels zulässig, das zur richterlichen Überzeugungsbildung bei der Erforschung der materiellen Wahrheit dienlich erscheint[249]. „... vige il principio della *libertà,* cioè sono ammissibili tutti i mezzi di prova che possono nei casi concreti giovare per accertare l'oggetto[250]."

Es bleibt abschließend hinzuzufügen, daß die Heranziehung eines jeden zur Aufklärung des Sachverhalts geeigneten Beweismittels auch

---

[244] *Leone,* S. 326.

[245] Vgl. *Manzini,* Istituzioni, S. 155: „Il guidice penale ... può concincersi liberamente, sia valutando le risultanze delle prove prodotte dall'accusa, sia indagano di sua iniziativa, d'ufficio."

[246] Vgl. *Santoro,* S. 442.

[247] *Santoro,* S. 126; *Frosali,* S. 243.

[248] Vgl. *Santoro,* S. 126; *Manzini,* Istituzioni, S. 156, *Frosali,* S. 244, *Leone,* S. 326.

[249] *Manzini,* Istituzioni, S. 156.

[250] *Frosali,* S. 243.

dem italienischen Strafrichter kraft Amtspflicht geboten ist. Der Grundsatz der umfassenden Beweiserhebung und Wahrheitserforschung kraft Amtes, „il principio dell'officialità della ricerca delle prove“[251] ist zum einen aus Art. 299 Codice Di Procedura Penale zu entnehmen[252], worin dem Untersuchungsrichter die Verpflichtung auferlegt wird, unverzüglich alle ihm zur Erforschung der Wahrheit notwendig erscheinenden Handlungen vorzunehmen. Zum anderen findet der Grundsatz für das Stadium der richterlichen Untersuchung Bestätigung in Art. 457 Abs. 2 Codice Di Procedura Penale[253], wonach das Gericht oder der Amtsrichter nach eigenem Ermessen neue Beweiserhebungen anordnen können, sofern sie dies für notwendig erachten.

dd) Österreich

Im österreichischen Strafverfahren geht man gleichsam selbstverständlich von der Zulässigkeit des mittelbaren Beweises durch Zeugen vom Hörensagen aus.

Nicht allein in der österreichischen Strafprozeßordnung[254] fehlt jegliche Einschränkung oder Bedingung in bezug auf die Vernehmung von Zeugen mit mittelbar erworbener Tatsachenkenntnis, sondern auch in der österreichischen Rechtslehre werden insofern keinerlei Zweifel geltend gemacht oder überhaupt ausführliche Erörterungen angestellt. Vielmehr wird übereinstimmend angenommen, daß als Zeuge grundsätzlich jede Person in Betracht komme, die über eigene sinnliche Wahrnehmungen von Tatsachen, die für das Beweisverfahren erheblich sind, aussagen könne[255]. Von welcher Art und Relevanz diese Tatsachen sind und ob somit aufgrund der vom Zeugen gemachten Wahrnehmungen unmittelbar oder nur mittelbar Beweis erbracht werden kann, wird als gänzlich unerheblich angesehen[256] und daher die Zulässigkeit des Beweises durch Zeugnis vom Hörensagen überhaupt nicht in Frage gestellt[257].

---

[251] *Santoro,* S. 436; vgl. auch *Frosali, S.* 250: „Il guidice deve *anche di ufficio* ... ricercare la verità.“

[252] *Santoro,* S. 436.

[253] *Ders.* a.a.O.

[254] Vom 23. Mai 1873 in der Fassung der Kundmachung der Bundesregierung vom 20. April 1960.

[255] Vgl. *Tlapek - Serini,* § 150, 2 a; *Lohsing - Serini,* S. 279; *Roeder,* S. 149, *Wenzeslaus Gleispach,* S. 198 f.; *Gampp,* S. 52; *Rulf,* S. 151; a. A. allein *Ullmann,* ÖStPO, S. 396 Anm. 1.

[256] So ausdrücklich *Lohsing - Serini:* „Ob sie mittelbar oder unmittelbar Beweis macht, kommt für die Beweiswürdigung, nicht aber für das Wesen der Zeugenaussage in Betracht.“

[257] Nur vereinzelt und kurz wird überhaupt darauf hingewiesen, daß der Zeuge vom Hörensagen nicht ausgeschlossen sei; vgl. *Tlapek - Serini,* § 150, 2 a; *Lohsing - Serini,* S. 281; *Roeder,* S. 149 Anm. 2; *Rulf,* S. 152 Anm. 1.

Von Beachtung ist in diesem Zusammenhang der Umstand, daß der mittelbare Beweis durch Zeugen vom Hörensagen wie die Frage einer Forderung nach unmittelbarer Beweisführung schlechthin in der österreichischen Rechtslehre nirgends in Verbindung gebracht wird mit dem Grundsatz der Unmittelbarkeit, der auch im österreichischen Strafprozeß als tragendes Prinzip der Verfahrensgestaltung gilt. Das Unmittelbarkeitsprinzip, welches in den §§ 258 Abs. 1, 252 (hier per arg. e contrario aus der Normierung der Ausnahmefälle) ÖStPO zum Ausdruck gekommen ist, wird *ausschließlich* als Grundsatz der Form der gerichtlichen Kenntnisnahme von den Urteilsgrundlagen durch eigene sinnliche Wahrnehmung der Beweismittel bestimmt[258]. Allein anknüpfend an die — in Österreich wie in Deutschland im wesentlichen gleichermaßen gegebenen — historischen Grundlagen des Unmittelbarkeitsprinzips und die Reformforderungen des 19. Jahrhunderts hat man also in der österreichischen Prozeßrechtslehre keinerlei Anlaß gesehen, aus dem mehrdeutigen Wort „Unmittelbarkeitsprinzip" zugleich auch eine Forderung nach unmittelbarer Beweisführung und nach einem Verbot des mittelbaren Hörensagenbeweises abzuleiten.

Die Geltung und das Zusammenspiel der Prinzipien der freien Beweiswürdigung und der materiellen Wahrheitserforschung von Amts wegen bilden auch im österreichischen Strafprozeß die dogmatisch-systematische Grundlage für die grundsätzlich freie Wahl und Verwendung eines jeden zur Wahrheitsermittlung geeignet scheinenden Beweismittels.

Der Grundsatz der freien Beweiswürdigung, wie er in § 258 Abs. 2 ÖStPO mit allgemeiner Geltung für Berufs- und Laienrichter grundlegend normiert und des näheren umschrieben in § 325 ÖStPO in Form einer Belehrung an die Geschworenen wiederholt ist, entbindet die Richter nicht allein von allen gesetzlichen Beweisregeln und stellt sie frei in ihrer Überzeugungsbildung; vielmehr begründet er zudem die ausdrückliche Verpflichtung für jeden Richter zu sorgfältiger und gewissenhafter Prüfung der Glaubwürdigkeit und Beweiskraft des vorgebrachten Beweismaterials. Damit jedes rein willkürliche richterliche Fürwahrhalten ausgeschaltet wird, bedarf dieser Weg zur Überzeugung überdies der genauen Darlegung in den Entscheidungsgründen: gemäß § 270 Abs. 2 Ziff. 7 ÖStPO müssen alle Tatsachen, Beweismittel und Umstände im einzelnen angegeben werden, die die gerichtliche Überzeugung von der Wahrheit oder Unwahrheit von den zu erweisenden Tatsachen begründet haben. Die Nichtbeachtung dieser Vorschrift hat sogar die Nichtigkeit des Urteils zur Folge, § 281 Abs. 1 Ziff. 5 ÖStPO.

---

[258] Vgl. *Roeder*, S. 29 f.; *Tlapek - Serini*, § 252, 1; *Lohsing - Serini*, S. 55 und 204 f.; *Gampp*, S. 8; *Rulf*, S. 18 f.

Somit wird durch das Prinzip der freien Beweiswürdigung nach seiner besonderen Gestaltung im österreichischen Strafprozeßrecht nicht allein die Freiheit des Richters in der Wahrheitserkenntnis, sondern zugleich auch in hohem Maße seine Verantwortung bei dieser Aufgabe betont.

Der Grundsatz der materiellen Wahrheitserforschung kraft Amtes durch umfassende und freie Untersuchung des Sachverhalts hat mehrfach Ausdruck in der österreichischen Strafprozeßordnung gefunden[259]: in § 3 ÖStPO wird diese Verpflichtung grundlegend allen im Strafverfahren tätigen Behörden auferlegt; die §§ 96, 199 Abs. 2, 206 ÖStPO betonen dieses Gebot für den Untersuchungsrichter; zufolge der ausdrücklichen und allen anderen Amtspflichten vorangestellten Anordnung des § 232 Abs. 2 ÖStPO „ist der Vorsitzende gehalten, während der Hauptverhandlung die Ermittelung der Wahrheit zu fördern". Für das Beweisverfahren als wesentlichen Teil der gerichtlichen Wahrheitssuche ist dem Vorsitzenden überdies zur Erfüllung seiner Aufklärungspflicht in § 254 ÖStPO als besonderes Recht die sogen. diskretionäre Gewalt verliehen worden[260]. Kraft dieser Befugnis kann der Vorsitzende ohne Antrag der Parteien und ohne fremde Kontrolle die Ladung oder Herbeischaffung eines jeden Beweismittels, die Benutzung jeder Erkenntnisquelle anordnen, die er zur Erforschung der Wahrheit als dienlich erachtet.

Somit ist das Beweisverfahren nach österreichischem Strafprozeßrecht weitestgehend durch Freiheit der richterlichen Erkenntnistätigkeit in Ausrichtung auf das Ziel materieller Wahrheitsfindung gekennzeichnet.

b) Ergebnis der rechtsvergleichenden Untersuchung

Die vergleichende Betrachtung der Regelung des Beweises durch Zeugnis vom Hörensagen im Strafverfahren fremder Rechtsordnungen hat grundlegend folgendes erwiesen: In allen Staaten, in denen der mittelbare Zeugenbeweis grundsätzlich uneingeschränkt zulässig ist, ist das strafprozessuale Beweisverfahren zugleich beherrscht und geprägt von den Prinzipien der freien Beweiswürdigung und der materiellen Wahrheitserforschung kraft Amtes. Allein wo ihre Geltung zu vermissen ist, findet sich auch eine andere rechtliche Behandlung des Zeugnisses vom Hörensagen.

---

[259] Vgl. hierzu *Tlapek - Serini*, § 3, 2; *Roeder*, S. 23; *Wenzeslaus Gleispach* S. 50.

[260] Vgl. hierzu *Roeder*, S. 204; *Lohsing - Serini*, S. 399.

Diese Feststellung bedeutet die in rechtsvergleichender Zusammenschau wiederum gewonnene und bestätigte Erkenntnis eines notwendigen Bedingungszusammenhanges zwischen der hier in Frage stehenden Einzelregelung und den sinnhaft mit ihr verbundenen Grundzügen der Gesamtregelung und enthält damit zugleich die Antwort auf beide der an den Anfang der Untersuchung gestellten Fragen.

Der Hinweis auf den völligen Ausschluß des Beweises durch Zeugen vom Hörensagen im angelsächsischen Strafverfahren mag zwar geeignet sein, die Einsicht in die Gefahren und die Bedenklichkeit dieser Art mittelbarer Beweisführung zu vertiefen, doch kann hierdurch allein eine Forderung nach genereller Übernahme dieser Regel in das deutsche Beweisverfahren nicht begründet werden. Denn die hearsay-rule ist zugeschnitten auf eine gänzlich andere Verfahrensstruktur, auf einen Prozeß, der von der Verhandlungsmaxime und dem Grundsatz der formellen Wahrheit beherrscht wird. Als formale Beweisausschlußregel ist sie Teil eines Beweissystems, das aufgrund der bedeutsamen Mitwirkung ungeschulter Laien an der Urteilsfindung bestrebt ist, nur solches Beweismaterial zuzulassen, das von Personen mäßiger Intelligenz gemeistert werden kann. Überdies ist zu berücksichtigen, daß die gesamte Regelung des hearsay-evidence mit ihren zahlreichen Ausnahmen und in ihrer formalistischen Handhabung durch den Gerichtsgebrauch selbst nach angelsächsischer Auffassung als unnötige Zwangsjacke für die Wahrheitsfindung angesehen wird[261] und als „Affront gegen die Intelligenz derer, die diese Regeln anzuwenden haben“[262].

Was in der deutschen Prozeßrechtslehre zum Teil als besonders vorbildlich gerühmt wird, ist also in Wahrheit Folge eines starr-formalistischen und primitiven Beweisrechts[263].

Somit ist die im englischen Recht geltende Regelung des mittelbaren Beweises durch Zeugnis vom Hörensagen generell nicht übertragbar in

---

[261] Siehe z. B. *Williams*, S. 143 f., insbesondere S. 152: „But opinion is hardening that the technical English rules of hearsay, which may have the effect of excluding evidence of the greatest persuasiveness, are neither necessary nor easily workable.“ Noch schärfer ist die Kritik, die *E. M. Morgan* übt in seiner Einleitung zum Model Code of Evidence des American Law Institute, siehe z. B. S. 47: „... all these make no sense to either laymen or lawyer; and no amount of discourse about the frailties of jurors or the virtues of cross-examination can give them the appearance of rationality“. Vgl. auch Model Code of Evidence, S. 223, sowie *Hirschberg*, Amerik.-deutsches Strafverfahren, S. 56 ff.

[262] *Williams*, S. 143.

[263] Vgl. die Kritik des englischen Beweisrechts bei *Westhoff*, S. 167 ff. Für das amerikanische Beweisrecht siehe *Morgan*, Einleitung zum Model Code of Evidence des American Law Institute, S. 8: „The low intellectual capacity of the jury is commonly put forward to justify some, if not all of our exclusionary rules ... In some aspects jurors are treated as if they were low grade morons.“

das an der Untersuchungsmaxime orientierte und vom Prinzip der freien Beweiswürdigung beherrschte deutsche Strafverfahren[264].

Wie schon diese Betrachtung des englischen Rechts gleichsam durch einen Umkehrschluß, so erbringt die im übrigen angestellte rechtsvergleichende Untersuchung unmittelbar die gesuchte Bestätigung der für das geltende deutsche Strafverfahren zuvor aufgewiesenen Ergebnisse. Die Zulässigkeit und Regelung des mittelbaren Beweises durch Zeugen vom Hörensagen gemäß den einander bedingenden und ergänzenden Grundsätzen der §§ 244 Abs. 2, 261 StPO finden sich übereinstimmend in allen betrachteten Rechtsordnungen auf vergleichbare Weise gegeben.

Damit ist zugleich die bereits getroffene umgekehrte Feststellung bekräftigt, daß ein *generelles* Verbot des mittelbaren Hörensagenbeweises, sei es unbedingt oder auch nur bedingt, mit der durch richterliche Freiheit gekennzeichneten Ausgestaltung des geltenden Beweisrechts unvereinbar ist. Der positivrechtliche Ausschluß des mittelbaren Zeugnisses durch Art. 349 Abs. 4 der italienischen Strafprozeßordnung steht dieser Aussage nicht entgegen; denn hier hat der Gesetzgeber für einen speziellen Kollisionsfall widerstreitender Interessen ausdrücklich den Verzicht auf dieses Mittel zur Wahrheitserforschung geboten, um den Wert einer sittlich und rechtlich einwandfreien Wahrheitssuche zu wahren. Mit einer solchen speziellen Entscheidung — wie mit allen Beweisverboten — schränkt aber der Gesetzgeber selbst die Geltung der allgemeinen Prinzipien ein.

Somit bestätigen zusammenfassend auch die Ergebnisse dieser rechtsvergleichenden Untersuchung, daß weder aus einer Einzelvorschrift der StPO noch aus dem allgemeinen Grundsatz der Unmittelbarkeit ein Verbot des mittelbaren Beweises und mithin eine prinzipielle und bindende Forderung nach unmittelbarer Beweisführung abgeleitet werden können.

B. Die besondere Ausgestaltung des Grundsatzes der Unmittelbarkeit in § 250 StPO

Nachdem der Grundsatz der Unmittelbarkeit in seiner allgemeinen prozeßgestaltenden Bedeutung als Forderung nach unmittelbarer Wahrnehmung der Beweismittel durch das erkennende Gericht erschlossen und eindeutig bestimmt worden ist, soll nunmehr die wesentliche Ausprägung dieses Prinzips in der Vorschrift des § 250 StPO mit ihren Besonderheiten und Einzelerfordernissen des näheren berücksichtigt werden.

---

264 Ebenso *Krause*, S. 139; *Tiedemann*, JuS 1965, 20.

Die Bestimmung umschreibt und sichert den Grundsatz der Unmittelbarkeit der Beweisaufnahme in besonderer Weise: Satz 1 enthält ein Gebot, Satz 2 betont und erläutert dieses durch ein entsprechendes Verbot. Erst beide Sätze in ihrer gegenseitigen Ergänzung durch Einzelaussage und Sinnzusammenhang lassen die Tragweite und Bedeutung der Vorschrift voll erkennbar werden. Von dieser Verknüpfung ist daher bei der Betrachtung von Einzelheiten und Ganzem grundlegend auszugehen.

I. Voraussetzungen, Regelungsinhalt und Tragweite der Vorschrift in sachlicher Hinsicht

Bei der Erörterung und Klärung aller Einzelfragen, die die Auslegung des § 250 StPO aufgibt, sind Sinn und Zweck der Vorschrift als maßgebliche Richtlinien zu beachten. Sie beruht auf dem Gedanken, daß die mündliche Vernehmung einer Person in der Hauptverhandlung über die von ihr wahrgenommenen Tatsachen als „lebendige Erkenntnisquelle"[265] vor allen anderen Beweisarten den Vorzug verdient. Ausdrücklich ist daher die Verwertung von Urkunden insoweit untersagt, als sie dazu dienen würde, die Vernehmung der Auskunftsperson über ihre Tatsachenwahrnehmungen zu *ersetzen*. Die hieraus ersichtliche Zweckbestimmung, das Gericht zur persönlichen Anhörung der zur Verfügung stehenden Auskunftspersonen zu nötigen und allein deren mündliche Aussage zum Beweis der Richtigkeit der wahrgenommenen Tatsachen zu verwerten, ist somit für die gesamte Auslegung der Vorschrift in erster Linie maßgeblich.

1. Die Möglichkeit der Vernehmung der Auskunftsperson als Voraussetzung für das Eingreifen der Vorschrift

Aus der soeben genannten Zweckbestimmung ergibt sich zunächst eine grundsätzliche Beschränkung der Tragweite des § 250 StPO, die der Wortlaut nicht klar zum Ausdruck bringt. Das Gebot der persönlichen Vernehmung kann kraft Natur der Sache nur insoweit Geltung haben, als die Vernehmung der Auskunftsperson auch tatsächlich möglich ist. Fehlt diese Möglichkeit und entfällt damit das Gebot des § 250 S. 1 StPO, so kann auch das nur die Kehrseite dieses Gebots darstellende Verbot des Satz 2 nicht mehr eingreifen[266]. Ist also ein Zeuge, ein Sachverständiger oder eine sonstige Auskunftsperson verstorben,

---

[265] Vgl. die Motive zu §§ 250 ff. (§§ 203—207 des Entwurfs) bei *Hahn*, Mat. I, S. 194 ff.; siehe ferner RGSt 3, 307 (308).

[266] Heute einhellig anerkannt; siehe statt vieler *Löwe - Rosenberg - Geier*, § 250, 1 und ausführlich hierzu *Alsberg - Nüse*, S. 300 ff.

in Geisteskrankheit verfallen oder mit unbekanntem, nicht zu ermittelndem Aufenthalt abwesend, so kann das Gericht Urkunden, die über die Wahrnehmungen dieser Personen berichten, gemäß § 249 StPO zu Beweiszwecken verlesen. Die uneingeschränkte Verwertbarkeit urkundlichen Beweismaterials in diesen Fällen folgt klar aus dem Sinnzusammenhang der §§ 249, 250 StPO: der Gesetzgeber hat den nach § 249 StPO grundsätzlich freien Urkundenbeweis in § 250 StPO deshalb eingeschränkt, weil er der mündlichen Vernehmung als der besseren Art der Beweiserhebung den Vorrang zuerkannt hat. Ersichtlich hat er daher die Verlesung von Wahrnehmungen enthaltenden Urkunden mit § 250 StPO nicht schlechthin verbieten wollen; vielmehr soll ein solches Verbot nur solange bestehen, als die Wahl der besseren Beweisart nicht möglich ist und so das Gebot des § 250 S. 1 StPO befolgt werden kann. Wo es an dieser Voraussetzung für das Eingreifen der Bestimmung des § 250 StPO fehlt, stellt somit die Verlesung schriftlicher Aufzeichnungen einer nicht mehr vernehmbaren Auskunftsperson zu Beweiszwekken keine Durchbrechung des in § 250 StPO umschriebenen Grundsatzes der Unmittelbarkeit dar[267].

Diese Feststellung dient zugleich der Klärung des Verhältnisses des § 250 StPO zu denjenigen Bestimmungen des § 251 StPO, die den Fall des Todes oder der anderweitigen Unmöglichkeit der Vernehmung einer Wahrnehmungsperson betreffen. Nach Absatz 1 Ziffer 1 dieser Vorschrift darf die Vernehmung eines Zeugen, Sachverständigen oder Mitbeschuldigten durch Verlesung von Protokollen über eine frühere richterliche Vernehmung dann ersetzt werden, wenn diese Personen verstorben oder in Geisteskrankheit verfallen sind oder ihr Aufenthalt nicht zu ermitteln ist. In § 251 Abs. 2 StPO wird auch die Verlesung anderer als richterlicher Vernehmungsniederschriften sowie sonstiger schriftlicher Aufzeichnungen im Falle des Todes oder anderweitiger Unmöglichkeit der Vernehmung einer Wahrnehmungsperson für zulässig erklärt.

Die Bedeutung dieser beiden Bestimmungen über die Zulässigkeit des Beweises durch Urkunden gegenüber der Regelvorschrift des § 250 StPO wird klar erkennbar, wenn man die frühere Fassung des § 251 StPO und die hierauf beruhende Streitfrage berücksichtigt.

Vor der Änderung durch Art. 4 der dritten Verordnung zur Vereinfachung der Strafrechtspflege vom 29. Mai 1943[268] war in § 251 Abs. 1 StPO allein die Verlesung von *richterlichen* Vernehmungsprotokollen

---

[267] *Löwe - Rosenberg - Geier,* § 250, 1; *Haag,* DStR 1938, 415; *Hegler,* Rechtsgang II (1916), 270; *Bennecke-Beling,* S. 252 f.

[268] RGBl. I, S. 343; die Vorschrift wurde übernommen in das Vereinheitlichungsgesetz vom 12. 9. 1950, BGBl. I, S. 455 ff. und 492.

über die Aussagen solcher Zeugen, Sachverständigen oder Mitbeschuldigten gestattet, die im Zeitpunkt der Hauptverhandlung verstorben, verschollen oder in Geisteskrankheit verfallen waren.

Während man sich bei *nicht* richterlichen Protokollen in diesen Fällen zur Verhütung von Beweisverlust im allgemeinen noch mit der Vernehmung der Beamten behelfen konnte, die das Protokoll aufgenommen hatten, so entstand hinsichtlich allen sonstigen urkundlichen Beweismaterials, das von nicht mehr vernehmbaren Personen stammte, angesichts der alten Fassung des § 251 StPO die Frage, ob dieses verwertet werden durfte.

Das Schrifttum war überwiegend der Ansicht, daß der Ausschluß schriftlicher Aufzeichnungen verstorbener oder aus anderen Gründen weggefallener Auskunftspersonen eine unverständliche und mit dem Grundsatz der gerichtlichen Aufklärungspflicht nicht zu vereinbarende Beschränkung der Wahrheitserforschung bedeuten würde[269]. Es betonte daher, daß das Verlesungsverbot des § 250 S. 2 StPO insoweit eine im Wesen des Unmittelbarkeitsprinzips selbst begründete Einschränkung erfahre; wo die Vernehmung der Wahrnehmungsperson nicht mehr möglich sei, könne man nicht von einem *Ersatz* der vom Gesetzgeber ersichtlich als ausführbar gedachten Vernehmung sprechen[270].

Hiergegen vertrat die keineswegs einheitliche Rechtsprechung des Reichsgerichts überwiegend den gegenteiligen Standpunkt[271] bis zur Entscheidung vom 14. Januar 1937 in RGSt 71, 10. Hierin wurde unter Aufgabe der bisherigen Rechtsprechung anerkannt, daß der in § 250 StPO ausgesprochene Grundsatz sich auf verstorbene oder unerreichbare Zeugen, Sachverständige oder Mitbeschuldigte nicht beziehe und daß daher die Verlesung schriftlicher Aufzeichnungen solcher Personen zu Beweiszwecken gemäß § 249 StPO für zulässig zu erachten sei.

Durch die Neufassung des § 251 StPO durch die Verordnung von 1943 hat der Gesetzgeber die aufgeführte Streitfrage im Sinne der herr-

---

[269] Als Schulfälle wurden beispielsweise genannt: ein von Wilderern angeschossener Förster oder ein durch Fahrlässigkeit des Bergführers in eine Gletscherspalte gestürzter Tourist haben vor ihrem Tode noch Notizen verfaßt, die das einzige Überführungsmaterial bilden, vgl. dazu *Grimm*, BayZ 1914, 260; ferner: ein räuberisch Überfallener und schwer Verwundeter wird nicht mehr lebend angetroffen, er hat indessen noch vor seinem Tode Angaben in seine Brieftasche eintragen können, vgl. *v. Kries*, ZStW 6 (1886), 110 und *Alsberg - Nüse*, S. 302.

[270] *Bennecke - Beling*, S. 243; *Hegler*, Rechtsgang II (1916), 270, 288, 357 und 383 ff.; *v. Kries*, ZStW 6 (1886), 110 ff.; *Alsberg*, 1. Aufl. (1930) S. 224 f.; *Gerland*, JW 1937, 1070 f.; *Grimm*, BayZ 1914, 260.

[271] So RGSt 26, 138 (141); RG GA 46 (1898/1899), 435; RG LZ 1914, 401 Nr. 20; RG Recht 1909, Nr. 404. Siehe zur Rechtsprechung des Reichsgerichts im einzelnen *Alsberg*, 1. Aufl. (1930), S. 225 f. und die dort zitierten Urteile S. 225 bis 226 Anm. 9 bis 16, sowie *Gerland*, JW 1937, 1070.

schenden Meinung im Schrifttum und in der neueren Rechtsprechung klargestellt, indem in § 251 Abs. 2 StPO nunmehr auch die Verlesung anderer als richterlicher Vernehmungsniederschriften sowie sonstiger schriftlicher Aufzeichnungen im Falle des Todes oder anderweiter Unmöglichkeit der Vernehmung der Wahrnehmungspersonen ausdrücklich gestattet wurde.

Aus dem Dargelegten erhellt, daß die Bestimmungen des § 251 Abs. 1 Ziff. 1 und Abs. 2 StPO insoweit keine Ausnahmen von dem in § 250 StPO umschriebenen Grundsatz der Unmittelbarkeit darstellen, als der Beweis durch Urkunden anstelle einer *nicht mehr ausführbaren* Vernehmung einer Wahrnehmungsperson für zulässig erklärt wird; denn hier steht schon § 250 StPO einem Ersatz der Vernehmung nicht entgegen[272]. Zwar ergibt sich nach geltendem Recht die Möglichkeit der Verlesung privater Aufzeichnungen einer verstorbenen Auskunftsperson positiv aus § 251 Abs. 2 StPO; doch aus dem Gesagten folgt, daß diese Bestimmung die Zulässigkeit des Urkundenbeweises in diesen Fällen nicht originär begründet, sondern nur ein Ergebnis betont, das sich schon aus dem Sinnzusammenhang der §§ 249, 250 StPO ergibt. Die ausdrückliche Regelung dieser Frage erscheint jedoch angesichts der vormaligen uneinheitlichen Rechtsprechung durchaus nicht als überflüssig[273].

Eine eigenständige Bedeutung gegenüber der Regelvorschrift des § 250 StPO enthalten die Bestimmungen des § 251 Abs. 1 Ziff. 1 und Abs. 2 StPO jedoch insofern, als sie gestatten, von der Vernehmung der Verhörsbeamten abzusehen und anstelle dessen deren Vernehmungsniederschriften zu verwerten[274]. Denn nach dem Grundsatz des § 250 StPO müßten die Verfasser des Protokolls, die Richter und Urkundsbeamten, über die früher vor ihnen abgegebenen Aussagen der verstorbenen Auskunftspersonen nun in der Hauptverhandlung persönlich vernommen werden. Soweit also der Ersatz dieser noch möglichen Vernehmung durch die Verlesbarkeit der Protokolle für zulässig erklärt wird, stellen die Bestimmungen des § 251 Abs. 1 Ziff. 1 und Abs. 2 StPO eine Durchbrechung des Unmittelbarkeitsprinzip des § 250 StPO dar.

---

[272] Vgl. in diesem Sinne *v. Gleispach*, S. 39; *Dolderer*, S. 57; *Haag*, DStR 1938, 415 und *Hegler*, Rechtsgang II (1916), 270.

[273] Als sachlich überflüssig und nur der Verwirrung dienend bezeichnet jedoch *Alsberg - Nüse*, S. 303, die Bestimmung des § 251 Abs. 2 StPO; ablehnend dazu *Krause*, S. 153 und Anm. 182.

[274] Siehe hierzu im älteren Schrifttum unter Geltung des § 251 alter Fassung: RGSt 67, 252 (254); 71, 10 (12); BayObLGSt 1951, 49 (58 f.); *Alsberg*, 1. Aufl. (1930), S. 224; *Beling*, Lb, S. 318; *Gerland*, JW 1937, 1071; *Hegler*, Rechtsgang II (1916), 357 ff. und 385 ff.; im neueren Schrifttum hinsichtlich des § 251 heutiger Fassung: ausführlich *Alsberg - Nüse*, S. 301 ff. sowie *Krause*, S. 152 f.

2. *Der Inhalt des Vernehmungsgebots nach § 250 Satz 1 StPO*

Das Gebot des § 250 S. 1 StPO befiehlt die Vernehmung aller derjenigen Personen in der Hauptverhandlung, die über ihre Wahrnehmungen von beweiserheblichen Tatsachen Auskunft geben können. Das trifft nicht allein für Zeugen zu. Wahrnehmungen machen und vermitteln dem Gericht auch Sachverständige[275] sowie die sogen. Beweismittler[276]. Unter letzteren versteht man Personen, die vom Gericht mit einer Augenscheinseinnahme oder einer zu diesem Zweck vorzunehmenden körperlichen Untersuchung beauftragt sind (vergl. vor allem die §§ 81 d, 81 a und 81 c StPO) und die den wahrgenommenen Befund dem Gericht sodann mitzuteilen haben[277]. Während im Fall einer *richterlichen* Augenscheinseinnahme gemäß den §§ 86, 249 S. 2 StPO die hierüber aufgenommenen Protokolle in der Hauptverhandlung verlesen werden können und insoweit der allgemeine Grundsatz der Unmittelbarkeit für den Beweis durch *Augenschein* außer Kraft gesetzt ist[278], handelt es sich bei Wahrnehmungen durch *nichtrichterliche* Personen um die Ersetzung des gerichtlichen Augenscheins durch Sachverständige oder Zeugen. Inwieweit diese Beweismittler als Sachverständige, Zeugen oder Beweispersonen besonderer Art anzusehen sind und ob je nach Lage des Falles die Vorschriften über den Zeugenbeweis oder den Sachverständigenbeweis Anwendung finden sollen, ist im einzelnen sehr streitig[279], kann aber in diesem Zusammenhang völlig dahingestellt

---

[275] Für Sachverständige — und zwar für Sachverständige jeder Art — ist besonders zu betonen, daß diese ihr Gutachten persönlich vor dem erkennenden Gericht erstatten müssen, selbst wenn sie in der Regel auch nur ein bereits vorher schriftlich angefertigtes Gutachten zur Verlesung bringen; siehe die jeweils zu den verschiedenartigen Sachverständigen bei *Alsberg - Nüse,* S. 305 Anm. 14 zitierten Entscheidungen des Reichsgerichts. Die Regelung des § 82 StPO, wonach im Vorverfahren die schriftliche oder mündliche Erstattung eines Gutachtens von der Anordnung des Richters abhängt, kann nicht analog auf die Hauptverhandlung erstreckt werden, wie die Ausnahmebestimmungen der §§ 251, 256 StPO deutlich erweisen; vgl. *Löwe - Rosenberg - Sarstedt,* § 82, 2; *Alsberg - Nüse,* S. 305; *Birkmeyer,* S. 463.

[276] Die Bezeichnung der vom Gericht mit einer Augenscheinseinnahme beauftragten sachverständigen oder nicht sachverständigen Personen ist im Schrifttum allerdings recht unterschiedlich; wie hier im Text z. B. *Eb. Schmidt,* LK II, Rn 18 vor §§ 72 ff.; *Schwarz - Kleinknecht,* 5 vor § 72. Vgl. auch die Zusammenstellung bei *Löwe - Rosenberg - Sarstedt,* 3 vor §§ 72 ff.: „Gerufene Zeugen, Augenscheinsgehilfen, Quasisachverständige, Quasizeugen, Befundsberichter".

[277] Vgl. hierzu näher *Eb. Schmidt,* LK II, Rn 18 bis 21 vor § 72; *Löwe - Rosenberg - Sarstedt,* 3 vor §§ 72 ff.

[278] So ausdrücklich *Alsberg - Nüse,* S. 384; *Goldschmidt,* Prozeß, S. 434 Anm. 2288.

[279] Vgl. zu den einzelnen Ansichten: *Eb. Schmidt,* LK II, Rn 20 vor § 72; *Löse - Rosenberg - Sarstedt,* § 81 d, 3 b; *KMR-Sax,* 5 vor § 72; *Goldschmidt,* Prozeß, S. 435 f. Anm. 2288; *Alsberg - Nüse,* S. 193 f. sowie die dort Anm. 10 zitierte Rechtsprechung und das Schrifttum.

bleiben. Denn auf jeden Fall haben diese Personen — im richterlichen Auftrag — Wahrnehmungen über beweiserhebliche Tatsachen gemacht, deren Kenntnis sie dem Gericht vermitteln sollen, so daß für sie selbstverständlich das Gebot der persönlichen Vernehmung des § 250 S. 1 StPO gilt. Schließlich gehört zu dem von § 250 StPO erfaßten Personenkreis auch der Mitbeschuldigte, wie sich aus der Ausnahmebestimmung des § 251 StPO ergibt.

Ob die zu vernehmenden Personen über Haupttatsachen, Indizien oder Hilfstatsachen Auskunft geben können, ist, wie bereits mehrfach betont wurde, im Rahmen des § 250 StPO völlig unerheblich. Während demzufolge der Beweis durch Zeugnis vom Hörensagen nach Ansicht der herrschenden Meinung im Schrifttum und insbesondere in der ständigen höchstrichterlichen Rechtsprechung durch § 250 StPO keinerlei Einschränkungen unterliegt, wird hingegen die Zulässigkeit des Beweises durch Sachverständige über Hörensagenmitteilungen nach besonderen Grundsätzen abweichend beurteilt.

Hier wird zunächst hinsichtlich der Anknüpfungstatsachen, auf denen der Sachverständige sein Gutachten aufbaut, folgende grundlegende Unterscheidung getroffen:

Die sogen. *Befundtatsachen,* d. h. solche Tatsachen, die der Gutachter gerade vermöge seiner besonderen Sachkunde ermittelt hat, können durch die gutachtlichen Ausführungen des Sachverständigen in die Hauptverhandlung eingeführt und vom Gericht *ohne weitere Beweisaufnahme* als Urteilsgrundlage verwertet werden[280].

Anders hingegen verhält es sich jedoch mit solchen Tatsachen, zu deren Wahrnehmung und Verständnis es nicht der besonderen Sachkunde des Gutachters bedarf, die also auch das Gericht mit den ihm zur Verfügung stehenden Erkenntnis- und Beweismitteln feststellen könnte. Sofern der Sachverständige derartige Tatsachen in bezug auf das *Tatgeschehen selbst* zur Vorbereitung seines Gutachtens dadurch ermittelt, daß er den Untersuchten oder andere Auskunftspersonen über ihre Kenntnisse und Wahrnehmungen von diesen Umständen befragt, darf er diese nicht als tatsächliche Grundlage seines Gutachtens oder zur Unterstützung seiner Ansicht heranziehen und so durch seine Ausführungen als Sachverständiger in die Hauptverhandlung einführen[281].

---

[280] BGH NJW 1951, 771; BGHSt 9, 292 ff. = LM Nr. 10 zu § 250 StPO mit Anm. von *Jagusch;* BGHSt 13, 1 ff. = LM Nr. 11 zu § 250 StPO mit Anm. von *Fränkel;* BGHSt 18, 107 (108) = LM Nr. 12 zu § 250 StPO mit Anm. von *Krumme;* im Anschluß an die Rechtsprechung ebenso: *Löwe - Rosenberg - Geier,* § 250, 3; *Löwe - Rosenberg - Sarstedt,* § 80, 5; *KMR-Sax,* 2 vor § 72; *Schwarz - Kleinknecht,* 1 B a vor § 72 und § 261, 2 C.

[281] Vgl. die Rechtsprechung und das Schrifttum a.a.O. Nach den vom BGH

Die Rechtsprechung hebt mit Nachdruck hervor, daß solche Tatsachen unter den Verfahrenssicherheiten des Hauptverfahrens, den Grundsätzen der Unmittelbarkeit (§ 250 StPO) und der Parteiöffentlichkeit (§§ 240, 257 StPO) vom erkennenden Gericht selbst in Anwesenheit und unter Mitwirkung der Prozeßbeteiligten festgestellt werden müssen[282]. Das Gericht dürfe das vom Sachverständigen außerhalb der Hauptverhandlung ermittelte Wissen von Auskunftspersonen deshalb nicht allein aufgrund des Gutachtens ungeprüft übernehmen und verwerten, weil der Beweiswert solcher Äußerungen erst dann feststehe, wenn die Verfahrensbeteiligten Gelegenheit zur Fragestellung und Äußerung gehabt hätten. Daher könne und solle der Sachverständige insoweit den vollen Beweis, dessen Erhebung dem Gericht in der Hauptverhandlung obliege, nicht ersetzen.

Diese Unterscheidung in bezug auf die Verwertbarkeit der vom Sachverständigen ermittelten verschiedenartigen Tatsachen im Wege des Sachverständigenbeweises ist voll zuzustimmen.

Eine gerichtliche Überprüfung von Befundtatsachen — wie z. B. Beobachtungen und Feststellungen medizinischer oder psychologischer Art — ist deshalb in aller Regel nicht erforderlich, weil der dem Sachverständigen gegebene gerichtliche Auftrag gerade auf dem Fehlen eigenen fachkundigen Wissens des Gerichts beruht. Daher können solche Befundtatsachen gar nicht anders als durch das Gutachten eingeführt und nicht besser als durch dieses erwiesen werden.

Das trifft aber für das Wissen von Auskunftspersonen nicht zu. Hier besteht zum einen kein Bedürfnis für eine Ersetzung der vom Gericht nach dem Grundsatz der Unmittelbarkeit selbst durchzuführenden Beweiserhebung. Zum anderen würden auch die Verfahrensbeteiligten in ihrem Recht zu Vorhalten, zur Äußerung zu dem Beweisergebnis und vor allem zur Stellung von Beweisanträgen beeinträchtigt, ließe man es zu, daß solche vom Sachverständigen außerhalb der Hauptverhandlung erfragten Mitteilungen über beweiserhebliche Tatsachen *allein* durch sein Gutachten eingeführt und *daraufhin* zur Urteilsfindung verwertet würden.

Somit ist zu betonen, daß die Vernehmung eines Sachverständigen in dieser spezifischen beweisrechtlichen Eigenschaft über Hörensagenmitteilungen nicht zulässig ist.

---

in mehreren Entscheidungen fortentwickelten Grundsätzen ist dabei unerheblich, ob es sich um zusätzliche Belastungstatsachen, sogen. „Zusatztatsachen“, handelt, die zu dem anderweitig bereits eingeführten Beweisergebnis hinzutreten, oder ob der Sachverständige mit seinen Tatsachenbekundungen nur dem Gericht bereits bekannte Vorgänge oder Umstände bekräftigen würde; vgl. BGSt 13, 1; 13, 250; 18, 107.

[282] BGHSt 9, 292 (294) = LM Nr. 10 zu § 250 StPO; BGHSt 13, 1 (3) = LM Nr. 11 zu § 250 StPO.

Eine andere Frage ist jedoch, ob der Sachverständige insoweit nicht als *Zeuge* vom Hörensagen vernommen werden darf und die von ihm ermittelten Tatsachenbekundungen Dritter auf diese Weise in das Verfahren eingeführt werden können.

Die Rechtsprechung bietet in dieser Hinsicht kein klares Bild. In seinen neueren Entscheidungen zu diesem Problemkreis hat der Bundesgerichtshof ausgeführt, daß die Verwertung solcher Mitteilungen zur Urteilsfindung dann zulässig sei, wenn der Sachverständige hierüber als Zeuge, und zwar als Zeuge vom Hörensagen, vernommen werde, es sei denn, daß seiner Vernehmung im Falle einer rechtmäßigen Zeugnisverweigerung der Auskunftsperson mit dem Verwertungsverbot des § 252 StPO ein Hindernis entgegenstehe[283]. Hingegen ist in BGHSt 9, 292 die Zulässigkeit der Befragung des Sachverständigen als mittelbarer Auskunftsperson ausdrücklich verneint worden; es sei vielmehr notwendig, unmittelbaren Beweis über die fraglichen Tatsachen zu erheben durch Vernehmung derjenigen Personen selbst, die dem Sachverständigen Mitteilungen machten, als Zeugen über ihre Beobachtungen in der Hauptverhandlung gemäß dem Grundsatz des § 250 StPO[284].

Gegenüber der letztgenannten Auffassung bestehen jedoch ernsthafte Bedenken.

Im Hinblick auf die in Rechtsprechung und Schrifttum herrschende Rechtsansicht zum mittelbaren Beweis durch Zeugen vom Hörensagen läßt sich wohl kaum bestreiten, daß die Vernehmung eines Sachverständigen in seiner Eigenschaft als *Zeuge* über Hörensagenmitteilungen gleichfalls zulässig sein muß. Befragt das Gericht den Sachverständigen eigens über die von ihm wahrgenommenen Bekundungen Dritter gemäß dem Gebot des § 250 S. 1 StPO, und zwar in seiner Eigenschaft als Zeuge über mittelbar relevante Tatsachen oder Hilfstatsachen, so wird dadurch weder der Grundsatz der Unmittelbarkeit noch jener der Parteiöffentlichkeit verletzt. Das Gericht legt dann nicht *ungeprüft* fremde, außerhalb der Hauptverhandlung getroffene Feststellungen der Urteilsfindung zugrunde, wie es der Fall ist, wenn der Sachverständige über solche Mitteilungen nur im Rahmen seines Gutachtens berichtet. Es erhebt vielmehr selbst Beweis über mittelbar oder hilfsweise relevante Tatsachen in der Hauptverhandlung, in Anwesenheit und unter Mitwirkung der Verfahrensbeteiligten.

Demnach muß die *Zulässigkeit* der Vernehmung eines Sachverständigen über Mitteilungen Dritter in bezug auf das Tatgeschehen in

---

[283] BGHSt 13, 1; 13, 250; 18, 107.

[284] *Eb. Schmidt* hat in seiner Anmerkung zu dem Urteil in JZ 1957, 229 dieser Auffassung zugestimmt.

seiner Eigenschaft als Zeuge vom Hörensagen bejaht werden[285]. Ob das Gericht sich mit seinen Bekundungen *begnügen* darf oder ob daneben auch der unmittelbare Beweis durch Vernehmung der Auskunftspersonen geboten ist, bestimmt sich, wie auch sonst beim Beweis durch Zeugen vom Hörensagen, nach § 244 Abs. 2 StPO. Der Unmittelbarkeitsgrundsatz des § 250 StPO steht jedoch keinesfalls der zeugenschaftlichen Vernehmung eines Sachverständigen über Umstände, die nicht als Befundtatsachen in dem aufgewiesenen Sinn anzusehen sind, entgegen.

3. Der Gegenstand des Verlesungsverbots nach § 250 Satz 2 StPO

Das Verbot des § 250 StPO untersagt die Ersetzung der Vernehmung einer Wahrnehmungsperson durch Verlesung eines Protokolls über eine frühere Vernehmung oder einer schriftlichen Erklärung.

Zunächst ergibt sich eine klare Begrenzung der Tragweite des Verlesungsverbots unmittelbar aus dem Wortlaut und dem Sinnzusammenhang der einander ergänzenden Sätze des § 250 StPO: die Bestimmung bezieht sich nur auf solche Urkunden, die über *Wahrnehmungen* einer Person berichten, die also sinnlich wahrnehmbare Vorgänge der Erscheinungswelt zum Gegenstand haben. Dagegen betrifft das Verlesungsverbot nicht solche Urkunden, die durch ihren gedanklichen Inhalt einen beweiserheblichen Sachverhalt selbst verkörpern[286]. Hierzu gehören umfassend alle Schriftstücke, die eigene Willenshandlungen oder Willenserklärungen, Überlegungen, Ersuchen oder Bemerkungen einer Person enthalten, sei es auf strafrechtlichem Gebiet[287], sei es im privatgeschäftlichen[288] oder öffentlich-rechtlichen[289] Verkehr. Derartige

---

[285] Von dieser Ansicht geht auch das Schrifttum aus; vgl. *Löwe - Rosenberg - Geier*, § 250, 3; *Löwe - Rosenberg - Sarstedt*, § 80, 5; *KMR-Sax*, § 250, 2 c und 2 vor § 72; *Schwarz - Kleinknecht*, 1 B b vor § 72.

[286] Zum Teil werden derartige Schriftstücke als „Konstitutiv- oder Dispositivurkunden" bezeichnet, doch ist die Terminologie dabei keineswegs einheitlich; vgl. *Eb. Schmidt*, LK II, § 249 Rn 3; *v. Kries*, Lb, S. 413; *Alsberg - Nüse*, S. 305; *Hegler*, Rechtsgang II (1916), 353 f.

[287] Zum Beispiel der Beleidigungsbrief, die schriftliche Aufforderung zu einem Verbrechen, die unzüchtige Schrift, ferner auch das Protokoll über eine den Tatbestand eines Aussagedelikts erfüllende Zeugenaussage, vgl. RGSt 65, 420.

[288] Beispielsweise ein Mahnschreiben, ein Vertragsangebot, Weisungen, Befehle, ferner aber auch Aufzeichnungen, die bestimmte eigene Pläne, Vorhaben oder Erwägungen zum Gegenstand haben, siehe BGHSt 6, 209 (212); ablehnend gegen dieses Urteil *Alsberg - Nüse*, S. 304 Anm. 12 Vgl. auch *Eb. Schmidt*, LK II, § 249 Rn 5, und *v. Kries*, Lb, S. 416, hinsichtlich der Tagebucheintragungen in Form von Gefühlsäußerungen.

[289] Zum Beispiel Eingaben an Behörden oder Gerichte, vgl. RGSt 60, 169 (170).

nichtberichtende Urkunden stellen selbst die unmittelbare Erkenntnisquelle für den in ihnen verkörperten Erklärungs- oder Gedankeninhalt dar; ihrer Verlesung zum Beweis dieser Tatsachen steht somit die Bestimmung des § 250 S. 2 StPO nicht entgegen.

Des weiteren gilt das Verlesungsverbot aber auch nicht für solche Schriftstücke, die zwar Wahrnehmungen enthalten, aber nicht zum Beweis dieser Tatsachen Verwendung finden sollen, sondern zum Beweis des *Vorhandenseins eines Schreibens mit einem bestimmten Inhalt und Wortlaut*[290], also zur Feststellung der Tatsache, daß eine bestimmte Erklärung in einer bestimmten Form unter bestimmten begleitenden äußeren Umständen abgegeben worden ist[291]. Unter diesem Gesichtspunkt hat die Rechtsprechung insbesondere die Verlesung von Briefen für zulässig erklärt, wenn dadurch nicht etwa die Richtigkeit der darin mitgeteilten Tatsachen, sondern lediglich das Vorhandensein der Schriftstücke als solcher und ihres Inhalts festgestellt werden soll[292], ferner etwa auch die beleidigende Form des Briefes, die Empörung, in der er verfaßt wurde[293], oder um das Bestehen einer behaupteten Korrespondenz zwischen Schreiber und Empfänger zu erweisen[294]. Ebenso dürfen auch polizeiliche Protokolle[295] oder Niederschriften eines Rechtsanwalts[296] zum Zweck des Beweises ihres Vorhandenseins verlesen werden.

In diesen Fällen ist also Beweisthema nicht die Wahrnehmung einer Tatsache, sondern der Umstand, daß und wie sie urkundlich fixiert wurde. Dies kann nicht anders und besser als durch Verlesung des Schriftstückes im Wege des Urkundenbeweises festgestellt werden. Die Urkunde ist also insoweit kein Ersatzbeweismittel für eine Vernehmung über Tatsachenwahrnehmungen, sondern selbst unmittelbare Beweisquelle für schriftlich niedergelegte Gedankeninhalte und unterliegt als solche nicht dem Verbot des § 250 S. 2 StPO[297].

Soweit Beweisthema jedoch die in dem Schriftstück geschilderte wahrgenommene Tatsache selbst ist, durch die Verlesung also deren

---

[290] *Alsberg - Nüse,* S. 306.

[291] Vgl. *Eb. Schmidt,* LK II, § 249 Rn 5; *Löwe - Rosenberg - Geier,* § 249 4 e; *Beling,* Lb, S. 311; *Alsberg - Nüse,* S. 306; *Krause,* S. 156; *Dolderer,* S. 54 f.

[292] RGSt 31, 407 (408); 33, 35 (36); RGSt 22, 51 (52) hebt die Unterscheidung besonders klar hervor.

[293] BGHSt in einem unveröffentlichten Urteil vom 1. 10. 1953, 4 StR 224/53, zitiert bei *Alsberg - Nüse,* S. 306 Anm. 27.

[294] RGSt 32, 239 (240).

[295] BGHSt 3, 149 (150); OGHSt 1, 110 (111); BayObLG HRR 1934, Nr. 1000.

[296] Vgl. RG JW 1909, 334 Nr. 78.

[297] Durch den Zweck ihrer Verwendung zum Beweis stehen solche Urkunden somit bedeutungsmäßig den nichtberichtenden Urkunden gleich.

Wahrheit festgestellt werden soll, dient die Urkunde als berichtende, und ihre Verwendung ist als Vernehmungsersatz unstatthaft.

Zu beachten ist somit, daß die über Wahrnehmungen berichtenden Urkunden nicht schlechthin Gegenstand des in § 250 S. 2 StPO enthaltenen Verlesungsverbots sind. Vielmehr kommt es für das Eingreifen der Bestimmung nach den dargelegten Grundsätzen ganz auf die konkrete Art ihrer Verwendung zum Beweis, auf das jeweilige Beweisthema, an. Es bedarf daher stets einer sorgfältigen Prüfung, ob die Verlesung einer berichtenden Urkunde auch tatsächlich dem Beweis von Wahrnehmungen und somit als ein gemäß § 250 S. 2 StPO unzulässiger Ersatz einer Vernehmung dienen soll.

Innerhalb des Rahmens berichtender Urkunden bezieht sich das Verbot des § 250 S. 2 StPO schließlich auch nicht auf solche Protokolle oder schriftliche Erklärungen, die Wahrnehmungen von Personen enthalten, deren Vernehmung aus irgendeinem nicht zu behebenden Grunde tatsächlich nicht mehr möglich ist. Hier fehlt es aus den bereits oben dargelegten Gründen an den Voraussetzungen für den Ausschluß urkundlichen Beweismaterials nach § 250 StPO.

Während Gegenstand und Tragweite des Verlesungsverbots in dem aufgewiesenen Umfang sich bereits dem Wortlaut der Bestimmung entnehmen lassen, ist ungleich schwieriger die Frage zu beantworten, ob aus der Gleichstellung der „schriftlichen Erklärungen“ in § 250 S. 2 StPO mit den Vernehmungsprotokollen eine weitere Einschränkung des Verlesungsverbots für berichtende Urkunden folgt.

Die Meinungen darüber, was unter „schriftlicher Erklärung“ in § 250 S. 2 StPO zu verstehen ist, sind geteilt.

Schneidewin[298] ist der Ansicht, wenn das Gesetz die „schriftlichen Erklärungen“ in eine Reihe stelle mit den Vernehmungsprotokollen und beide in demselben Sinne zur Beweisaufnahme für untauglich befinde, so könnten hiermit nur solche Erklärungen gemeint sein, die zu Beweiszwecken abgegeben worden seien. Unter dieser Voraussetzung sei letztlich auch unerheblich, ob es sich um schriftliche Äußerungen handle, die ausdrücklich für das gegenwärtige Strafverfahren verfaßt worden seien, wie Strafanzeigen, erläuternde Eingaben oder Ersuchen um Auskunft, ober aber um sonstige Erklärungen, wie etwa Bescheinigungen, die jemand einem anderen zur gelegentlichen oder beliebigen Verwendung ausgestellt habe. Weiter jedoch reiche das Beweisverbot nicht, namentlich nicht etwa bis zu Sachdarstellungen in Briefen oder Tagebuchaufzeichnungen, die nicht aus dem bezeichneten Zweck heraus verfaßt worden seien. Auf die Möglichkeit, solche wert-

[298] JR 1951, 483.

vollen Beweisquellen voll auszuschöpfen, habe das Gesetz, das in § 249 StPO selbst von der Freiheit des Urkundenbeweises ausgehe, sicherlich nicht verzichten wollen.

Dieser Auffassung ist der 5. Senat des Bundesgerichtshofes in einem Urteil vom 18. Mai 1954[299] ohne jede Begründung gefolgt[300]. Auch der 6. Senat in seinem Urteil vom 30. Juni 1954[301] und der 1. Senat in dem Urteil vom 16. Februar 1965[302] neigen dieser Ansicht zu, ohne jedoch die Frage abschließend entschieden zu haben. Lediglich der 6. Senat begründet seine Meinung mit dem Argument, daß hierfür sowohl der Wortlaut „schriftliche *Erklärung*“ wie der Sinnzusammenhang des Gesetzes sprächen, das in erster Linie Protokolle nenne, also zu *Beweiszwecken* hergestellte amtliche Niederschriften meine[303].

Auch das neuere Schrifttum[304] hat sich weitgehend der Rechtsansicht Schneidewins und seiner Argumentation angeschlossen.

Dagegen wird eine solche einschränkende Auslegung des Begriffs der „schriftlichen Erklärung“ in § 250 S. 2 StPO von einer Mindermeinung in der Prozeßrechtslehre entschieden abgelehnt. Unter Hinweis darauf, daß auch das Reichsgericht eine solche Auffassung nie vertreten habe, führt Nüse[305] gerade den „Sinnzusammenhang“ des Gesetzes gegen eine derartig einengende Interpretation an. Angesichts des klar in § 250 S. 1 StPO zum Ausdruck gekommenen Grundsatzes der Unmittelbarkeit, des „Fundamentalsatzes des Strafverfahrens“, und seiner nochmaligen Umschreibung nur in negativer Form in § 250 S. 2 StPO lasse sich dem eindeutigen Sinn des § 250 StPO zuwider nirgends die Berechtigung herleiten, innerhalb der schriftlichen Erklärungen einen Trennungsstrich zu ziehen. Im übrigen würde sich eine solche Unterscheidung im Einzelfall auch kaum vornehmen lassen; vielfach würde dann erst im Wege des Freibeweises festgestellt werden müssen, aus welchem

---

299 BGHSt 6, 141 (143).

300 In zwei weiteren, unveröffentlichten Urteilen hat der 5. Senat sogar den Standpunkt vertreten, daß nur in demselben Verfahren zu Beweiszwecken abgegebene Erklärungen (Urteil vom 25. September 1962 5 StR 306/62) oder bloß solche schriftliche Äußerungen, die gegenüber einer mit einem Strafverfahren befaßten Behörde abgegeben worden sind (Urteil vom 7. Januar 1964 — 5 StR 549/63), als schriftliche Erklärungen im Sinne des § 250 S. 2 StPO anzusehen seien; vgl. BGHSt 20, 160 (161).

301 BGHSt 6, 209 (211).

302 BGHSt 20, 160 (161).

303 BGHSt 6, 209 (212).

304 *KMR-Sax,* § 250, 1 b; *Löwe - Rosenberg - Geier,* § 250, 5; *Schwarz - Kleinknecht,* § 250, 3 sogar mit der zusätzlichen Einschränkung auf „Erklärungen, die zu Beweiszwecken für ein Verfahren (dasselbe oder ein anderes) hergestellt worden sind“; *Schorn,* Strafrichter, S. 281 f.

305 *Alsberg - Nüse,* S. 303 f., wo in Anm. 10 e verwiesen wird auf RGSt 26, 138 (141); 71, 10 f. und RG GA 46 (1898/1899), 435.

Grunde die Erklärung abgegeben worden sei. Gleicher Auffassung ist auch Krause[306], der insbesondere die ausdrückliche und abschließende Aufzählung der Ausnahmen von dem Grundsatz des § 250 StPO in den folgenden Paragraphen als Begründung dafür anführt, daß eine weitere, darüber hinausgehende Durchbrechung des Unmittelbarkeitsprinzips *nicht* stattfinden solle. Daher verbiete es sich, nicht zu Beweiszwecken abgefaßte Erklärungen aus dem Verbot des § 250 StPO herauszunehmen und den Grundsatz der Unmittelbarkeit durch eine derartige Interpretation preiszugeben.

Der letztgenannten Auffassung muß voll zugestimmt werden.

Die von Nüse angeführten Entscheidungen des Reichsgerichts können allerdings zur Unterstützung der Ansicht, daß der Begriff der schriftlichen Erklärungen schlechthin alle Aufzeichnungen einer Person über wahrgenommene Tatsachen umfasse, nicht direkt herangezogen werden. Denn bei ihnen ging es um die Verlesbarkeit von Berichten, Notizen oder Gutachten verstorbener Wahrnehmungspersonen, also um Fälle, auf die sich die Bestimmung des § 250 StPO aus den bereits dargelegten Gründen überhaupt nicht bezieht und die in § 251 Abs. 2 StPO eine positive Regelung gefunden haben.

Doch der Sinn des Gesetzes selbst, der klar zu entnehmen ist aus der besonderen Ausgestaltung des Prinzips der Unmittelbarkeit in § 250 StPO und seiner tragenden Bedeutung für die Urteilsfindung, steht erkennbar einer Eingrenzung der von dem Verlesungsverbot erfaßten schriftlichen Erklärungen entgegen.

Folgte man der von Schneidewin begründeten Ansicht, so wären alle nicht zu Beweiszwecken verfaßten schriftlichen Erklärungen frei verlesbar, ohne daß die jeweilige Vernehmungsperson als deren Verfasser in der Hauptverhandlung vernommen werden müßte. § 250 S. 2 StPO würde dann eine Einschränkung gegenüber dem in Satz 1 klar und umfassend zum Ausdruck gekommenen Grundsatz der Unmittelbarkeit enthalten. Dies aber kann nicht dem Sinn des Gesetzes entsprechen, und weder der von BGHSt 6, 212 angeführte Wortlaut „schriftliche *Erklärung*" noch die Gleichstellung mit den Vernehmungsprotokollen berechtigen zu einer Begrenzung der Tragweite des Gebots der persönlichen Vernehmung. Denn die Beweisbestimmung des schriftlich Erklärten dürfte wohl kaum der tragende Gedanke für das Verlesungsverbot des § 250 S. 2 StPO sein. Vielmehr kommt in dem klaren Gebot des Satz 1 sowie in der ausdrücklichen und abschließenden Normierung der Ausnahmen hiervon in den §§ 251 ff. StPO deutlich zum Ausdruck, daß der Wert und der Vorrang einer lebendigen Erkenntnistätigkeit

---

[306] S. 156 ff. mit ausführlicher Begründung.

durch unmittelbaren persönlichen Eindruck von den Wahrnehmungspersonen vor dem Beweis durch Urkunden als entscheidender Grundgedanke der Bestimmung schlechthin zu gelten hat. Daher muß, wo immer der Beweis einer wahrgenommenen Tatsache durch persönliche Vernehmung möglich ist, entsprechend dem Gebot des § 250 S. 1 StPO durch das Verbot des Satz 2 jeglicher Ersatzbeweis durch Verlesung berichtender Urkunden untersagt sein, mag es sich um amtliche oder private Niederschriften zu Beweiszwecken handeln oder um Aufzeichnungen, die nicht zu dem vorbezeichneten Zweck verfaßt worden sind[307]. Das Gesetz bewertet sie alle in gleichem Maße gering, und zwar unter diesen Gesichtspunkten: hier wie dort fehlt die Möglichkeit zu einer Beurteilung der Zuverlässigkeit und Glaubwürdigkeit der Wahrnehmungsperson, hier wie dort fehlt die Gewähr für eine erschöpfende Auswertung der Beweisquelle.

Es trifft zwar sicherlich zu, daß unbefangen niedergeschriebene Tagebuchaufzeichnungen oder Briefe oft wertvolle Erkenntnismittel zur Sachverhaltsaufklärung darstellen. Doch vermag dieser Gesichtspunkt angesichts der klaren Entscheidung des Gesetzes für den Vorrang der persönlichen Vernehmung nicht die Zulässigkeit des Urkundenbeweises zu begründen. Die von der Gegenansicht erkennbar befürchtete Gefahr des Beweisverlustes dürfte letzten Endes auch kaum so erheblich sein. Denn alle schriftlichen Aufzeichnungen können im vorbereitenden Verfahren bis zur Hauptverhandlung uneingeschränkt verwertet und in die Akten aufgenommen werden. So gelangt ihr Inhalt zunächst mindestens dem Vorsitzenden und dem Berichterstatter zur Kenntnis. Damit besteht einmal die Möglichkeit, in der Hauptverhandlung der gemäß § 250 StPO zu vernehmenden Person, dem Verfasser der Aufzeichnungen, Vorhalte[308] aus den Schriftstücken zu machen und aus ihren daraufhin abgegebenen Erklärungen Erkenntnisse über die zu erweisenden Tatsachen zu gewinnen. Darüber hinaus ist es nach den oben[309] dargelegten Grundsätzen aber auch stets zulässig, neben der persönlichen Vernehmung des Verfassers der Aufzeichnungen über die wahrgenommenen Tatsachen selbst derartige Aufzeichnungen zu verlesen zum Beweis des Vorhandenseins eines Schriftstücks mit einem ganz bestimmten Inhalt und Wortlaut. Auch in diesem Fall wird die mündlich vernommene Person zu Äußerungen über den zu erweisen-

---

[307] Vgl. in diesem Sinne schon *Hegler*, Rechtsgang II (1916), 367, der den „Gesichtspunkt der Verneinung einer Verwertbarkeit (Verlesbarkeit) von Schriftstücken, Urkunden zugunsten mündlicher Äußerungen einer Aussageperson“ als entscheidend anführt.

[308] Daß der Vorhalt kein Urkundenbeweis und auch kein sonstiges Beweismittel ist, sondern ein prozessuales Hilfsmittel zur Durchführung einer Vernehmung, wird noch des näheren unter B I 5 darzulegen sein.

[309] S. 116 f.

den Vorgang veranlaßt; darüber hinaus liefert eine solche — vom Verlesungsverbot des § 250 StPO nicht ergriffene — Verlesung wertvolle Anhaltspunkte für die Glaubwürdigkeit der vernommenen Person. Bei diesen Möglichkeiten, private Niederschriften — wie alle anderen schriftlichen Aufzeichnungen — als Hilfsmittel bei einer persönlichen Vernehmung heranzuziehen, wird in der Regel kein Beweisverlust eintreten. Auf jeden Fall berechtigt diese gering zu bewertende Besorgnis nicht dazu, bestimmte „schriftliche Erklärungen" von dem Verbot des § 250 S. 2 StPO auszunehmen und insoweit anstelle der persönlichen Vernehmung den ersatzweisen Urkundenbeweis zuzulassen.

Zusammenfassend ist somit nachdrücklich hervorzuheben, daß eine Einschränkung der in § 250 S. 2 StPO genannten „schriftlichen Erklärungen" auf solche, die zu Beweiszwecken angefertigt worden sind, sich im Hinblick auf den Sinnzusammenhang der beiden Sätze der Vorschrift verbietet. Somit unterliegen alle schriftlichen Erklärungen, die Wahrnehmungen einer Person enthalten und auch zum Beweis der wahrgenommenen Tatsachen dienen sollen, als berichtende Urkunden ohne Einschränkung dem Verlesungsverbot.

4. Die Zulässigkeit sonstiger Ersetzung der persönlichen Vernehmung

In zunehmendem Maße sind im modernen gesellschaftlichen Leben an die Stelle von Schriftstücken Bild- und Tonträger getreten als Fixierungs- und Konservierungsmittel, und die Frage ihrer Verwertbarkeit zur Wahrheitsfindung im Strafverfahren hat eine Vielfalt rechtlicher Probleme aufgeworfen[310]. Daß Filmaufnahmen, Schallplatten, Phonogramme und insbesondere auch Tonträger grundsätzlich als Beweismittel im Strafverfahren Verwendung finden können, dürfte kaum zweifelhaft sein[311]. Im Hinblick auf den leitenden Gedanken des Unmittelbarkeitsprinzips und die in § 250 StPO zum Ausdruck gekommene gesetzgeberische Höherbewertung des Personalbeweises vor dem Sachbeweis kann jedoch zugleich auch kaum in Frage stehen, daß die Verwendung derartiger sachlicher Beweismittel insoweit unzulässig ist, als sie zum Ersatz der persönlichen Vernehmung einer Wahrnehmungsperson dienen würde. Denn durch die Vorführung eines Films zum Beispiel, den eine Person von einem beweiserheblichen Vorgang aufgenommen hat, oder etwa durch das Abspielen ihrer auf Tonband geschilderten Wahrnehmungen würde der Grundsatz der Unmittelbarkeit

---

[310] Eingehend zur Problematik des Tonbands als Beweismittel im Strafprozeßverfahren und zum heutigen Stand der Lehre hierzu siehe *Herwig Roggemann,* Das Tonband im Verfahrensrecht, Göttingen 1962.

[311] Vgl. BGH JZ 1956, 227 (Urteil vom 12. 3. 1954 — 1 StR 11/54); BGH JZ 1956, 227 (Urteil vom 1. 12. 1955 — 4 StR 405/55).

in gleicher Weise durchbrochen wie durch die nach § 250 S. 2 StPO untersagte Verlesung von berichtenden Schriftstücken.

Das Verbot des § 250 S. 2 StPO bezieht sich seiner Fassung nach zwar allein auf den Beweis durch Urkunden und somit scheinbar nicht auf die genannten Bild- und Tonträger. Denn selbst Tonträger und sonstige Schallaufnahmen, auf denen Gedankeninhalte durch das gesprochene Wort fixiert sind, können mit der herrschenden Meinung[312] nicht als Urkunden angesehen werden, da ihnen das für den strafprozessualen Urkundenbegriff erforderliche Merkmal der Verlesbarkeit fehlt und sie sich auch wesensmäßig sowohl durch die technische Art der Aufzeichnung als auch durch die Reproduzierung des gesprochenen Wortes von einem verlesbaren Schriftstück unterscheiden. Sie kommen daher nur als Objekte zur Durchführung eines Augenscheinsbeweises in Betracht.

Doch muß das Verbot des § 250 S. 2 StPO trotz seiner Fassung und trotz der Einordnung in den Zusammenhang der den Urkundenbeweis regelnden Vorschriften sinngemäß auch für jede Vorführung von Bild- und Tonträgern als Augenscheinsobjekten in der Funktion von Ersatzbeweismitteln gelten[313]. Denn das Gebot des § 250 S. 1 StPO, in dem der Grundsatz der Unmittelbarkeit seinen fundamentalen Ausdruck gefunden hat, gilt schlechthin. Satz 2 soll diese Bestimmung, wie bereits dargetan wurde, in keiner Weise einschränken[314]. Man muß sich stets bewußt bleiben, daß Satz 2 das Gebot des Satz 1 lediglich erläutert und betont, jedoch keineswegs dessen Umfang abschließend begrenzt.

Somit ist, ausgehend von dem Gebot des Satz 1, das Verbot des Satz 2 sinngemäß auch auf jede Augenscheinseinnahme zu erstrecken, durch die ersatzweise die Richtigkeit einer wahrgenommenen Tatsache erwiesen werden soll. Dies folgt zudem auch zwingend per argumentum a maiore ad minus aus dem Verlesungsverbot für richterliche Vernehmungsprotokolle: wenn nicht einmal diese Urkunden, bei denen „auf die zutreffende Wiedergabe einer erschöpfenden Vernehmung vertraut werden kann“[315], die persönliche Vernehmung einer Auskunftsperson

---

[312] Siehe statt vieler die Nachweise bei *Krause*, S. 124 Anm. 93 sowie die Begründung im einzelnen a.a.O., S. 125 ff. und bei *Roggemann*, S. 71 ff.

[313] *A. A. Feldmann*, Das Tonband als Beweismittel im Strafprozeß, NJW 1958, 1168, aufgrund einer rein formalen Deduktion: da das Tonband nicht die Eigenschaft einer Urkunde besitze, „so besteht kein Grund, die ausschließlich für die Benutzung von Schriftstücken und Urkunden bestehenden Beweisverbote auf andere Arten von Beweismitteln auszudehnen“.

[314] *KMR-Sax*, § 250, 1. Daher ist es nicht ganz richtig, zumindest aber ungenau, wenn gesagt wird, das Verbot des Satz 2 umreiße zugleich die Tragweite des Satz 1, damit sei der Grundsatz der Unmittelbarkeit der Beweisaufnahme konkretisiert; so aber BGHSt 6, 210.

[315] RGSt 67, 255.

ersetzen dürfen, so können dies erst recht nicht Tonband- oder Filmaufnahmen und dergleichen tun, bei denen keine Gewähr für eine unveränderte Wiedergabe der Tatsachen besteht.

Konnten aber die technischen Möglichkeiten, Wahrnehmungen durch Bild- oder Tonträger zu konservieren, bei Schaffung der StPO noch nicht berücksichtigt werden, so fordert der Sinn des Gesetzes im Hinblick auf heutige Verhältnisse die dargelegte ausdehnende Interpretation des § 250 S. 2 StPO, da andernfalls der Grundsatz der Unmittelbarkeit der Beweisaufnahme praktisch weitgehend aufgehoben würde.

5. *Die Zulässigkeit einer Verlesung von Urkunden neben der persönlichen Vernehmung*

Unklar und strittig ist in Rechtsprechung und Schrifttum, inwieweit neben der Vernehmung einer Auskunftsperson über wahrgenommene Tatsachen gleichzeitig Urkunden zum Beweis derselben Tatsachen verlesen und dadurch in bezug auf die Richtigkeit ihres Inhalts als Urteilsgrundlage verwertet werden dürfen.

Bei dieser Streitfrage geht es — das sei um der Klarheit willen ausdrücklich hervorgehoben — nicht um eine Verlesung von Schriftstücken, die lediglich zum Beweis der Existenz oder eines bestimmten Wortlauts einer schriftlichen Aufzeichnung dient und die als solche neben einer persönlichen Vernehmung stets zulässig ist. Hier geht es vielmehr um die Frage, ob und inwieweit neben der Vernehmung einer Person zum Beweis der von ihr wahrgenommenen Tatsachen eine Verlesung von Urkunden über dasselbe Beweisthema statthaft ist.

Das Reichsgericht hat in RGSt 71, 10 ausgeführt, daß der Beweis wahrgenommener Tatsachen „nicht oder doch nicht allein" auf die Verlesung eines schriftlichen Zeugnisses oder Gutachtens gestützt werden dürfe; die Vernehmung der Auskunftsperson sei „zum mindesten neben dem Inhalt der Urkunde" erforderlich. Unter Berufung auf diese Ansicht erklärt auch der Bundesgerichtshof[316] es für zulässig, daß neben der Vernehmung einer Wahrnehmungsperson ihre protokollarisch oder in schriftlichen Erklärungen festgehaltenen Äußerungen zum Zweck des Urkundenbeweises verlesen werden können. Dabei unterscheidet der Bundesgerichtshof zwischen einer Urkundenverwertung, die sich als eine nach § 250 S. 2 StPO ausdrücklich verbotene „Ersetzung" einer persönlichen Vernehmung darstellt, und einer solchen, die eine „Ergänzung" der Vernehmung bedeutet. Da von dem aus der Systematik des Gesetzes zu folgernden allgemeinen Grundsatz auszugehen sei, daß

---

[316] BGHSt 1, 4 und 20, 160.

das Gesetz den Urkundenbeweis zulasse, wo es ihn nicht ausdrücklich untersage, müsse der Urkundenbeweis durch schriftliche Erklärungen im Sinne des § 250 S. 2 StPO als ergänzendes Beweismittel neben der Zeugenaussage des Ausstellers und gleichsam in diese eingebettet unbeschränkt zugelassen werden[317].

Im Schrifttum[318] — soweit es sich mit dieser Frage ausdrücklich befaßt — wird dagegen die Zulässigkeit eines derartigen „ergänzenden" Urkundenbeweises im Rahmen des § 250 StPO entschieden verneint. Es wird übereinstimmend betont, daß allein unter den Voraussetzungen des § 253 StPO neben einem durchführbaren Zeugen- oder Sachverständigenbeweis eine Verlesung von Protokollen statthaft sei. Schneidewin[319] verweist zudem darauf, daß es offenbar gegen den Grundgedanken der §§ 249, 250 StPO verstieße, wenn man den gegenüber der mündlichen Vernehmung als minderwertig erkannten und deshalb abgelehnten Urkundenbeweis nun doch grundsatzwidrig als Nebenbeweismittel wieder einführen wollte. Insbesondere Eb. Schmidt[320] und Peters[321] warnen davor, von dem klaren und strengen Verlesungsverbot für Urkunden gemäß § 250 S. 2 StPO abzuweichen und dadurch die Justizförmigkeit des Verfahrens an seiner wichtigsten Stelle, dem Beweisrecht, zu gefährden.

Führt man sich vor Augen, daß nach der Zweckbestimmung des § 250 StPO die Feststellung wahrgenommener Tatsachen ausschließlich im Wege des Personalbeweises erfolgen soll, so verbietet sich von daher jede ergänzende Feststellung im Wege des Urkundenbeweises. Unter welchen Voraussetzungen *ausnahmsweise* anstelle eines Zeugen- oder Sachverständigenbeweises ein Beweis durch Urkunden treten darf, ergibt sich aus § 251 StPO. Inwieweit und zu welchen Zwecken *neben* einer persönlichen Vernehmung eine Protokollverlesung statthaft ist, bestimmt sich nach § 253 StPO (bzw. § 254 StPO hinsichtlich der Erklärungen des Angeklagten). Der Gesetzgeber hat also klar und eindeutig die Fälle des Ausschlusses, des subsidiären Ersatzes und des Nebeneinander von Personalbeweis und Urkundenverlesung geregelt. Der Bundesgerichtshof erweitert jedoch in bedenklicher Weise die vom Gesetzgeber in § 250 StPO bestimmten Feststellungsmöglichkeiten, in-

---

317 BGHSt 20, 160 (162).

318 *Eb. Schmidt*, LK II, § 250 Rn 4; *Schneidewin*, JR 1951, 483; *Grünwald*, JZ 1966, 493; *Dolderer*, S. 59; *Peters*, JZ 1965, 650 und Verhandlungen des 46. DJT, Band I, Teil 3 A, S. 145; *Peters* spricht hier beim ergänzenden Urkundenbeweis ebenso wie bei dem vollständigen Vernehmungsersatz durch Urkunden von einer „Beweismittelverschiebung", vgl. dazu S. 144 ff.; a. A. *Hegler*, Rechtsgang II (1916), 357; *Erwin Rupp*, S. 145 ff.

319 JR 1951, 483.

320 A.a.O.

321 A.a.O.

dem er die Ermittlung der Wahrnehmungstatsachen nicht allein durch den Personalbeweis, sondern auch durch den Urkundenbeweis zulassen will. Zutreffend hebt Eb. Schmidt[322] hervor, daß auch die „Ergänzung" der Aussage einer Vernehmungsperson durch Verlesung einer schriftlichen Aufzeichnung in gewissem Umfang eine „Ersetzung" der Aussage bedeutet, nämlich hinsichtlich solcher Momente, über die sich die Beweisperson bei ihrer Vernehmung nicht zu äußern vermag. Durch eine ergänzende Urkundenverlesung soll dann eben das noch fehlende Stück der Beweiskette zur Tatsachenfeststellung geschlossen werden. Wahrnehmungstatsachen zum Gegenstand des Urkundenbeweises zu machen, ist jedoch durch § 250 StPO schlechthin verboten.

Damit ist allerdings nicht jegliche Benutzung von Urkunden neben einer persönlichen Vernehmung ausgeschlossen.

Zunächst ist zu betonen, daß § 250 StPO selbstverständlich nicht eine solche zur Aussage hinzutretende Urkundenverlesung hindert, die einem anderen Beweisziel als der Feststellung von Wahrnehmungstatsachen dient und somit keinen Vernehmungsersatz darstellt[323]. Durch Verlesung eines früheren Vernehmungsprotokolls kann beispielsweise das Vorhandensein einer früheren gleichlautenden oder abweichenden Aussage erwiesen werden, und diese Feststellung kann dazu dienen, die Glaubwürdigkeit der Auskunftsperson zu unterstützen oder aber die Richtigkeit ihrer Aussage in Zweifel zu stellen. Über derartige Hilfstatsachen des Beweises, wie etwa die Unzuverlässigkeit oder aber Glaubwürdigkeit der Aussageperson kann also zulässigerweise eine Verlesung von Urkunden stattfinden neben einer persönlichen Vernehmung zur Tatsachen- und Sachverhaltsfeststellung[324]. Es handelt sich hierbei um das Nebeneinander zweier Beweismittel zur Klärung zweier unterschiedlicher Beweisthemen.

Des weiteren hindert die Bestimmung des § 250 StPO auch in keiner Weise die Benutzung von Vernehmungsniederschriften und sonstigen Urkunden zum Zwecke des Vorhaltes. Denn der Vorhalt, den der Vorsitzende aufgrund seiner Aktenkenntnis an den Angeklagten oder die sonst zu vernehmende Person richtet, ist seiner prozessualen Natur nach *kein Beweismittel*, sondern lediglich ein *Vernehmungsbehelf*, welcher erst eine als Beweisgrundlage geeignete Erklärung dessen hervorrufen soll, an den der Vorhalt gerichtet ist[325]. Der Vorhalt ist also keine

---

[322] LK II, § 250 Rn 4.

[323] Vgl. *Alsberg - Nüse*, S. 308.

[324] In BGHSt 20, 160 = JZ 1965, 649 mit Anmerkung von *Peters*, wurde offensichtlich der Unterschied zwischen einer ergänzenden Urkundenverlesung zur Feststellung von Wahrnehmungstatsachen und einer solchen zur Feststellung der Glaubwürdigkeit der Aussageperson verkannt.

[325] Vgl. *KMR-Sax*, § 249, 3 a; *Löwe - Rosenberg - Geier*, § 249, 12; *Krause*,

Urkundenbeweisaufnahme, da nicht etwa der Urkundeninhalt mit der Wirkung festgestellt wird, daß dieser als Urteilsgrundlage verwertet werden darf. Vielmehr ist Beweismittel und alleinige Urteilsgrundlage nur die Aussage dessen, dem der Vorhalt gemacht wird, und seine Erklärungen, die er daraufhin abgibt. Ein Vorhalt aus einem Protokoll oder einer sonstigen urkundlichen Aufzeichnung stellt sich somit nicht als Vernehmungsersatz dar, sondern dient gerade der besseren Durchführbarkeit einer Vernehmung, indem er die Möglichkeit zur Ergänzung oder Berichtigung einer Aussage, zur Feststellung und Klärung von Widersprüchen eröffnet.

Von daher versteht sich, daß die Benutzung von Urkunden zum Zwecke des Vorhalts dem Grundsatz des § 250 StPO keineswegs widerstreitet, sondern als Vernehmungshilfsmittel den Unmittelbarkeitsgrundsatz sogar in seiner Auswirkung begünstigt. Stets muß aber allein die mündliche Aussage Beweisgrundlage bleiben. Dem Richter ist es also verwehrt, nach einem ergebnislosen Vorhalt aus einem früheren Protokoll oder bei Bestreiten der früheren Aussage dem Protokollinhalt zu folgen, also auf das schriftlich Niedergelegte seine Überzeugung zu stützen. Dies würde einen gemäß § 250 StPO unzulässigen Urkundenbeweis bedeuten. Der Richter kann allein aus dem Verhalten der Vernehmungsperson auf den Vorhalt hin, also auch aus Widersprüchen oder ihrem Bestreiten, Schlüsse auf die Richtigkeit ihrer jetzigen Aussage ziehen.

In diesem Zusammenhang erscheint es wichtig, auch noch die Frage der *Form* des Vorhalts ausdrücklich klarzustellen. Denn zum einen ist es gerade für den Vorhalt kennzeichnend und wesentlich, daß *nicht* der *Urkundeninhalt* zur Beweisgrundlage wird, sondern allein die daraufhin erfolgende Aussage der vernommenen Person; zum anderen ist es auch gerade der Zweck des § 250 StPO, zu verhindern, daß das Urteil auf den Inhalt von Akten anstatt auf mündliche Vernehmungen gestützt wird. Da gemäß § 249 StPO die „Verlesung" die vorgeschriebene Form des Urkundenbeweises ist, so muß beim Vorhalt jeglicher Anschein einer Beweisführung im Wege des Urkundenbeweises tunlichst vermieden werden, soll nicht der Vorhalt unversehens doch zum Urkundenbeweis und damit die Bestimmung des § 250 StPO umgangen werden.

Nun gehen aber Rechtsprechung und herrschende Lehre unter Hervorhebung des Zwecks eines Vorhaltes davon aus, daß seine Form bedeutungslos sei, und lassen es daher zu, daß ein Vorhalt ebenso wie durch freie Wiedergabe des Urkundeninhalts oder durch Vorlegen des

---

S. 183; *Alsberg - Nüse*, S. 285 ff. Treffend und wohl als erster hat *Beling* in *Bennecke - Beling*, S. 342, das Wesen des Vorhalts klargelegt.

Schriftstücks zum Durchlesen auch durch wörtliches Verlesen der Urkunden erfolgen kann[326].

Hieran ist scharfe Kritik geübt worden von Eb. Schmidt[327] und Niese[328]. Insbesondere Eb. Schmidt[329] weist darauf hin, daß Laienbeisitzer nicht unterscheiden könnten, ob „Verlesungen" bedeuten sollten, daß das Verlesene selbst zur Beweisführung verwendbar sei oder nur einem bestimmten Vernehmungszweck dienen solle, ja, daß der Eindruck der Führung eines Urkundenbeweises geradezu unvermeidlich sei. Auch zeigten die §§ 253, 254 StPO, daß und inwieweit ein „Verlesen" von Urkunden zu anderen als Beweisführungszwecken zulässig sei, so daß diese Form des Vorhalts außerhalb der eng und genau bestimmten Zwecke der genannten Vorschriften nicht statthaft sein könne. Niese[330] spricht in seiner Kritik an der Rechtsprechung des Bundesgerichtshofs im Fall der Verlesung von Urkunden bei Vorhalten von einer „gekünstelten und praktisch undurchführbaren Unterscheidung von Urkundenbeweis und Vorhalt" und bezeichnet eine solche Handhabung als den „neuralgischen Punkt unseres Strafverfahrens". Schließlich betont auch Krause[331/332], daß Vorhalte durch wörtliches Verlesen nur in den Fällen und unter den Voraussetzungen der §§ 253, 254 Abs. 2 StPO zulässig seien.

Aus Gründen der Rechtssicherheit und der genügenden Gewährleistung des in § 250 StPO zum Ausdruck gekommenen Grundsatzes muß der letztgenannten Ansicht zugestimmt und eine strenge Unterscheidung von Vorhalt und Urkundenbeweis auch in ihrer äußeren Form gefordert werden. Selbst die Gegenmeinung[333] erkennt und betont, daß ein Vorhalt durch wörtliches Verlesen in den Laienbeisitzern den Irrtum erwecken könne, sie dürften auch den so zu ihrer Kenntnis gebrachten Urkundeninhalt als Grundlage für ihre Überzeugungsbildung verwenden. Diese Gefahr besteht jedoch immer, und die Möglichkeit, daß nicht doch der wörtlich verlesene Akteninhalt auf diese Weise

---

[326] Vgl. RGSt 61, 72 ff.; RG JW 1930, 936 Nr. 48; BGHSt 1, 337 (339) und 14, 310 (311); *Alsberg - Nüse*, S. 288 mit weiteren Hinweisen auf die Rechtsprechung; *Löwe - Rosenberg - Geier*, § 249, 13 auf S. 1014; *KMR-Sax*, § 249, 3 d; *Schwarz - Kleinknecht*, § 249, 5; *Schneidewin*, JR 1951, 482.

[327] LK I, Rn 442, S. 251 Anm. 230 und LK II, § 250 Rn 7 ff.

[328] JZ 1953, 597 f.

[329] a.a.O.

[330] JZ 1953, 598.

[331/332] S. 193.

[333] Siehe BGHSt 3, 199 (201); 5, 278 (279); *KMR-Sax*, 249, 3 d; *Alsberg-Nüse*, S. 288. Siehe auch *Kohlhaas*, NJW 1954, 536: „Keinesfalls darf der Vorhalt des Inhalts des Schriftstücks so gewählt werden, als ob dieser Inhalt für sich allein gesehen, bereits geeignet sei, das Gericht von der Wahrheit der dort beschriebenen Tatsache zu überzeugen, . . ."

mit zur Urteilsfindung verwandt wird, läßt sich wohl auch nicht ganz durch Hinweise des Vorsitzenden auf den Zweck des Vorhalts ausschließen.

Damit also nicht ein Vorhalt in Verwischung der prozessualen Formvorschriften unbeabsichtigt zum unzulässigen Urkundenbeweis wird und so der Grundsatz des § 250 StPO eine Verletzung erfährt, muß der korrekte Vorhalt in der Weise erfolgen, daß der Vorsitzende in freier Gestaltung den gedanklichen Inhalt der Akten in Form von Fragen an die Vernehmungsperson dergestalt heranbringt und wiedergibt, daß diese zu bestimmten hierauf bezogenen Erklärungen veranlaßt wird.

II. Anwendungsbereich und Bedeutung der Vorschrift in prozessualer Hinsicht

Abschließend bleibt noch aufzuweisen, welche Bedeutung der Bestimmung des § 250 StPO und dem darin umschriebenen Grundsatz der Unmittelbarkeit nach prozessualen Gesichtspunkten zukommt.

1. *Anwendung im Bereich des Strengbeweises*

Der Grundsatz der Unmittelbarkeit soll die Erforschung der materiellen Wahrheit gewährleisten. Diese aber steht in engstem Zusammenhang mit der Natur der Strafsache, d. h. mit dem Strafanspruch, um dessen Feststellung es im Strafprozeß geht. Daher gilt der Unmittelbarkeitsgrundsatz nach einhelliger Meinung in Rechtsprechung und Lehre[334] als strenges Gebot der Form für die richterliche Forschungstätigkeit nur auf dem Gebiet des „Strengbeweises“[335], d. h. zur Feststellung der für die Tat, Schuld und Strafe bedeutsamen Tatsachen. Alle ansonsten für das Gericht erheblichen Tatsachen, insbesondere solche, die für prozessuale Maßnahmen oder Entscheidungen maßgebend sind[336], können im Wege des „Freibeweises“ festgestellt werden. Das Gericht ist hier also nicht an die gesetzlichen Beschränkungen der Grundsätze der Unmittelbarkeit und Mündlichkeit gebunden.

---

[334] Vgl. statt vieler *Löwe - Rosenberg - Geier,* 2 vor § 226 mit weiteren Nachweisen. A. A. früher *v. Kries,* Lb, S. 348 und ZStW 6 (1886), 125.

[335] Die Unterscheidung und Bezeichnung von „Strengbeweis“ und „Freibeweis“ wurde zuerst von *Wilhelm Ditzen,* Dreierlei Beweis im Strafverfahren, Leipzig 1926, getroffen und findet seitdem allgemein Anwendung.

[336] Vgl. z. B. RGSt 10, 253 (254) = Feststellung einer bereits erfolgten Aburteilung der Tat für die Zulässigkeit des jetzigen Verfahrens; RGSt 51, 71 (72) = Prüfung der Rechtzeitigkeit eines Strafantrages; RGSt 56, 102 f. = Feststellung der Eidesfähigkeit eines Zeugen.

2. Unbedingte Geltung der Vorschrift

Da die Bestimmung des § 250 StPO im öffentlichen Interesse der Wahrheitsermittlung dienen soll, indem sie das Gericht zur Benutzung des besseren Beweismittels zwingt, ist sie der Verfügung der Prozeßparteien entzogen. Die Beteiligten können daher weder auf die nochmalige Vernehmung eines früher vernommenen und noch vernehmbaren Zeugen wirksam verzichten[337] noch — abgesehen von dem Ausnahmefall des § 251 Abs. 1 Ziff. 4 StPO — an der Unzulässigkeit einer Urkundenverlesung durch gegenseitiges Einverständnis etwas ändern[338]. Jeglicher „Verzicht" auf die Einhaltung der Vorschrift ist also bedeutungslos; er würde einer Revisionsrüge wegen Verletzung der Bestimmung nicht entgegenstehen[339]. Allein für die Verlesung von Niederschriften über eine frühere richterliche Vernehmung enthält § 251 Abs. 1 Ziff. 4 StPO insoweit eine Ausnahme, auf die noch näher einzugehen sein wird.

3. Beweistechnischer Charakter der Vorschrift

§ 250 StPO will die bestmögliche Art und Weise gerichtlicher Wahrheitserkenntnis gewährleisten und bestimmt daher zwingend die *Form*, wie das Gericht Kenntnis vom Inhalt der Beweismittel erhalten soll: geboten ist die unmittelbare, eigene sinnliche Wahrnehmung der Auskunftsperson, verboten ist die vermittelte Kenntnisnahme durch Verlesung berichtender Schriftstücke. Der Gesetzgeber hat hier also eine Abwägung und Entscheidung zwischen verschiedenen Arten der Beweiserhebung hinsichtlich einer aufzuklärenden Tatsache getroffen. Daher stellt sich die Vorschrift des § 250 StPO zunächst als *Beweiserhebungsregel* dar, als eine Regelung „innerbeweisrechtlichen", „beweistechnischen" Charakters[340].

Zugleich könnte man aber in dieser Regelung auch ein *Beweisverbot* erblicken, zieht man in Betracht, daß infolge der gebotenen Art der Beweiserhebung der als minderwertig erkannte Beweis durch Urkunden als unzulässig zurücktreten muß.

Sieht man mit Beling[341] als Beweisverbote solche Rechtssätze an, die entweder die Aufklärung bestimmter Tatsachen untersagen (Beweistatsachenverbote) oder die Benutzung bestimmter Beweismittel im Ein-

---

337 RGSt 9, 49; RG JW 1935, 2380 Nr. 37.

338 RGSt 1, 119; 18, 186 (187); 30, 439 (440); 44, 8 (11); RG JW 1932, 1751.

339 RGSt 9, 49; 44, 8; 67, 252 (254 f.). Vgl. auch OLG Düsseldorf, NJW 1949, 917 Nr. 24.

340 Vgl. *Beling*, Beweisverbote, Strafr. Abhdlgen 46 (1903), 4 f.

341 Beweisverbote, Strafr. Abhdlgen 46 (1903), 3.

zelfall für unzulässig erklären (Beweismittelverbote) und die somit als vom Gesetz selbst auferlegte Schranken der Wahrheitserkenntnis erscheinen, so kann die Bestimmung des § 250 StPO ihrer primären und eigentlichen Zwecksetzung nach nicht als unmittelbares und echtes Beweismittelverbot angesehen werden. Doch führt man sich die prozessuale Auswirkung dieser Beweiserhebungsregel vor Augen, so wird deutlich, daß die gesamte Bestimmung sich in concreto sehr wohl als „Schranke der Wahrheitserkenntnis" erweisen kann.

Hat beispielsweise ein Zeuge bereits im Vorverfahren über eine von ihm wahrgenommene Tatsache eine umfassende Aussage abgegeben, so darf das hierüber angefertigte Protokoll nicht zur Tatsachenermittlung verwertet werden, sondern der Zeuge ist selbst persönlich zu vernehmen. Vermag er sich jedoch nicht mehr genau zu erinnern oder weist seine jetzige Aussage Widersprüchlichkeiten auf, so bleibt dem Gericht allein die Möglichkeit, ihm Vorhalte aus dem entsprechenden Teil seiner protokollarisch festgehaltenen früheren Aussage zu machen. Beharrt der Zeuge aber auf seiner jetzigen Darstellung oder betont er, sich trotz des Vorhalts nicht erinnern zu können, so ist es dem Gericht verwehrt, den Inhalt des Protokolls für die Urteilsfindung zugrunde zu legen. Dies gilt gemäß § 250 StPO schlechthin und somit selbst dann, wenn für das Gericht kein Zweifel daran besteht, daß die vor Monaten im Ermittlungsverfahren noch unter dem frischen Eindruck von der Tat gegebene Schilderung richtig war, ebenso auch dann, wenn das Gericht davon überzeugt ist, daß der Zeuge aus irgendwelchen Gründen jetzt offensichtlich nicht die Wahrheit bekunden will. Stets darf gemäß § 250 StPO allein die in der Hauptverhandlung erfolgende mündliche Aussage für die Urteilsfindung verwertet werden.

Gerade an Fällen letzterer Art aber zeigt sich, daß die vom Gesetzgeber als nach allgemeiner Lebenserfahrung höher bewertete persönliche Vernehmung im Einzelfall nicht stets die beste Erkenntnisgrundlage zu geben braucht, vielmehr als allein zulässige Erkenntnisquelle der Ermittlung der Wahrheit geradezu entgegenstehen kann. Das Gesetz nimmt aber durch das Gebot der Regel diese Beschränkung der Wahrheitsfindung im Einzelfall im Interesse der Rechtssicherheit in Kauf.

Somit wird deutlich, daß die Beweiserhebungsregel des § 250 StPO mittelbar zugleich auch ein echtes Beweisverbot enthält, nämlich ein Beweismittelverbot für Urkunden, solange und soweit der Personalbeweis möglich ist[342].

---

[342] Vgl. *Krause,* S. 199; auch *Alsberg - Nüse,* S. 298 ff. sprechen hinsichtlich des § 250 StPO von einem „Beweisverbot", auf S. 106 ist die Bestimmung als relatives Beweisverbot angeführt. *Klug,* Verhandlungen des

C. Die Durchbrechungen des Grundsatzes der Unmittelbarkeit

Wie die übrigen Strafprozeßprinzipien stellt auch der Grundsatz der Unmittelbarkeit keine bindende Regel von uneingeschränkter Verbindlichkeit dar. Vielmehr folgt aus seinem Wesen als „Leitbild der Gesetzgebung" und seinem Grundsatzcharakter nur, daß der Gesetzgeber eine als wertvoll und wünschenswert erkannte Art der Verfahrensgestaltung so weitgehend als möglich zu verwirklichen sucht[343]. Eine konsequente Durchführung des Prinzips ist aber deshalb nicht möglich, weil das Gesetz einer Vielfalt von Sachlagen Rechnung tragen muß und wichtige entgegenstehende Interessen Berücksichtigung fordern.

I. Die leitenden Grundgedanken der gesetzlichen Regelung

Die Ausnahmen, die das Gesetz von dem Gebot der persönlichen Vernehmung und dem Verlesungsverbot für Protokolle oder schriftliche Erklärungen gestattet, lassen sich bei einer zusammenfassenden Betrachtung und Wertung zunächst auf folgende Grundgedanken zurückführen[344]:

Die Verhütung von Beweisverlust ist der maßgebliche Gesichtspunkt für die Zulässigkeit des ersatzweisen Urkundenbeweises in den Fällen des § 251 Abs. 1 Ziff. 1 und 2 sowie des Absatzes 2 StPO, wenn nämlich ein Zeuge, Sachverständiger oder Mitbeschuldigter aus den dort genannten, nicht zu behebenden Gründen überhaupt nicht mehr oder für ungewisse Zeit nicht gerichtlich vernommen werden kann. Hier würde es eine unerträgliche Beschränkung der Möglichkeiten zur Wahrheitsersforschung bedeuten, dürfte in diesen Fällen das urkundliche Beweismaterial nicht zur Aufklärung des Sachverhalts verwertet werden.

Auf dem Gedanken der *Prozeßökonomie* beruhen die §§ 232 Abs. 2 und 233 Abs. 3, 251 Abs. 1 Ziff. 4, 254 Abs. 1, 256 und schließlich 325 StPO. Zur Erleichterung und Beschleunigung des Verfahrens ist in diesen Fällen die Verlesung von richterlichen Protokollen statthaft,

---

46. DJT, Band II, Teil F, S. 33, kennzeichnet § 250 im Zusammenhang mit § 251 als „relatives Beweismethodenverbot". *Beling*, Beweisverbote, Strafr. Abhdlgen 46 (1903), 4, übersieht offenbar über der primären Zwecksetzung der Bestimmung ihre mittelbare Auswirkung als Beweismittelverbot.

[343] *Geerds*, SchlHA 1962, 188 und 190 sieht das Wesen der Sache bei den Prozeßgrundsätzen sogar darin, daß es sich in Wahrheit fast stets um einen Kompromiß handele, mit dem der Gesetzgeber den Streit zwischen zwei gegensätzlichen Maximen entschieden habe; er kennzeichnet die Prozeßgrundsätze daher auch lediglich als „programmatische Hilfsbegriffe", a.a.O., S. 181, 182 und 190.

[344] Die folgende Darstellung folgt im wesentlichen der Gliederung von *Krause*, S. 141 f.

wenn der Angeklagte in der Hauptverhandlung ausbleibt oder von seiner Erscheinungspflicht entbunden ist, wenn Staatsanwalt, Verteidiger und Angeklagter mit der Verlesung von Niederschriften über die Vernehmung eines Zeugen, Sachverständigen oder Mitbeschuldigten einverstanden sind, ferner auch zum Zweck der Beweisaufnahme über ein Geständnis des Angeklagten; des weiteren können behördliche Erklärungen und ärztliche Atteste in Abweichung von dem Grundsatz des § 250 StPO verlesen werden, und schließlich ist unter bestimmten Voraussetzungen im Berufungsrechtszug die Zulässigkeit des Urkundenbeweises beträchtlich erweitert und damit die Tragweite des Unmittelbarkeitsprinzips eingeschränkt.

Der allgemeine *Grundsatz der Verhältnismäßigkeit* staatlichen Handelns im Hinblick auf die Bedeutung der Sache liegt dem § 251 Abs. 1 Ziff. 3 StPO zugrunde, der eine Protokollverlesung dann für statthaft erklärt, wenn einem Zeugen oder Sachverständigen wegen zu großer Entfernung das Erscheinen in der Hauptverhandlung nicht zugemutet werden kann und dies auch unter Berücksichtigung der Bedeutung seiner Aussage ungerechtfertigt erscheint.

Aus Gründen *persönlicher Rücksichtnahme* auf den Zustand des Beschuldigten oder mit Rücksicht auf *die öffentliche Sicherheit und Ordnung* sieht § 429 c StPO im Sicherungsverfahren eine Durchführung der Hauptverhandlung in gänzlicher oder teilweiser Abwesenheit des Beschuldigten vor und gestattet in diesen Fällen nach Absatz 4 die Verlesung von Vernehmungsprotokollen.

Schließlich gebietet auch eine *staatsrechtlich und politisch begründete Rücksichtnahme* auf die Stellung des Bundespräsidenten oder jene von Parlaments- oder Regierungsmitgliedern in den Fällen der §§ 49 und 50 StPO eine besonders geregelte Abweichung vom Grundsatz der Unmittelbarkeit der Beweisaufnahme.

Unter diesen zusammenfassend aufgeführten Ausnahmevorschriften stellt die des § 251 StPO bei weitem den bedeutendsten und folgenreichsten Einbruch in das Unmittelbarkeitsprinzip dar. Denn den Bestimmungen der §§ 49 und 50 StPO sowie jener des § 429 c StPO kommt schon von der Praxis her kaum eine Bedeutung zu. Ebenfalls nicht so einschneidend sind die §§ 232, 233, 254 Abs. 1, 256, 325 StPO. Denn in den Fällen der §§ 232 und 233, 254 Abs. 1 StPO steht es unmittelbar, in jenen der §§ 256 und 325 StPO mittelbar durch einen Antrag auf Vorladung in der Hand des Angeklagten, durch eigene Initiative die Durchbrechung des Unmittelbarkeitsgrundsatzes abzuwenden.

Demgegenüber treten die in § 251 StPO genannten Fälle zum einen in der Praxis häufig auf. Zum anderen kann hier aber auch keiner der

Verfahrensbeteiligten es irgendwie durchsetzen, daß die Vernehmung einer Auskunftsperson unmittelbar vor Gericht erfolgt, womit ihnen zugleich die Möglichkeit zu Fragen, Vorhalten, Beweisanträgen etc. gegeben wäre und derer sie so verlustig gehen. Die durch § 251 StPO gewährte Zulassung des Urkundenbeweises zum Ersatz einer Vernehmung hat daher praktisch und rechtlich die schwerwiegendsten Folgen. Daher verlangt das Gesetz hier auch die Einhaltung einer strengen Form für die ersatzweise Urkundenverlesung in den Fällen der Absätze 1 und 2, um zu gewährleisten, daß das Gericht nur nach einer sorgfältigen Prüfung der gesetzlichen Voraussetzungen und ohne Schaden für die Wahrheitsermittlung von dieser bedeutsamen Ausnahmebestimmung Gebrauch macht[345]. Der Vorsitzende darf hier nicht — abweichend von der sonst zulässigen Handhabung — von sich aus die Verlesung von Niederschriften oder sonstigen Urkunden anordnen, sondern nach § 251 Abs. 4 StPO ist ein mit Gründen versehener Gerichtsbeschluß — nach Anhörung aller Beteiligten gemäß § 33 StPO — das unerläßliche Erfordernis der Verlesung[346].

Während in den bisher aufgeführten Fällen die Verlesung eines Protokolls oder einer sonstigen schriftlichen Aufzeichnung im Wege des Urkundenbeweises stets dem *Ersatz* einer persönlichen Vernehmung dient, gestatten die §§ 253, 254 StPO eine Verlesung von Protokollen als *Hilfsmittel* bei einer Vernehmung von Zeugen oder Sachverständigen bzw. des Angeklagten. Ob es sich bei diesen Teilverlesungen zu ganz bestimmten Zwecken gleichfalls um einen echten Urkundenbeweis und damit um weitere Ausnahmen vom Grundsatz der Unmittelbarkeit handelt, ist streitig. Zur Klärung dieser Frage bedarf es einer genauen Auslegung der genannten Bestimmungen und einer gründlichen Abwägung des Für und Wider im Hinblick auf die praktischen Konsequenzen. Auf die Regelungen der §§ 253, 254 StPO und ihre beweistechnische Zuordnung wird daher noch im folgenden näher einzugehen sein.

Im Rahmen dieser zusammenfassenden Betrachtung der Durchbrechungen des Unmittelbarkeitsgrundsatzes und damit insbesondere der §§ 251 ff. StPO ist noch auf die Sonderstellung des § 252 StPO hinzuweisen, die dieser Regelung zufolge ihres andersartigen Grundgedankens innerhalb des betrachteten systematischen Zusammenhanges zukommt.

---

[345] Vgl. *Löwe - Rosenberg - Geier*, § 251, 17; *Alsberg - Nüse*, S. 330; BGH NJW 1952, 1305 Nr. 18.

[346] Das Gericht darf auch mit Zustimmung aller Verfahrensbeteiligten nicht von der Einhaltung der in Absatz 4 vorgeschriebenen Form abgehen, BGH NJW 1952, 1305 Nr. 18; *Eb. Schmidt*, LK II, § 251 Rn 26; *Alsberg - Nüse*, S. 330. Auf das Fehlen eines solchen Beschlusses oder seiner Begründung kann die Revision gestützt werden, *Löwe - Rosenberg - Geier*, § 251, 17 mit weiteren Nachweisen.

Während § 251 StPO die Verlesung von Niederschriften über Aussagen *abwesender* Personen behandelt, betrifft § 252 StPO den Fall, daß ein in der Hauptverhandlung *anwesender* Zeuge von seinem Recht zur Zeugnisverweigerung Gebrauch macht. Seine früher abgegebene und protokollarisch festgehaltene Aussage darf nach dem Gesetzeswortlaut dann nicht verlesen werden. Nach der zutreffenden und seit jeher fast einhelligen Meinung des Schrifttums[347] enthält die Bestimmung aber nicht allein ein Verlesungsverbot, sondern ein *generelles Verwertungsverbot*. Unzulässig ist demnach auch jegliche andere Form der Verwertung der früher abgegebenen Aussage, insbesondere also auch die Vernehmung von Verhörsbeamten aus dem Vorverfahren als Zeugen vom Hörensagen[348].

Denn als bloßes Verlesungsverbot wäre § 252 StPO zum einen überflüssig, da sich die Unzulässigkeit der Verlesung von Vernehmungsniederschriften anstelle der mündlichen Vernehmung dann, wenn ein Zeuge berechtigterweise sein Zeugnis verweigert, schon aus § 250 StPO ergibt, und keine der in § 251 StPO genannten Ausnahmen zutrifft[349]. Zum anderen wären die Bestimmung als Verlesungsverbot aber auch gänzlich wertlos angesichts der aufgezeigten und immer gegebenen Möglichkeit, es mit Hilfe des mittelbaren Beweises durch Zeugnis vom Hörensagen zu umgehen. Der Sinn des Gesetzes und seine Entstehungsgeschichte[350] lassen keinen Zweifel daran, daß § 252 StPO mit dem Charakter eines absoluten Beweisverbotes als ergänzende Schutznorm

---

[347] Vgl. hierzu die Nachweise bei *Irmgard Sprang*, Die Zulässigkeit des Beweises durch Zeugen vom Hörensagen, insbesondere im Rahmen des § 252 StPO, S. 42 ff., S. 48.

[348] Die Rechtsprechung des Reichsgerichts sah nach anfänglichem Schwanken (siehe RGSt 10, 375) in § 252 StPO dagegen ein bloßes Verlesungsverbot und erklärte es daher in Fortsetzung der auf RGSt 5, 142 (143) gegründeten Rechtsprechung stets für zulässig, Richter oder Polizeibeamte über den Inhalt der früheren Aussage zu vernehmen, vgl. RGSt 16, 119 ff.; 27, 29 (30); 48, 246; 51, 121 (123); 70, 6 (7); 72, 221 (222). Siehe hierzu eingehend *Sprang*, S. 42 ff. Die höchstrichterliche Rechtsprechung nach 1945 hat zwar die Ansicht des Reichsgerichts verlassen und sieht nunmehr in § 252 StPO gleichfalls ein Verwertungsverbot, das sachlich die §§ 52 ff. StPO ergänzt. Im Anschluß an OGStH 1, 199 ff. trifft der Bundesgerichtshof jedoch eine Unterscheidung zwischen nichtrichterlichen und richterlichen Vernehmungen und läßt dann, wenn ein Zeuge im Vorverfahren von einem Richter über sein Zeugnisverweigerungsrecht belehrt worden ist, die Vernehmung des Richters über den Inhalt der früher vor ihm abgegebenen Aussage zu. Nachweise und ausführliche Erörterungen hierzu siehe bei *Eb. Schmidt*, LK I Rn 455 Anm. 252 sowie bei *Alsberg - Nüse*, S. 99 ff.

[349] *Löwe - Rosenberg - Geier*, § 252, 3; *Schneidewin*, JR 1951, 487; RGSt 10, 375.

[350] Zur Entstehungsgeschichte des § 252 StPO siehe bei *Hahn*, Mat. I, S. 861 ff. und Mat. II, S. 1880 ff.; vgl. dazu ferner RGSt 10, 374 (376); BGHSt 2, 99 (102) sowie die zusammenfassende Darstellung bei *Sprang*, S. 49 ff.

zu den Zeugnisverweigerungsrechten der §§ 52 ff. StPO aufzufassen ist. Während in den §§ 52 ff. StPO das berechtigte Interesse eines Zeugen, vor seelischen Konflikten bewahrt zu bleiben, als Schranke der Wahrheitssuche anerkannt worden ist, soll durch § 252 StPO zur Gewährleistung dieses Rechts verhindert werden, daß ein — vielleicht voreilig oder in Unkenntnis des Verweigerungsrechtes — abgegebenes Zeugnis nun doch entgegen der vom Zeugen getroffenen Entscheidung einen Einfluß auf die Urteilsfindung gewinnen kann[351].

Somit gehört § 252 StPO gedanklich in den Zusammenhang der §§ 52 ff. StPO[352]. Hingegen betrifft die Bestimmung in keiner Weise, wie ihre Stellung im Anschluß an die §§ 250 ff StPO zunächst vermuten läßt, den Grundsatz der Unmittelbarkeit der Beweisaufnahme[353]. Vielmehr besteht hier mit den Vorschriften der §§ 249 ff. StPO, die die Zulässigkeit oder das Verbot des Urkundenbeweises behandeln, nur formell, d. h. in beweistechnischer Hinsicht, ein gewisser thematischer Zusammenhang, während der materielle Gehalt und die Zweckbestimmung des § 252 StPO auf völlig andersartigen Grundgedanken beruhen.

Ein zusammenfassender Überblick über diejenigen Bestimmungen, die in Durchbrechnung des Unmittelbarkeitsprinzips den Urkundenbeweis anstelle einer persönlichen Vernehmung in der Hauptverhandlung gestatten, läßt schließlich noch zwei übergeordnete Gesichtspunkte der gesetzlichen Ausnahmeregelung erkennbar werden:

Zunächst zeigt die kasuistische und genau bestimmte Aufzählung, daß es sich stets um eng umgrenzte Ausnahmen von einem möglichst weitgehend zu wahrenden Grundsatz handelt, um Abweichungen also, die das Gesetz unter wohlerwogener Abwägung widerstreitender Interessen im Einzelfall zuläßt. Daraus aber folgt, daß alle diese Bestimmungen nur eine *restriktive Auslegung* zulassen[354], soll nicht

---

[351] Vgl. *Schneidewin*, JR 1951, 487.

[352] *Eb. Schmidt*, LK II, § 252 Rn 2; *Löwe - Rosenberg - Geier*, § 252, 3; *Alsberg - Nüse*, S. 96; *Schneidewin*, JR 1951, 487; OGHSt 1, 299 (300); OLG München HESt 2, 98 (101).

[353] Ausdrücklich so auch *Krause*, S. 136, ferner deutlich in diesem Sinne *Schneidewin* JR 1951, 487; a. A. dagegen ausdrücklich *KMR-Sax*, § 252, 1 a. Verfehlt sind daher insbesondere auch alle Versuche, mit Hilfe eines aus § 252 StPO gewonnenen argumentum a maiore ad minus ein Verbot des mittelbaren Beweises durch Zeugen vom Hörensagen schlechthin, d. h. als Folge eines allgemeinen Prinzips der Unmittelbarkeit der Beweisführung, zu begründen; vgl. z. B. *v. Kries*, ZStW 6 (1886), 91 ff.; *Gerland*, Strafprozeß, S. 203 Anm. 113. Denn nach dem oben Gesagten ist tragende Grundlage des § 252 StPO nicht der Gedanke, daß das mittelbare Beweismittel als das geringwertige ausgeschlossen bleiben müsse, wo das Gesetz den Verlust des primären und damit besten Beweismittels selbst befehle; so aber *Eb. Schmidt*, LK I, Rn 454 und OLG Bamberg SJZ 1948, 471.

[354] So schon die Motive zum Entwurf der StPO, *Hahn*, Mat. I, S. 194: „§ 212 (heute § 250 StPO) stellt die Regel auf, daß die Verlesung von Proto-

der Grundsatz der Unmittelbarkeit in seiner vom Gesetzgeber gewollten und verwirklichten Maßgeblichkeit für die Verfahrensgestaltung eingeschränkt werden.

Des weiteren erweist die Betrachtung der Ausnahmevorschriften zugleich, daß es sich stets um einen *echten Urkundenbeweis* handelt, der an die Stelle der Aussage einer Wahrnehmungsperson tritt[355]. Durch die in allen Bestimmungen geforderte „Verlesung" soll gewährleistet sein, daß der volle gedankliche Inhalt einer Aussage dem Gericht und allen Verfahrensbeteiligten unverändert vermittelt wird.

Besonders unter diesem Gesichtspunkt ist daher auch die Frage zu sehen, ob in den Fällen zulässiger Durchbrechung des Unmittelbarkeitsprinzips auch Tonbandaufnahmen und dergleichen zum Zweck der Übermittlung von Gedankeninhalten Verwendung finden dürfen.

Eine unmittelbare Anwendung der Ausnahmebestimmungen auf Tonträger verbietet sich bereits vom Gesetzeswortlaut her, nach dem allein die Verwertung von verlesbaren „Niederschriften" oder „schriftlichen Äußerungen" statthaft sein soll. Aber auch einer analogen Anwendung der Vorschriften über die Zulässigkeit des ersatzweisen Urkundenbeweises auf derartige Augenscheinsobjekte stehen gewichtige Bedenken entgegen. Eine Gleichstellung einer Tonbandaufnahme mit einem Vernehmungsprotokoll ist zunächst schon allein deshalb ausgeschlossen, weil bei einem derartigen „Tonbandprotokoll" alle Formerfordernisse eines Protokolls, insbesondere also die Unterschriften der Urkundspersonen, fehlen[356]. Aber auch abgesehen von dieser besonderen förmlichen Garantie für die Herkunft und die zutreffende Wiedergabe einer Aussage bei Protokollen steht einer analogen Gleichbehandlung von Tonaufnahmen mit allen verlesbaren schriftlichen Aufzeichnungen entscheidend folgender Gesichtspunkt entgegen: eine Tonband-

---

kollen oder schriftlichen Erklärungen *an Stelle* einer unmittelbaren Vernehmung nicht stattfinden dürfe; die §§ 213, 216 gestatten die nothwendigen Ausnahmen, jedoch in so fest bestimmten Grenzen, daß für eine willkürliche Abweichung von der Regel kein Raum bleibt." Vgl. auch *Eb. Schmidt*, LK II, § 251 Rn 3 sowie *Löwe - Rosenberg - Geier*, § 241, A 2.

[355] Hierauf weist vor allem *Krause*, S. 142, 144, 145 und 161 hin.

[356] *Henkel*, JZ 1957, 153; vgl. auch *KMR-Sax*, § 253, 1. Diesen bedeutsamen Unterschied heben auch *Alsberg - Nüse*, S. 271 und *Kohlhaas*, DRiZ 1955, 83 und NJW 1957, 83 hervor, die deshalb eine Analogie hinsichtlich der Protokolle auch ablehnen und nur hinsichtlich der „schriftlichen Erklärungen" eine Gleichbehandlung von Tonbandaufnahmen für berechtigt und empfehlenswert halten.

Der BGH, Urteil vom 12. 3. 1954, JZ 1956, 227, hat es dahingestellt sein lassen, ob eine Tonbandaufnahme als „Protokoll" in Betracht kommt, da im konkreten Fall die Aufnahme ohne Kenntnis des Angeklagten zustandegekommen war. Doch hat der BGH keine Bedenken, derartige Aufnahmen als Hilfsmittel bei einer Vernehmung zu verwenden.

aufnahme ist nach ihren generellen Merkmalen einer Urkunde nicht gleichwertig, weil sie nicht in gleichem Maße wie diese die Herkunft, Vollständigkeit und Unversehrtheit des Erklärten erkennbar und beweisbar macht[357]. Fehlt aber den Tonbandaufnahmen dasjenige generelle Maß an Beweiskraft, das der Gesetzgeber bei der Zulassung des Urkundenbeweises als Vernehmungsersatz vorausgesetzt hat, so ist die Verwendbarkeit derartiger technischer Ersatzbeweismittel in den gesetzlich gestatteten Ausnahmefällen vom Prinzip der Unmittelbarkeit abzulehnen[358]. Zu diesem Ergebnis führt neben allen anderen, unmittelbar aus der Sache hergeleiteten Bedenken nicht zuletzt auch der Gesichtspunkt, daß es sich angesichts des Ausnahmecharakters der Bestimmungen und damit der Notwendigkeit einer restriktiven Auslegung verbietet, die vom Gesetz zugelassene Beweismittelart im Wege der Analogie auf funktionell und qualitativ davon verschiedenartige weitere Beweismittel auszudehnen.

II. Die wichtigsten Ausnahmen und die scheinbaren Ausnahmen vom Grundsatz der Unmittelbarkeit

1. § 251 StPO

§ 251 StPO gestattet eine Verlesung von Vernehmungsniederschriften oder schriftlichen Erklärungen zum Ersatz einer unmittelbarpersönlichen Vernehmung, soweit es sich um Zeugen, Sachverständige oder Mitbeschuldigte handelt (auf den Angeklagten trifft die Bestimmung nicht zu; hier gelten, wie bereits erwähnt, für richterliche Protokolle die Ausnahmefälle der §§ 232 Abs. 3, 233 Abs. 3 StPO, während es bei Niederschriften über nichtrichterliche Vernehmungen insoweit bei der Regel des § 250 StPO verbleibt). In Absatz 2 und 3 des § 251 StPO hat der Gesetzgeber diejenigen Sachlagen berücksichtigt, in denen er zur Verhütung von Beweisverlust gemäß dem beherrschenden Grundsatz des § 244 Abs. 2 StPO oder zur Erleichterung und Beschleunigung des Verfahrens die Verwertung urkundlichen Beweis-

---

[357] Siehe hierzu die zutreffenden Ausführungen bei *Eb. Schmidt,* LK II, § 244 Rn 78 bis 80, § 251 Rn 6 und Gedächtnisschrift für Jellinek, S. 631 f.; siehe ferner auch *Henkel,* JZ 1957, 153 über die fehlende Evidenz der „Herkunfts- und Inhaltsidentität".

[358] Mit besonderem Nachdruck so *Eb. Schmidt,* Gedächtnisschrift für Jellinek, S. 631 ff. und S. 636 ff., ferner in LK II, § 244 Rn 78 bis 80 und § 251 Rn 6; ebenso *Henkel,* JZ 1957, 153; *Krause,* S. 162 f.; a. A. *Alsberg - Nüse,* S. 270 f. und *Kohlhaas,* DRiZ 1955, 82 ff. und NJW 1957, 83 f., die beide eine prozessuale Gleichbehandlung gerade mit Rücksicht auf die Strenge der Urkundenbeweisregeln empfehlen, um so eine Sicherung gegen die mißbräuchliche Verwendung von Tonbandaufnahmen zu erhalten. A. A. ferner auch *Kern - Roxin,* S. 229; *Roggemann,* S. 41 und *Feldmann,* NJW 1958, 1168, letzterer allerdings mit einer sehr angreifbaren Argumentation.

materials in Abweichung vom Grundsatz der Unmittelbarkeit für erforderlich hält. Wie bereits betont, kommt dem § 251 StPO allerdings für die Fälle, in denen die Vernehmung einer Auskunftsperson tatsächlich nicht mehr durchführbar ist, (Absatz 1 Ziffer 1 und Absatz 2) und somit schon § 250 StPO einem Ersatz der Vernehmung nicht entgegensteht, der Charakter einer Ausnahme zum Unmittelbarkeitsprinzip nur insofern zu, als die Bestimmungen des § 251 Abs. 1 und 2 StPO zugleich gestatten, von der Vernehmung der Verhörsbeamten abzusehen[359].

Ein Ersatz der persönlichen Vernehmung durch Verlesung *richterlicher* Protokolle ist nach Absatz 1 unter bedeutend weitergehenden Voraussetzungen zulässig, als dies in Absatz 2 für nichtrichterliche Protokolle oder sonstige schriftliche Erklärungen gestattet wird: neben den eine Verlesung nach Absatz 2 allein rechtfertigenden Fällen der wirklichen Unmöglichkeit der persönlichen Vernehmung (Tod, Geisteskrankheit, Unerreichbarkeit der Auskunftsperson) ist eine Durchbrechung des Unmittelbarkeitsprinzips nach Absatz 1 auch möglich in Fällen der bloßen, nicht unüberwindlichen Erschwerung (Krankheit, Gebrechlichkeit, schwere Erreichbarkeit) sowie im gleichgestellten Fall der Unzumutbarkeit des Erscheinens in der Hauptverhandlung. Dies hat seinen Grund in dem besonderen Vertrauen, das die StPO dem richterlichen Protokoll entgegenbringt in bezug auf eine vollständige, sachgemäße und richtige Wiedergabe einer erschöpfend durchgeführten Vernehmung[360]. Berücksichtigt man demgegenüber, wie gering etwa bei einem polizeilichen Protokoll oder einer beliebigen privaten Niederschrift die Gewähr für eine umfassende und zutreffende Vermittlung einer Tatsachenschilderung ist, so erscheint der durch § 251 Abs. 2 StPO gewährte ersatzweise Urkundenbeweis trotz seiner engen Zulässigkeitsvoraussetzungen nicht ganz unbedenklich. Den Mängeln dieser mittelbaren Beweiserhebung muß jedenfalls durch eine besonders strenge Beweiswürdigung Rechnung getragen werden[361].

Im Hinblick auf die Bedeutung, die das Gesetz dem Grundsatz der Unmittelbarkeit des § 250 StPO als einem im öffentlichen Interesse der Wahrheitsermittlung dienenden, zwingenden Formgebot für die richterliche Erkenntnistätigkeit beimißt, gibt insbesondere die Ausnahmeregelung des § 251 Abs. 1 Ziff. 4 StPO Anlaß zu Bedenken und Kritik[362].

---

[359] Vgl. oben S. 113 f.

[360] Vgl. *Löwe - Rosenberg - Geier*, § 251, B 3; Eb. *Schmidt*, LK II, § 251 Rn 2 und Rn 8; ausdrücklich so RGSt 67, 253 (255).

[361] *KMR-Sax*, § 251, 8 a; *Löwe - Rosenberg - Geier*, § 251, C 11; *Kohlhaas*, NJW 1954, 538; BGHSt 5, 214 (217). Besonders kritisch zu der Regelung des § 251 Abs. 2 StPO *Eb. Schmidt*, LK I Rn 453 Anm. 249 und *Niese*, JZ 1953, 597 ff.; vgl. auch *Peters*, Lb 2, S. 269.

[362] Vgl. *Alsberg - Nüse*, S. 328 und insbesondere die scharf ablehnende Stellungnahme *Schneidewins*, JR 1951, 484; vgl. ferner *Dolderer*, S. 77.

Während in allen übrigen in § 251 Abs. 1 Ziff. 1 bis 3 und Abs. 2 StPO berücksichtigten Fällen die Durchbrechung des Unmittelbarkeitsprinzips entweder zwingend geboten ist, oder aber durch die Umstände sachlich berechtigt erscheint, handelt es sich bei Ziffer 4 des Absatzes 1 um eine reine Vereinfachungsvorschrift. Hier wird der zuvor im § 250 StPO als minderwertig verworfene ersatzweise Urkundenbeweis allein auf Grund des Einverständnisses aller Prozeßbeteiligten, ohne daß eines der in den Ziffern 1 bis 3 genannten Hindernisse für eine persönliche Vernehmung vorliegt, wieder zur zulässigen Form der Beweiserhebung erklärt. Hält aber das Gesetz selbst die Unmittelbarkeit der Beweiserhebung für die materielle Wahrheitserkenntnis soweit als irgend durchführbar für zwingend geboten, so ist es inkonsequent, Ausnahmen hiervon der Verfügung der Verfahrensbeteiligten anheimzustellen. Auch wenn diese Durchbrechung des Unmittelbarkeitsprinzips allein in Form der Verlesung eines richterlichen Protokolls gestattet ist, muß ihre Berechtigung und Notwendigkeit in Frage gestellt werden.

Schließlich ist für alle Ausnahmebestimmungen des § 251 Abs. 1 und 2 StPO zu beachten, daß sie nicht nur eine restriktive Auslegung[363] und strenge Prüfung der Voraussetzungen für die Verlesbarkeit von Schriftstücken fordern[364]. Vielmehr ist außerdem trotz Bejahung der Verlesbarkeit jeweils zu prüfen, ob die Aufklärungspflicht des § 244 Abs. 2 StPO nicht doch eine persönliche Vernehmung der Auskunftsperson gebietet[365]. Die Worte „darf" (Abs. 1) und „dürfen" (Abs. 2) begründen nicht eine beliebige Ermächtigung[366], sondern beantworten nur die wichtige Frage, unter welchen Voraussetzungen der ersatzweise Urkundenbeweis *zulässig* ist. Demgemäß hat das Gericht umgekehrt nach dem Grundsatz des § 244 Abs. 2 StPO auch stets zu entscheiden, ob die Verlesung zur Sachverhaltsklärung notwendig ist[367].

Im Gegensatz zu den Regelungen der Absätze 1 und 2 des § 251 StPO, die in Durchbrechung des Unmittelbarkeitsprinzips eine Verlesung von Urkunden *unmittelbar* zum Zweck der Urteilsfindung, also zur Klärung der Schuld- und Straffrage, für zulässig erklären, gestattet

---

[363] Vgl. beispielsweise BGH NJW 1969, 669 hinsichtlich des Merkmals „nicht zu beseitigendes Hindernis" in § 251 Abs. 1 Ziff. 2 StPO.

[364] So darf z. B. nach herrschender Lehre die Nichtermittelbarkeit des Aufenthalts gem. § 251 Abs. 1 Ziff. 1 StPO nicht schon dann angenommen werden, wenn die Ladung nicht zugestellt werden konnte; es müssen vielmehr Ermittlungen vergeblich durchgeführt worden und weitere Ermittlungen aussichtslos sein, vgl. RGSt 12, 104; 54, 22; RG DRZ 1928, Nr. 420; RG JW 1931, 220 Nr. 26.

[365] *KMR-Sax*, § 251, 1 c; *Eb. Schmidt*, LK II, § 251 Rn 4.

[366] *Kohlhaas*, NJW 1954, 535.

[367] *Löwe - Rosenberg - Geier*, § 251, A 2; *Kohlhaas*, a.a.O.

Absatz 3 zur *mittelbaren* Verwendung, d. h. zur Feststellung prozessual erheblicher Tatsachen die Verlesung von Schriftstücken jeglicher Art ohne Einschränkung. Diese Bestimmung ist im Rahmen des § 251 StPO nicht nur fehl am Platz, sondern gänzlich überflüssig, da ihr Inhalt sich aus dem Zusammenhang der §§ 249, 250 StPO von selbst ergibt[368]. Denn § 251 Abs. 3 StPO besagt nichts anderes, als daß der ausschließlich für den Strengbeweis geltende Grundsatz der Unmittelbarkeit für den Nachweis von Umständen rein prozessualer Art — also im Rahmen des Freibeweises — keine Anwendung findet, was seit jeher allgemein anerkannt ist.

2. *§ 253 StPO*

Für den Fall, daß ein Zeuge oder Sachverständiger erklärt, sich einer Tatsache nicht mehr erinnern zu können, kann nach § 253 Abs. 1 StPO der „hierauf bezügliche Teil des Protokolls über seine frühere Vernehmung zur Unterstützung seines Gedächtnisses verlesen werden“. Nach Absatz 2 dieser Bestimmung kann dasselbe geschehen, „wenn ein in der Vernehmung hervortretender Widerspruch mit der früheren Aussage nicht auf andere Weise ohne Unterbrechung der Hauptverhandlung festgestellt oder behoben werden kann“.

Rechtsprechung und herrschende Lehre sehen in diesen Bestimmungen Fälle eines echten Urkundenbeweises und damit eine weitere, sehr folgenschwere Ausnahme vom Grundsatz der Unmittelbarkeit[369]. Nach dieser Ansicht kann das Gericht also, wenn ein Vorhalt aus dem Protokoll ohne Erfolg geblieben ist, die Urteilsfindung auf den verlesenen Teil der früheren Vernehmungsniederschrift anstatt auf die mündliche Aussage des anwesenden Zeugen oder Sachverständigen stützen. Der Widerspruch des § 253 StPO bei solcher Auslegung zu dem leitenden Grundgedanken des § 250 StPO wird dabei allerdings nicht verkannt. So erklären Löwe - Rosenberg - Geier, daß das Gesetz sich hierdurch selbst untreu werde[370], während Schneidewin den § 253 StPO als „einen einzigen Verrat“[371] am Prinzip des § 250 StPO, also am Unmittelbar-

[368] *Löwe - Rosenberg - Geier*, § 251, D 14; *KMR-Sax*, § 251, 10; *Schneidewin*, JR 1951, 484; vgl. auch *Eb. Schmidt*, LK II, § 251 Rn 33.

[369] So bereits RGSt 20, 220; ferner RGSt 59, 144 (145); beiläufig ebenso BGHSt 3, 199 (201); 3, 281 (283) = LM Nr. 2 zu § 253 StPO mit Anmerkung von *Jagusch*, der die mit der Entscheidung gebilligte „erhebliche Einschränkung des Grundsatzes der Unmittelbarkeit und Mündlichkeit der Beweisaufnahme“ gutheißt; vgl. ferner BGHSt 11, 338 (340). Im älteren Schrifttum offenbar ebenso *Birkmeyer*, S. 462, ähnlich auch *Beling*, Lb, S. 318. In der neueren Literatur sind obengenannter Ansicht *KMR-Sax*, § 253; 1; *Loewe - Rosenberg - Geier*, § 253, 1; *Schwarz - Kleinknecht*, § 253, 1; *Erbs*, § 253, II; *Alsberg - Nüse*, S. 342; *Dolderer*, S. 82; *Schneidewin*, JR 1951, 485.

[370] § 253, 1.

[371] JR 1951, 484, vgl. auch S. 489.

keitsgrundsatz, bezeichnet, indem er hierin „eine sehr weittragende und aller Folgerichtigkeit entbehrende weitere Freigabe des Urkundenbeweises“[372] sieht.

Nach der von Eb. Schmidt[373] vertretenen, im neueren Schrifttum offenbar auch zunehmend vordringenden Auffassung[374], handelt es sich dagegen bei der in § 253 StPO gestatteten Verlesung nicht um einen Urkundenbeweis in Durchbrechung des Unmittelbarkeitsprinzips, sondern um eine besonders geregelte Form des Vorhalts.

Für die erstgenannte Ansicht spricht zum einen die systematische Stellung des § 253 StPO im Rahmen der den Urkundenbeweis regelnden Vorschriften, zum anderen der Gebrauch des Wortes „Verlesen“. Beide Argumente dürften jedoch nicht zwingend für die Zuordnung des § 253 StPO zu den Fällen des Urkundenbeweises sprechen. Der Hinweis auf den systematischen Zusammenhang des Gesetzes verliert dann an Bedeutung, wenn man bedenkt, daß auch die im Anschluß an die §§ 249 bis 251 StPO unmittelbar folgende Bestimmung des § 252 StPO gedanklich und systematisch richtiger eine Stellung im Rahmen der §§ 52 ff. StPO gefunden hätte. Es scheint also, daß der Gesetzgeber von 1877 keine ganz genau bestimmten Vorstellungen über eine exakte Abgrenzung und geschlossene Regelung des Urkundenbeweises hatte. Von daher ist auch dem Wort „Verlesen“ in § 253 StPO keine zwingende Bedeutung für die Annahme einer Urkundenbeweisregelung beizumessen. Denn das Gesetz gebraucht die Worte „Verlesen“ und „Verlesung“ nicht nur ausschließlich dann, wenn eine Bestimmung über den Urkundenbeweis getroffen wird[375]. Wie bereits die Erörterung des § 252 StPO zeigte, kann diesem Wort durchaus auch eine andere Bedeutung zukommen als allein jene der Vorführung eines Schriftstücks zum Zwecke des Urkundenbeweises.

Gebieten somit einerseits die genannten mehr formellen Anhaltspunkte nicht zwingend die von der herrschenden Lehre vertretene Auslegung des § 253 StPO, so spricht andererseits aber entscheidend gegen sie, daß § 253 StPO mit dem so sehr in seiner Bedeutung betonten Grundprinzip des § 250 StPO schlechthin unvereinbar wäre, sähe man hierin eine Freigabe des Urkundenbeweises. Denn bei solcher Aus-

---

[372] JR 1951, 485.

[373] LK II, § 250 Rn 7 und Rn 9 und § 253 Rn 1 bis 10, ferner Gedächtnisschrift für Jellinek, S. 633 ff.

[374] *Krause*, S. 188 ff., insbesondere S. 190; *Peters*, JZ 1965, 650 und Verhandlungen des 46. DJT, Teil A, S. 145; wohl auch *Grünwald*, JZ 1966, 493 neigt zu dieser Ansicht. Siehe auch *v. Hippel*, S. 392 und 424, der streng auf die in § 253 StPO bezeichneten Verlesungszwecke abstellt.

[375] Vgl. z. B. § 243 StPO, Verlesung des Eröffnungsbeschlusses, § 286 StPO, Verlesung der Urteilsformel, und ähnliche Bestimmungen.

legung kann das Gericht die jetzt in der Hauptverhandlung abgegebene Aussage eines Zeugen oder Sachverständigen unter den genannten Voraussetzungen völlig unbeachtet lassen und sogar trotz ausdrücklichen Leugnens oder entgegenstehender Erklärungen den Inhalt früherer Aussagen nicht allein durch Verlesung richterlicher, sondern auch nichtrichterlicher Protokolle im Wege des Urkundenbeweises zur Urteilsgrundlage machen[376]. Die Ergebnisse des Vorverfahrens würden damit entgegen dem Grundgedanken des § 250 StPO weitgehend Bedeutung für die Urteilsfindung gewinnen. Auch würde die in § 251 StPO noch so genau durchgeführte Unterscheidung zwischen richterlichen und nichtrichterlichen Protokollen hier für völlig unbeachtlich erklärt. § 250 StPO aber wäre dann nur noch als bloße Formvorschrift zu erachten, deren Zweck einzig darin bestünde, zu gewährleisten, daß das Gericht sich eine Aussageperson in der Hauptverhandlung auch einmal selbst ansieht und anhört.

Es dürfte aber wohl kaum dem Sinn des Gesetzes entsprechen, durch § 253 StPO den Grundsatz der Unmittelbarkeit derartig preiszugeben.

Gegen die Annahme, es handle sich in den Fällen des § 253 StPO um die Zulassung eines Urkundenbeweises, sprechen weiterhin klar die eng und genau in Absatz 1 unnd 2 bezeichneten *Zwecke* der nur teilweisen Protokollverlesung. Nach Absatz 1 soll die Verlesung der Unterstützung des Gedächtnisses dienen, nach Absatz 2 bezweckt sie die Behebung eines Widerspruchs. Damit ist die in § 253 StPO gestattete Verlesung eindeutig auf die jetzt in der Hauptverhandlung abzugebende Aussage des Zeugen oder Sachverständigen bezogen. Sie ist gerade nicht darauf abgestellt, den vollen gedanklichen Inhalt des früheren Vernehmungsprotokolls zur Kenntnis des Gerichts zu bringen, wie es dem Wesen und Zweck einer Verlesung im Wege des Urkundenbeweises entsprechen würde. Die Bestimmung dient also dazu, eine erschöpfende und wahrheitsgemäße Aussage der Auskunftsperson zu ermöglichen[377]. Dieser Zweckbestimmung entspricht es auch, daß nur ein *Teil* der früheren Vernehmung zu verlesen ist, nämlich derjenige, an dessen Inhalt der Zeuge oder Sachverständige sich nicht mehr zu erinnern vermag oder zu dessen Darstellung die jetzige Aussage im Widerspruch steht. Bei einer solchen Teilverlesung nach Auswahl und Ermessen des Vorsitzenden kann es sich aber schon deswegen nicht um einen Urkundenbeweis handeln, weil bei diesem durch die Verlesung der *vollständige* Gedankeninhalt eines Schriftstückes den Ver-

---

[376] Auch *Kohlrausch,* § 253, 4 bezeichnet eine solche Handhabung und Auslegung des § 253 StPO von seiten der Rechtsprechung als bedenklich.

[377] *Eb. Schmidt,* LK II, § 253 Rn 6, 8 und 9 und *Krause,* S. 190.

fahrensbeteiligten zur direkten Überzeugungsbildung vermittelt werden soll[378].

Da die Funktion der in § 253 StPO gestatteten Verlesung sich somit darin erschöpft, auf eine bestimmte Gestaltung der jetzt in der Hauptverhandlung abzugebenden Aussage hinzuwirken, kann ihr nur die Bedeutung eines *Vorhalts* zukommen[379]. Entsprechend dem rechtlichen Wesen des Vorhalts als Vernehmungsbehelf bleibt allein die Aussage der vernommenen Person maßgeblich für die Urteilsfindung. Das Gericht darf sich also in den Fällen des § 253 Abs. 1 und 2 StPO nicht über die jetzt abgegebenen Erklärungen des Zeugen oder Sachverständigen hinwegsetzen und den verlesenen Teilinhalt der früheren Aussage selbständig zur Grundlage seiner Überzeugung machen, das heißt den Vorgang so wie in dem Protokoll bekundet als tatsächlich geschehen annehmen. Vielmehr darf die richterliche Überzeugung sich allein auf die nunmehrigen, auf die Verlesung hin abgegebenen Erklärungen der Auskunftsperson stützen. Dabei steht es dem Gericht allerdings frei, aus der Art der Erinnerungsschwierigkeiten oder aus festgestellten Widersprüchen Schlüsse auf die Richtigkeit der Aussage zu ziehen.

Sieht man somit in § 253 StPO nur eine besonders geregelte Form des Vorhalts, so entfallen alle von der herrschenden Lehre selbst zugegebenen und hart kritisierten Widersprüche zu dem Prinzip des § 250 StPO. Zugleich erscheint auch allein bei solcher Auslegung die Gleichbehandlung von richterlichen und nichtrichterlichen Protokollen berechtigt, da nicht ihr Inhalt, sondern die auf den Vorhalt hin erfolgende Aussage zur Urteilsgrundlage wird.

Nun wendet die herrschende Meinung zur Begründung ihres Standpunktes allerdings ein, daß § 253 StPO völlig überflüssig sei, wenn ihm nur die Bedeutung eines Vorhaltes zukomme, da dieser ohnehin zulässig und nicht einmal an die in § 253 StPO bezeichneten Voraussetzungen geknüpft sei[380]. Das ist zwar zutreffend, doch wurde bereits oben die in Rechtsprechung und Lehre zugleich vorherrschende Ansicht als unrichtig abgelehnt, daß derartige Vorhalte auch stets in Form einer wörtlichen Verlesung erfolgen dürften. Der eigenständige Gehalt des § 253 StPO ist also darin zu sehen, daß hier ausnahmsweise und nur unter den genannten Voraussetzungen ein Vorhalt durch wörtliches Verlesen von Aktenteilen für statthaft erklärt wird[381]. Diese Form ist

---

378 Vgl. *Krause*, S. 190.

379 Auch in RGSt 32, 315 (316) ist die Verlesung nach §§ 252, 253 (heute §§ 253, 254 StPO) als ein bei der Vernehmung gemachter Vorhalt bezeichnet worden, allerdings nur beiläufig.

380 Vgl. *Löwe - Rosenberg - Geier*, § 253, 1; *Schneidewin*, JR 1951, 485.

381 *Eb. Schmidt*, LK II, § 250 Rn 7 und § 253 Rn 10; *Krause*, S. 193 f.

hier zum einen ungefährlich, da bei einer derartigen Teilverlesung nicht der Anschein eines Urkundenbeweises erweckt wird, zum anderen ist sie aber im Hinblick auf die bezeichneten Zwecke des Vorhalts um ihrer Genauigkeit willen auch erforderlich.

Zusammenfassend ist also zu betonen, daß in § 253 StPO nicht eine „aller Folgerichtigkeit entbehrende“[382] Ausnahme vom Unmittelbarkeitsprinzip zu sehen ist, sondern eine für besonders wichtige Fälle ausnahmsweise gestattete Form des Vorhalts.

3. § 254 StPO

Eine Verlesung von Schriftstücken *neben* einer persönlichen Vernehmung in der Hauptverhandlung gestattet in Parallele zu § 253 StPO die Bestimmung des § 254 StPO für frühere Aussagen des *Angeklagten.* Während nach Absatz 1 richterliche Protokolle über Erklärungen des Angeklagten zum Zwecke der Beweisaufnahme über ein Geständnis verlesen werden können, gestattet Absatz 2 dasselbe zum Zweck der Feststellung und Behebung von Widersprüchen. Die rechtliche Natur dieser beiden Regelungen ist trotz ihres engen Zusammenhanges und der Ähnlichkeit der Zwecksetzung allerdings unterschiedlich zu beurteilen.

In der nach Absatz 1 gestatteten Protokollverlesung „zum Zweck der Beweisaufnahme über ein Geständnis“ des Angeklagten kann nach dem klaren Gesetzeswortlaut nichts anderes gesehen werden als die Zulassung eines echten *Urkundenbeweises* und damit eine Ausnahme vom Grundsatz der Unmittelbarkeit des § 250 StPO[383]. § 254 Abs. 1 StPO wird von der Rechtsprechung[384] und Lehre[385] einhellig dahin verstanden, daß hier die Verlesung zur Klärung der Frage gestattet sei, *ob* ein Geständnis abgelegt worden sei, also zur Feststellung der *Tatsache und des Inhalts eines Geständnisses,* nicht mithin lediglich zum Beweis des Vorhandenseins eines Schriftstücks, das ein Geständnis enthält[386]. Dieser Auslegung ist zuzustimmen. Denn eine Verlesung, die nur zur Feststellung der Exiztenz einer richterlichen Niederschrift über ein Geständnis dienen soll, ist, wie bereits mehrfach betont wurde, ohnehin neben einer persönlichen Vernehmung zulässig, eine beson-

[382] *Schneidewin,* JR 1951, 485.

[383] Fast einhellige Meinung, vgl. statt vieler *Löwe - Rosenberg - Geier,* § 254, 2 und 3. Zögernd allerdings *Eb. Schmidt,* LK II, § 254 Rn 1, der hier nur einen „nicht unerheblichen Schritt in Richtung eines (beschränkten) Urkundenbeweises“ einräumen will.

[384] RGSt 45, 196 (197); 54, 126 (128); 61, 72 (74).

[385] *Löwe - Rosenberg - Geier,* § 254, 3; *Eb. Schmidt,* LK II, § 254 Rn 3; *KMR-Sax,* § 254, 1 b; *Feisenberger,* § 254, 1; *Henkel,* Lb, S. 345.

[386] Sehr klar wird dieser Unterschied in RGSt 61, 72 (74) herausgearbeitet.

dere Erwähnung dieser Befugnis wäre also völlig überflüssig. Wenn das Gesetz in § 254 Abs. 1 StPO aber ausdrücklich gestattet, daß die Tatsache und der Inhalt eines früheren gerichtlich protokollierten Geständnisses durch Verlesung zum Gegenstand der Hauptverhandlung gemacht werden, so kann das Gericht aus einer solchen Verlesung in freier Beweiswürdigung gemäß § 261 StPO folgern, daß der Angeklagte tatsächlich ein Geständnis des beurkundeten Inhalts abgelegt hat und daß dieses der Wahrheit entspricht[387]. Demgemäß kann das Urteil auch dann auf ein nach § 254 Abs. 1 StPO verlesenes Geständnis des Angeklagten gestützt werden, wenn dieser in der Hauptverhandlung die Tat leugnet und abstreitet, jemals geständig gewesen zu sein[388].

Um eine Ausnahme vom Grundsatz der Unmittelbarkeit handelt es sich bei § 254 Abs. 1 StPO in zweifacher Hinsicht: Zum einen dient die Verlesung als Ersatz für die Vernehmung des Richters oder des Urkundsbeamten, der das Geständnis entgegengenommen oder beurkundet hat[389], zum anderen ersetzt das verlesene Geständnis im Falle des Leugnens des Angeklagten dessen entgegenstehende mündliche Aussage in der Hauptverhandlung.

Wenn somit auch in § 254 Abs. 1 StPO nach dem zwingenden Wortlaut des Gesetzes ein Urkundenbeweis in Durchbrechung des Grundsatzes der Unmittelbarkeit gesehen werden muß, so treffen die gegen eine solche Auslegung des § 253 StPO zuvor angeführten Bedenken auf § 254 Abs. 1 StPO insofern nicht zu, als hier nur die Verlesung *richterlicher* Protokolle gestattet und damit allen anderen Arten von Protokollen die Tauglichkeit zum Urkundenbeweis schlechthin abgesprochen wird[390].

Der Verlesung nach Absatz 2 des § 254 StPO ist demgegenüber im Anschluß an das vorstehend zu § 253 StPO Ausgeführte nur die Bedeutung eines *Vorhalts* beizumessen[391]. § 254 Abs. 2 StPO entspricht in Wortlaut und Zwecksetzung voll der Bestimmung des § 253 Abs. 2 StPO. Die Verlesung dient hier nur dazu, eine wahrheitsgemäße Aussage des Angeklagten zu erzielen oder Anhaltspunkte für ihre Würdigung zu gewinnen. Gegen diese Zuordnung des § 254 Abs. 2 StPO zu den Vorhalten spricht auch nicht der Gesetzeswortlaut[392], denn die Bezugnahme auf Absatz 1 durch die Worte „dasselbe kann geschehen ..."

---

[387] Vgl. *Löwe - Rosenberg - Geier*, § 254, 1; RGSt 61, 72 (74).

[388] *KMR-Sax*, § 254, 1 a; *Schneidewin*, JR 1951, 485; RGSt 61, 72.

[389] *Löwe - Rosenberg - Geier*, § 254, 1 und *Schneidewin*, JR 1951, 485.

[390] *Löwe - Rosenberg - Geier*, § 254, 1 und *Schneidewin*, JR 1951, 485.

[391] *Eb. Schmidt*, LK II, § 250 Rn 7, 9 und § 254 Rn 10; *Krause*, S. 191 f.

[392] Siehe die Einwendungen insofern bei *Löwe - Rosenberg - Geier*, § 254, 1 und *Alsberg - Nüse*, S. 346 Anm. 187.

muß nicht unbedingt so ausgelegt werden, daß sie auch die Wendung zum „Zweck der Beweisaufnahme" umfaßt. Ihre Bedeutung kann ebensogut in der Beschränkung darauf liegen, daß Erklärungen des Angeklagten, die in einem richterlichen Protokoll enthalten sind, verlesen werden können[393]. Für diese Interpretation spricht, daß die Absätze 1 und 2 des § 254 StPO jeweils eine eigene, verschiedene Zweckbestimmung haben.

Mit Rücksicht auf die zu § 253 StPO angeführten Gründe ist deshalb auch in der Bestimmung des § 254 Abs. 2 StPO keine Ausnahme zum Unmittelbarkeitsprinzip, sondern nur eine Regelung des Vorhalts durch wörtliches Verlesen für einen weiteren besonderen Fall zu sehen.

Die unterschiedliche Bewertung der Rechtsnatur des Absatzes 1 des § 254 StPO einerseits und des Absatzes 2 andererseits hat zur Folge, daß ein früheres, in einem richterlichen Protokoll festgehaltenes Geständnis des Angeklagten trotz Bestreitens in der Hauptverhandlung zu seinen Lasten bei der Urteilsfindung verwertet werden darf, andere Angaben, die gleichfalls gerichtlich protokolliert wurden, bei nunmehr widersprechenden Erklärungen des Angeklagten in der Hauptverhandlung dagegen unbeachtlich bleiben müssen. Diese Verschiedenartigkeit der Rechtsfolge erscheint jedoch im Hinblick darauf gerechtfertigt, daß ein Geständnis regelmäßig erst nach reiflicher Überlegung und Gewissensanspannung und im Bewußtsein seiner Bedeutung abgelegt wird — noch dazu, wenn dies vor dem Richter geschieht — und daß dem Angeklagten deswegen eine unter solchen Voraussetzungen getroffene Entscheidung und daraufhin abgegebene Erklärung auch später noch zugerechnet werden kann. An unüberlegten Erklärungen, die der Angeklagte zu seiner Verteidigung früher abgegeben hat und denen seine jetzige Aussage widerspricht, soll er jedoch mit Rücksicht auf seine in diesem Fall andersartige psychische Situation und Einstellung nicht festgehalten werden.

4. § 256 StPO

Mit der Bestimmung, daß die ein Zeugnis oder Gutachten enthaltenden Erklärungen öffentlicher Behörden mit Ausschluß von Leumunds-

---

[393] Zutreffend weist *Krause*, S. 192 Anm. 297, darauf hin, daß für diese Auslegung die Fassung des § 215 des Entwurfs zur StPO spricht. Dieser lautete: „Erklärungen, des Angeklagten, welche in einem gerichtlichen Protokoll enthalten sind, können zum Zweck der Beweisaufnahme über ein Geständniß oder zur Feststellung oder Hebung von Widersprüchen zwischen seinen Angaben in der Hauptverhandlung und denen in dem vorangegangenen Verfahren verlesen werden." (Siehe *Hahn*, Mat. I, S. 30). § 254 StPO wurde allein deswegen in seine heutige Fassung gebracht, weil man diese Bestimmung an § 214 des Entwurfs (den jetzigen § 253 StPO) angleichen wollte. (Vgl. dazu *Hahn*, Mat. II, S. 1348 und S. 1485, 1486).

zeugnissen sowie gewisse ärztliche Atteste verlesen werden können, läßt § 256 Abs. 1 StPO für zwei Gruppen schriftlicher Erklärungen den Urkundenbeweis zu. Die Vorschrift befreit also von der Notwendigkeit, die für die Erklärungen jeweils veranwortlichen Personen gemäß dem Grundsatz des § 250 StPO zu vernehmen, und enthält damit eine weitere Ausnahme vom Unmittelbarkeitsprinzip[394]. Die Rechtfertigung für die Verlesbarkeit behördlicher Erklärungen liegt im wesentlichen darin, daß diese unter der besonderen Autorität öffentlicher Behörden entstehen, an dieser Autorität teilnehmen und daher zum Urkundenbeweis ohne Bedenken als geeignet angesehen werden[395]. Daneben haben offenbar auch praktische Erwägungen zu dieser Regelung geführt[396]. Das Verhältnismäßigkeitsprinzip sowie der Gedanke der Prozeßökonomie sind insbesondere die tragenden Gründe für die Ausnahme vom Unmittelbarkeitsgrundsatz, soweit ärztliche Atteste über leichte Körperverletzungen im Wege des Urkundenbeweises verlesen werden dürfen[397]. Bei der Häufigkeit der Klagen über leichte Körperverletzungen würde es eine unzumutbare Belästigung der Ärzte und zugleich eine Benachteiligung der Interessen der Allgemeinheit an ärztlicher Versorgung bedeuten, wenn hier stets eine persönliche Vernehmung in der Hauptverhandlung geboten wäre[398]. Hinzu kommt, daß hier in der Regel allein die Tatsache der Verletzung von entscheidender Bedeutung ist, für die das ärztliche Attest regelmäßig auch ausreichend Beweis erbringt.

Somit entsprechen die in § 256 StPO gewährten Ausnahmefälle vom Unmittelbarkeitsgrundsatz bei wohlerwogener Interessenabwägung dem praktischen Bedürfnis und sind in ihrer Berechtigung allgemein anerkannt[399]. Das im Rahmen dieser Bestimmung getroffene ausdrückliche Verbot, selbst mit behördlichen[400] Zeugnissen über den Leumund einer Person einen Urkundenbeweis zu führen, beruht auf der Erfahrungstatsache, daß derartige wertende Äußerungen über den Ruf, den Charakter oder die sittlichen Eigenschaften einer Person in ihrer Subjektivität und zudem schriftlichen, unkorrigierbaren Festlegung für die

---

[394] Vgl. BGHSt 1, 94 (96).

[395] *KMR-Sax*, § 256, 1; *Löwe - Rosenberg - Geier*, § 256, 1; *Eb. Schmidt*, LK II, § 256 Rn 1; *Schneidewin*, JR 1951, 486.

[396] Vgl. *Löwe - Rosenberg - Geier*, § 256, 1; *v. Hippel*, S. 393; *Krause*, S. 166 f.

[397] Ganz klar kommt dies zum Ausdruck in den Motiven zu § 216 des Entwurfs (heute § 256 StPO) bei *Hahn*, Mat. I, S. 196.

[398] Vgl. *Eb. Schmidt*, LK II, § 256 Rn 1; *Löwe - Rosenberg - Geier*, § 256, 1; *Krause*, S. 166 sowie RGSt 14, 4 (6).

[399] Vgl. *Schneidewin*, JR 1951, 486.

[400] Für private Leumundszeugnisse ergibt sich die Unverlesbarkeit bereits aus dem Grundsatz des § 250 StPO.

materielle Wahrheitsfindung nicht nur praktisch wertlos, sondern unter Umständen sogar gefährlich sind[401].

5. *§ 325 StPO*

Eine erhebliche Einschränkung des Grundsatzes der Unmittelbarkeit bringt § 325 StPO mit der erweiterten Zulassung des Urkundenbeweises in der Berufungsverhandlung. Die Vorschrift ist in ihrer negativen Fassung nicht nur umständlich, sondern zugleich auch mißverständlich[402]. Sie besagt positiv[403]: Außer in den Fällen und unter den Voraussetzungen der §§ 251 und 253 StPO können an Stelle einer unmittelbaren Vernehmung von Zeugen oder Sachverständigen in der Berufungsverhandlung Protokolle über ihre erstinstanzlichen Aussagen verlesen werden,

1. wenn die Zeugen oder Sachverständigen zur Berufungsverhandlung nicht rechtzeitig geladen sind und auch der Angeklagte ihre Vorladung nicht rechtzeitig beantragt hat,
2. wenn sowohl die Staatsanwaltschaft als auch der Angeklagte der Verlesung zustimmen.

Die hier geregelte Zulassung des Urkundenbeweises über den sich aus den §§ 249 bis 256 StPO ergebenden Umfang[404] hinaus und damit die Art der Preisgabe des Unmittelbarkeitsprinzips für den Berufungs-

---

[401] Vgl. die von den Abgeordneten *Reichensperger*, *Gneist* und *Marquardsen* während der ersten Lesung in der Reichstagskommission vorgebrachten Gründe gegen die Verlesbarkeit von Leumundszeugnissen bei *Hahn*, Mat. I, S. 870 f. Auch die Motive zum Entwurf betonen zu § 216 (heute § 256 StPO), daß der Aussteller eines Leumundszeugnisses, sofern sein Inhalt überhaupt erheblich sei, als Zeuge vernommen werden müsse, da sich der mißbräuchlichen Benutzung solcher Zeugnisse, wenn ihr bloßes Verlesen zugelassen werde, durch bestimmte gesetzliche Vorschriften nicht wohl begegnen lasse, siehe *Hahn*, Mat. I, S. 196.

[402] *Eb. Schmidt*, LK II, § 325 Rn 1; *Löwe - Rosenberg - Jagusch*, § 325, 1 b, *v. Hippel*, S. 576; *Alsberg - Nüse*, S. 419 f.

[403] Vgl. *Kohlrausch*, § 325, 1; *v. Hippel*, S. 576; *Krause*, S. 174.

[404] Gemäß § 332 StPO finden die für das erstinstanzliche Verfahren geltenden Vorschriften auch im Verfahren der Berufungsinstanz Anwendung, soweit nichts anderes bestimmt ist. Der mißverständliche erste Halbsatz des § 325 StPO, der eine Verlesung von Schriftstücken scheinbar schlechthin für zulässig erklärt, ist daher einschränkend dahin aufzufassen, daß eine Verlesung eben nur im Rahmen und unter den Voraussetzungen der §§ 250 ff. der StPO statthaft ist, vgl. statt vieler *Alsberg - Nüse*, S. 420. Daher sind z. B. die Verlesungs- und Verwertungsverbote der §§ 252, 256 StPO unbedingt zu respektieren, ebenso die Einschränkung des § 254 StPO auf die Verlesung allein richterlicher Protokolle, vgl. *Eb. Schmidt*, LK II, § 325 Rn 4. Zutreffend betonen *Löwe - Rosenberg - Jagusch*, § 325, 1 b, daß die in § 325 StPO gewährte Abweichung vom Unmittelbarkeitsprinzip nur die Bekundungen von erstinstanzlichen Zeugen und Sachverständigen betrifft.

rechtszug ist äußerst fragwürdig[405]. In eigenartiger Unentschlossenheit überläßt das Gesetz hier den Grundsatz der Unmittelbarkeit der Disposition den Verfahrensbeteiligten. Das Gericht und der Staatsanwalt können von jeder unmittelbar-persönlichen Vernehmung absehen, indem sie die Zeugen und Sachverständigen nicht vorladen. Vom Angeklagten hängt es dann ab, ob es durch einen rechtzeitigen Vorladungsantrag seinerseits oder durch unmittelbare Ladung gemäß § 220 StPO zu der für die materielle Wahrheitsfindung so notwendigen persönlichen Vernehmung in der Berufungsverhandlung kommt. Doch oft ist der Angeklagte an der Ermittlung der vollen Wahrheit durchaus nicht interessiert, häufig ist ihm auch die Bedeutung einer unmittelbaren Vernehmung gar nicht bewußt. Die gleichen Bedenken gelten auch für seine Zustimmung zu einer Verlesung der erstinstanzlichen Aussage.

Diese Abkehr vom zwingenden Formgebot der Unmittelbarkeit der Beweisaufnahme ist aber gerade deshalb so unverständlich, weil mit der Berufung ein neues Sachurteil unter erneuter Erschließung des erheblichen Tatsachenmaterials erstrebt wird und hier die Aufklärung des Sachverhalts sicher nicht schlechter sein soll als im Verfahren der ersten Instanz[406]. Erachtet man aber, wie dies in den §§ 250 ff. StPO deutlich zum Ausdruck kommt, die Unmittelbarkeit der Beweisaufnahme als notwendige Garantie materieller Wahrheitserforschung, so ist es inkonsequent, gerade im Berufungsrechtszug auf diese Garantie in der durch § 325 StPO gewährten Form weitgehend zu verzichten[407]. Dieser Widerspruch ist auch in allen Entwürfen zur Reform der StPO erkannt und durch die uneingeschränkte Anwendbarkeit der für die Beweisaufnahme erster Instanz geltenden Vorschriften im Berufungsverfahren behoben worden[408]. Die Unvollkommenheit der dennoch bis zum

---

[405] Vgl. *Eb. Schmidt*, LK II, § 325 Rn 2; *Krause*, S. 174; siehe ferner die Kritik von *Alsberg - Nüse*, S. 420 und 426.

[406] Siehe die entsprechende Kritik des Abgeordneten *v. Puttkammer* bei der Beratung der Reichstagskommission, *Hahn*, Mat. I, S. 1022: wenn man einmal die Berufung haben wolle, so solle man die Verhandlung vor dem Berufungsgericht entweder als novum judicium mit voller Reproduktion aller Beweise konstruieren oder man solle, falls man das nicht für möglich halte, offen aussprechen, daß man ein schriftliches Verfahren der zweiten Instanz auf ein mündliches der ersten aufsetzen wolle.

[407] Zutreffend hat *Stolzenburg* bei den Beratungen zur Reform des Berufungsverfahrens insoweit von einer „Entwertung des Berufungsrechtszuges" gesprochen und betont, daß der Gesetzgeber niemals aus prozeßökonomischen Gründen durch Zulassung der Verlesbarkeit von Zeugenaussagen den Richter dazu verleiten dürfe, es mit der Erfüllung der Pflicht zur Wahrheitserforschung weniger genau zu nehmen; siehe bei *Gürtner*, Das kommende deutsche Strafverfahren, Bericht der amtlichen Strafprozeßkommission Berlin 1938, S. 373 f. Auch den übrigen Ausführungen *Stolzenburgs* a.a.O. in Kritik der bestehenden Regelung ist voll zuzustimmen.

[408] Entwurf einer Strafprozeßordnung von 1908, §§ 323—330; Entwurf eines

heutigen Tage beibehaltenen Regelung des § 325 StPO wird auch im Schrifttum allgemein hervorgehoben, und zu recht wird daher betont, daß das Gericht mit Rücksicht auf seine Pflicht zur Wahrheitsermittlung von der in § 325 StPO gewährten Befugnis zur Verlesung erstinstanzlicher Aussagen nur sehr zurückhaltend Gebrauch machen dürfe[409]. Konsequent im Hinblick auf das Gesagte und daher befolgenswert ist jedoch allein die Forderung Krauses[410], daß die Zulässigkeit des Urkundenbeweises in der Berufungsinstanz über den Rahmen der §§ 249 ff. StPO hinaus, wie sie § 325 StPO gestattet, um der Sachgerechtigkeit des Gesetzes willen entfallen sollte.

Gesetzes über den Rechtsgang in Strafsachen von 1920, § 314; vgl. auch die Ansicht der amtlichen Strafprozeßkommission zur Reform des Berufungsverfahrens bei *Stolzenburg*, a.a.O.

[409] Vgl. *Löwe - Rosenberg - Jagusch*, § 325, 1; *Eb. Schmidt*, LK II, § 325 Rn 2; *Peters*, Lb 2, S. 555; *v. Hippel*, S. 576 f.; *Alsberg - Nüse*, S. 426; *Lucas - Dürr*, S. 307.

[410] S. 179.

4. Abschnitt

Die Abgrenzung des Grundsatzes der Unmittelbarkeit vom Grundsatz der Mündlichkeit

Nachdem Inhalt und Bedeutung des Grundsatzes der Unmittelbarkeit ermittelt und dargestellt worden sind, soll dieses Verfahrensprinzip abschließend noch in seinem Verhältnis zum Grundsatz der Mündlichkeit erörtert und die unterschiedliche Bedeutung beider Prozeßprinzipien herausgestellt werden. Diese Abgrenzung erscheint geboten wegen des engen Zusammenhanges dieser beiden Grundsätze der Verfahrensgestaltung und der darauf beruhenden Unklarheiten über das Verhältnis von Mündlichkeit und Unmittelbarkeit zueinander.

In der Literatur des vergangenen Jahrhunderts hat man Mündlichkeit und Unmittelbarkeit miteinander identifiziert, und beide Ausdrücke fanden in der Weise Anwendung, daß bald Mündlichkeit als umfassendere Bezeichnung, bald Unmittelbarkeit als treffenderer Ausdruck für ein einheitlich verstandenes Verfahrensprinzip gebraucht wurde[1]. Diese Vermengung der Grundsätze der Mündlichkeit und der Unmittelbarkeit und die synonyme Verwendung beider Bezeichnungen ist historisch leicht verständlich; denn im gemeinrechtlichen Inquisitionsprozeß, in dem die Richter ihre Kenntnis von den Urteilsgrundlagen allein durch die Akten vermittelt erhielten, bedingte die Schriftlichkeit des Verfahrens zugleich seine Mittelbarkeit. Man war daher zur Zeit der Reformbewegung der Ansicht, daß ein ursächlicher Zusammenhang zwischen Schriftlichkeit und Mittelbarkeit und ebenso zwischen Mündlichkeit und Unmittelbarkeit bestünde, und forderte unter dem Schlagwort „Mündlichkeit" eine Umgestaltung des Verfahrens in beiden Richtungen.

Auch nach Entstehung der Reichsstrafprozeßordnung herrschte diese Identifizierung noch fort, da im Gesetz keine begriffliche Trennung beider Grundsätze vorgenommen wurde[2]. Aber selbst nachdem in der Strafprozeßwissenschaft (von den achtziger Jahren des vorigen Jahr-

[1] *Maas*, Strafr. Abhdlgen 77 (1907), 24.

[2] Vgl. z. B. *Geyer*, S. 10: Prinzip der Unmittelbarkeit (Mündlichkeit); *Ullmann*, DStPO, S. 37: Prinzip der Mündlichkeit (Unmittelbarkeit); *Dochow*, S. 124: Grundsatz der Mündlichkeit oder Unmittelbarkeit.

hunderts an) erkannt und betont worden ist, daß es sich bei den Prinzipien der Mündlichkeit und der Unmittelbarkeit um zwei selbständige Verfahrensgrundsätze handelt[3], ist die Darstellung beider Maximen in ihrer unterschiedlichen Bedeutung und prozessualen Funktion im Schrifttum noch vielfach unklar[4].

Auch in der Rechtsprechung des Reichsgerichts und selbst noch in einzelnen Entscheidungen des Bundesgerichtshofs zeigen sich entsprechende Unklarheiten. So bezeichnet das Reichsgericht beispielsweise mehrfach das in § 250 Satz 1 (früher § 249) StPO ausgesprochene Gebot der persönlichen Vernehmung von Zeugen und Sachverständigen als „Grundsatz der Mündlichkeit"[5]. An anderer Stelle wird gesagt, daß in § 250 StPO der „Grundsatz der Mündlichkeit und Unmittelbarkeit" zum Ausdruck komme[6], und die Verlesung einer früheren Zeugenaussage nach § 253 Abs. 2 StPO wird als „Abweichung vom Grundsatz der Unmittelbarkeit und Mündlichkeit der Beweisaufnahme (§ 250 StPO)"[7] bezeichnet. In ähnlicher Verkennung der unterschiedlichen Bedeutung der Prinzipien der Mündlichkeit und Unmittelbarkeit sieht der Bundesgerichtshof in der Verlesung behördlicher Erklärungen gemäß § 256 StPO eine Ausnahme vom „Grundsatz der Mündlichkeit"[8], während er in einer anderen Entscheidung die Verlesung von Zeugenaussagen gemäß § 253 StPO als Ausnahme vom „Grundsatz der Unmittelbarkeit und Mündlichkeit"[9] bezeichnet.

Diese in Rechtsprechung und Schrifttum sich zeigenden Unklarheiten über das Verhältnis der Grundsätze der Mündlichkeit und Unmittelbarkeit zueinander beruhen auf dem engen Zusammenhang, der zwischen diesen beiden Prinzipien der Formgestaltung der Hauptverhandlung besteht: In einer mündlichen Verhandlung erhält das erken-

---

[3] Siehe zur Lehre vom Verhältnis von Mündlichkeit und Unmittelbarkeit besonders *Oetker*, Mündlichkeit und Unmittelbarkeit im Strafverfahren unter besonderer Berücksichtigung der Monstreprozesse, GS 105 (1935), 1 ff.; eingehend, aber recht eigenwillig *Hegler*, Mündlichkeit und Unmittelbarkeit im Prozeß, Rechtsgang I (1913), 192 ff. und 385 ff. und Rechtsgang II (1916), 267 ff.; ferner *v. Hippel*, S. 314 ff.; *v. Kries*, Lb, S. 251 f. und 347; *Gerland*, Strafprozeß, S. 170 ff.; *Löwe - Rosenberg - Schäfer*, Einleitung, S. 129 ff.; *Eb. Schmidt*, LK I, Rn 425 bis 456.

[4] Vgl. *Sauer*, Prozeßrechtslehre, S. 86; *Glaser*, Hdb. I, S. 247; siehe auch *Stegmaier*, S. 21: „Alles in allem gesehen ... ist also der Grundsatz der Mündlichkeit in der Unmittelbarkeit des Verkehrs enthalten und meist mit dieser gleichbedeutend." Mißverständlich auch *Löwe - Rosenberg - Schäfer*, Einleitung S. 131.

[5] RGSt 5, 142 (144); RG Rspr 3 (1881), 678 (679); RGSt 55, 1 (2).

[6] RG GA 72 (ohne Jahr), 345 (346).

[7] RGSt 59, 144 (145).

[8] BGHSt 1, 94 (96).

[9] BGH NJW 1953, 115.

nende Gericht zugleich durch eigene Wahrnehmung einen unmittelbaren, persönlichen Eindruck von allen im Prozeß auftretenden Personen. Dies ist jedoch nur ein teilweise gegebenes und *äußeres* Zusammentreffen der Forderungen zweier Grundsätze, die unterschiedlichen Zwecken im Hinblick auf die Urteilsfindung dienen. Zur Verdeutlichung des Gesagten und vor einer Abgrenzung des bereits umfassend erörterten Grundsatzes der Unmittelbarkeit vom Grundsatz der Mündlichkeit ist zunächst erforderlich, daß die Bedeutung und die Forderungen des Mündlichkeitsprinzips kurz aufgezeigt werden.

Der Grundsatz der Mündlichkeit ist in der StPO im Gegensatz zu § 128 ZPO nicht ausdrücklich enthalten[10]. Es ergibt sich jedoch aus einer Vielzahl von Vorschriften, z. B. den §§ 226, 239, 240, 243, 257, 258, 261, 264, 265 und 267 StPO, daß der gesamte Prozeßverkehr in der Hauptverhandlung vor dem erkennenden Gericht sich in mündlicher Rede und Gegenrede abspielen muß. Überall dort, wo die StPO von „Verhandlung" spricht, bezieht sie sich auf die Form des Prozeßverkehrs zwischen Gericht und Verfahrensbeteiligten, das mündliche Vorbringen und die Erörterung des Prozeßstoffs. Die wesentliche Bedeutung des damit anerkannten Mündlichkeitsgrundsatzes liegt darin, daß die gerichtliche Entscheidung sich gemäß § 261 StPO „aus dem Inbegriff der Verhandlung" ergibt und nach § 264 StPO Gegenstand der Urteilsfällung die Tat ist, „wie sie sich nach dem Ergebnis der Verhandlung darstellt". Der Grundsatz der Mündlichkeit besagt also, daß Urteilsgrundlage nur der mündlich erörterte Prozeßstoff ist[11]. Damit erfährt der gemeinrechtliche Grundsatz quod non est in actis, non est in mundo gewissermaßen seine Umkehrung: Nicht auf den Akteninhalt, sondern allein auf das mündlich „Verhandelte" kann das Urteil gegründet werden[12].

Da somit der gesamte Prozeßstoff in der Hauptverhandlung mündlich vorgebracht und zum Gegenstand der Erörterung gemacht werden muß, umfaßt der Grundsatz der Mündlichkeit sowohl das Parteivor-

---

[10] Die in § 27 Abs. 1 des Entwurfs enthaltene Bestimmung, „Der Urteilsfällung muß eine mündliche Verhandlung vor dem erkennenden Gericht (Hauptverhandlung) vorangehen", wurde gestrichen, weil man sie als selbstverständlich ansah; vgl. *Hahn*, Mat. II, S. 2128 und 2129.

[11] Heute allgemein herrschende Lehre, vgl. *Eb. Schmidt*, LK I, Rn 429; *Löwe - Rosenberg - Schäfer*, Einleitung, S. 129; *Peters*, Lb 2, 486; *Beling*, Lb, S. 186; *Henkel*, Lb, S. 327; *v. Hippel*, S. 314.

[12] Das gilt für die StPO schlechthin. Das Urteil setzt also in allen Instanzen obligatorische mündliche Verhandlung voraus. Zwar können unter den Voraussetzungen der §§ 322 und 349 StPO Berufung und Revision verworfen werden und gem. § 371 StPO kann im Wiederaufnahmeverfahren ein Freispruch erfolgen, ohne daß eine mündliche Verhandlung vor dem erkennenden Gericht stattgefunden hat; doch ergeht die Entscheidung in diesen Fällen nicht durch Urteil, sondern durch Beschluß.

bringen[13] als auch die Beweisaufnahme[14]. So müssen Zeugen und Sachverständige mündlich vernommen werden; sollen Urkunden für die Urteilsfindung verwertet werden, so sind sie gemäß § 249 StPO zu verlesen, damit ihr Inhalt dem Gericht und allen Verfahrensbeteiligten zugleich wörtlich und hörbar zur Kenntnis kommt und zum Gegenstand der mündlichen Verhandlung werden kann[15]. Die Einnahme des Augenscheins als solche hat hingegen mit dem Prinzip der Mündlichkeit nichts zu tun; von Mündlichkeit kann hier nur insofern gesprochen werden, als das Ergebnis dieser Beweisaufnahme zum Gegenstand der mündlichen Verhandlung zu machen ist[16].

Zusammenfassend kann also gesagt werden: Der Grundsatz der Mündlichkeit betrifft die *Form des Prozeßverkehrs* aller Verfahrensbeteiligten vor und mit dem erkennenden Gericht und erklärt allein den solcherart vorgebrachten Prozeßstoff als verwertbar zur Urteilsfindung. Er sichert somit im wesentlichen durch die allseitige Möglichkeit der Kenntnisnahme und Erörterung der Urteilsgrundlagen die Offenheit, Kontrollierbarkeit und Fairness der Wahrheitsfindung.

Von diesem Verfahrensprinzip grenzt sich aber der Grundsatz der Unmittelbarkeit deutlich durch seine Ausrichtung und Zwecksetzung ab: Er betrifft allein das Verhältnis des Gerichts zu den Beweismitteln und bestimmt für dieses Verhältnis die *Form der gerichtlichen Kenntnisnahme von Art und Inhalt der Beweismittel.* Seine Bedeutung für die Wahrheitsfindung liegt im wesentlichen darin, daß er die erschöpfende und zuverlässigste Benutzung der einzelnen Beweismittel und zugleich ihre bestmögliche Beurteilung gewährleistet.

---

[13] Häufiger ist allein in diesem Sinne die Bedeutung des Grundsatzes der Mündlichkeit als Urteilsfällung aufgrund mündlicher Parteivorträge angegeben worden, so z. B. *v. Kries,* Lb, S. 251; *Oetker,* GS 105 (1935); *Bennecke,* S. 405 f.; ähnlich auch *Rosenfeld,* S. 46, sowie die bei *Hegler,* Rechtsgang I (1913), 385 Anm. 1 Zitierten. Diese Auffassung dürfte von der zivilprozessualen Doktrin beeinflußt sein, in der die ersten Unterscheidungen zwischen den Prinzipien der Mündlichkeit und Unmittelbarkeit getroffen wurden; vgl. hierzu *Maas,* Strafr. Abhdlgen 77 (1907), 27 ff. Für den Strafprozeß ist eine solche Formulierung des Mündlichkeitsprinzips zu eng, vgl. oben den Text im folgenden sowie *v. Hippel,* S. 314.

[14] So umfassend *v. Hippel,* S. 314; *Beling,* Lb, S. 85; *Gerland,* Strafprozeß, S. 170 f.; *Birkmeyer,* S. 509; *Hegler,* Rechtsgang I (1913), 385.

[15] § 249 StPO ist demnach Ausdruck des Grundsatzes der Mündlichkeit, so *Löwe - Rosenberg - Geier,* § 249, 1; *KRM-Sax,* § 249, 2 b; *Peters,* Lb 2, 486; *v. Hippel,* S. 436; *v. Gleispach,* S. 38; *zu Dohna,* S. 164 f.; *Dolderer,* S. 34 f.; vgl. auch *Hahn,* Mat. II, S. 1561 zu § 211 des Entwurfs. A. A. jedoch *v. Kries,* Lb, S. 258 und ZStW 6 (1886), 104; *Erwin Rupp,* S. 184, der die Verlesung von Urkunden des § 249 S. 2 StPO sogar als „Ausnahme von dem Mündlichkeitsprincip" bezeichnet; *Maas,* Strafr. Abhdlgen 77 (1907), 38 f.

[16] *Eb. Schmidt,* LK I, Rn 30, Anm. 210 und *v. Hippel,* S. 314 Anm. 7.

Somit unterscheiden sich die Grundsätze der Mündlichkeit und Unmittelbarkeit dadurch, daß sie sich auf verschiedene prozessuale Sachverhalte beziehen, unterschiedliche Gebote der Formgestaltung enthalten und jeweils einem anderen Zweck im Hinblick auf die Urteilsfindung dienen.

Einige Beispiele mögen diese theoretische Abgrenzung des Grundsatzes der Unmittelbarkeit von jenem der Mündlichkeit verdeutlichen und ihre unterschiedlichen Forderungen klar aufweisen.

Während z. B. die Verlesung einer protokollierten Zeugenaussage in der Hauptverhandlung dem Formprinzip der Mündlichkeit entspricht, wird der Grundsatz der Unmittelbarkeit verletzt durch diesen Ersatz der persönlichen Vernehmung. Umgekehrt ist der Forderung nach unmittelbarer sinnlicher Wahrnehmung eines Beweismittels beispielsweise genügt, wenn das Gericht den eine Beleidigung enthaltenden Brief mit eigenen Augen für sich zur Kenntnis nimmt; dagegen verlangt der Grundsatz der Mündlichkeit, daß der Inhalt dieser Urkunde durch Verlesung zum Gegenstand der mündlichen Verhandlung gemacht wird. Bei der Augenscheinseinnahme schließlich kann nur von Unmittelbarkeit der richterlichen Wahrnehmung, nicht aber von Mündlichkeit die Rede sein, denn dieser Beweiserhebungsakt ist kein Prozeßverkehrsakt zwischen Gericht und Verfahrensbeteiligten.

Ein äußeres Zusammentreffen der Forderungen von Mündlichkeit und Unmittelbarkeit ist nur dann gegeben, wenn beweiserhebliche Aussagen und Erklärungen in der mündlichen Verhandlung persönlich abgegeben werden.

Aus diesen Beispielen erhellt, daß Mündlichkeit als Prinzip der Form des Prozeßverkehrs und Unmittelbarkeit als Prinzip der Form gerichtlicher Kenntnisnahme von den Beweismitteln trotz ihres äußerlich eng verbundenen Erscheinungsbildes zwei selbständige, klar voneinander zu trennende Grundsätze der Verfahrensgestaltung sind[17].

---

[17] Im Schrifttum findet sich vielfach eine Abgrenzung in der Weise, daß die mündliche Form der Beweiserhebung in Gegensatz gestellt wird zu der Mittelbarkeit der Beweisführung, wie beispielsweise bei der Vernehmung eines Zeugen vom Hörensagen; so z. B. *Eb. Schmidt*, LK I, Rn 430; *v. Kries*, Lb, S. 347; *v. Hippel*, S. 315; *Beling*, Lb, S. 316 Anm. 1; *Maas*, Strafr. Abhdlgen 77 (1907), 35 f. Deutlich trifft so die Abgrenzung *Bennecke - Beling*, S. 258: „Mittelbarkeit und Unmittelbarkeit sind Stufen der Erkenntnis, Mündlichkeit und Schriftlichkeit sind Formen der Verständigung."

Eine solche Unterscheidung beruht auf der hier abgelehnten Auffassung, der Grundsatz der Unmittelbarkeit enthalte auch die Forderung nach unmittelbarer Beweisführung durch Wahl des tatnächsten Beweismittels.

Zweiter Teil

Der Grundsatz der Unmittelbarkeit im Lichte von Wertentscheidungen des Verfassungsrechts und der Menschenrechtskonvention

Die besondere Problematik des mittelbaren Zeugenbeweises bei behördlich geheimgehaltenem Gewährsmann

Das Strafprozeßrecht stellt zwar eine eigene Ordnung dar, doch ist es in seinem Spannungsverhältnis zwischen Gerechtigkeit und Rechtssicherheit weitgehend von außerprozessualen, allgemeinen Werterwägungen beherrscht. Als ständig neu sich vollziehender Vorgang dient das Strafverfahren der Durchsetzung und Bewährung des materiellen Strafrechts und ist so auf das Ziel der Gerechtigkeit hin ausgerichtet. Wie bei der Verfolgung dieses Ziels die Grenzen der Staatsgewalt gegenüber dem in seiner Rechts- und Freiheitssphäre betroffenen Einzelnen bestimmt werden und in welcher Weise der Verfahrenszweck erreicht werden soll und darf, ist letztlich abhängig von den allgemeinen sozialethischen Werturteilen und der weltanschaulich-politischen Grundauffassung der Rechtsgemeinschaft[1]. Insofern ist die Grundlegung des Strafverfahrensrechtes in seinen Formen und Einrichtungen stets angewandtes Verfassungsrecht[2]. Die Justizförmigkeit unseres Strafverfahrens ist daher nicht nur eine formale Technik zur Ordnung des Rechtsganges, sondern in ihr verwirklicht sich zugleich ein staatsrechtlich-materieller Eigenwert, das verfassungsmäßig geforderte Prinzip der Rechtsstaatlichkeit des Strafverfahrens[3]. Da hierdurch notwendig die volle Entfaltung und Berücksichtigung der Grundrechtsnormen im Bereich des Strafprozesses bedingt sind, wird die StPO häufig als „Ausführungsgesetz zum Grundgesetz" angesehen[4]. Das Rechtsstaats-

---

[1] Vgl. *Henkel*, Lb, S. 86; *Peters*, Lb 2, S. 73 und Summum ius, S. 200; *Eb. Schmidt*, LK I, Rn 329 ff.; *Löwe - Rosenberg - Schäfer*, Einleitung, S. 111; *Geerds*, SchlHA 1962, 183.

[2] *Henkel*, Lb, S. 86.

[3] *Niese*, ZStW 63 (1951), 218; ebenso *Eb. Schmidt*, LK I Rn 23.

[4] *Eb. Schmidt*, LK I, Rn 33; *Sax* in *Bettermann - Nipperdey - Scheuner*, III/2, S. 910; *Schwarz - Kleinknecht*, Einleitung, S. 2; *KMR-Sax*, Einleitung,

prinzip, das über das Grundgesetz hinaus auch in der Konvention zum Schutze der Menschenrechte und Grundfreiheiten wesentliche Ausprägung gefunden hat, erfordert also auch für die Auslegung und Anwendung der StPO stets die Kontrolle strafprozessualer Vorschriften und Maßnahmen an den vorgeordneten Normensystemen der Verfassung und der Menschenrechtskonvention.

Für den Grundsatz der Unmittelbarkeit, der in seiner Geltung im Rahmen der StPO bereits abschließend erörtert worden ist, ergibt sich die Notwendigkeit einer Überprüfung an höherrangigen Wertentscheidungen und Verfahrensgarantien aus einem Sonderfall des mittelbaren Zeugenbeweises, der für einen bestimmten Kollisionsbereich mehrerer staatlicher Interessen erneut die Frage nach einem Ausschluß des mittelbaren Beweises entstehen läßt. Der besonderen Problematik des Zeugnisses vom Hörensagen bei behördlich geheimgehaltenem Gewährsmann liegt folgender typischer Sachverhalt zugrunde:

Ein Beamter — zumeist ein Polizeibeamter — wird in der Hauptverhandlung als Zeuge über Mitteilungen vernommen, die er in dienstlicher Eigenschaft von einem Vertrauensmann erhalten hat. Seine vorgesetzte Dienstbehörde erteilt ihm die gemäß § 54 Abs. 1 StPO erforderliche Aussagegenehmigung nach den einschlägigen Bestimmungen der Beamtengesetze[5] jedoch nur in beschränktem Umfang, nämlich mit der Maßgabe, weder den Namen des Vertrauensmannes noch sonstige Tatsachen anzugeben, die eine Feststellung seiner Person ermöglichen könnten.

Diese Praxis ist kennzeichnend insbesondere für den Bereich des politischen Strafrechts[6], daneben aber auch im Steuer- und Zollstrafrecht[7]. Auf diesen Gebieten machen die ermittelnden Behörden zur Aufklärung häufig Gebrauch von Vertrauensleuten, sogenannten V-Leuten, deren Namen sie aber aus verständlichen Gründen — wie etwa Erhaltung der weiteren Mitarbeit, Schutz der V-Leute vor Repressalien etc. — nicht preisgeben wollen.

Aus der Anonymität dieser vom Amtsgeheimnis verhüllten Gewährspersonen ergeben sich nun aber gerade die besonderen Bedenken gegen die Verwertung ihrer Angaben im Wege der Vernehmung der ermittelnden Beamten als Zeugen vom Hörensagen.

S. 20; *Tiedemann*, MDR 1963, 456; *Geerds*, SchlHA 1962, 183; vgl. auch BGHSt 19, 325 (330).

[5] z. B. §§ 61, 62 BBG, § 39 BRRG, §§ 63, 64 HmbBG.

[6] Vgl. etwa die Fälle RGSt 7, 74; RG bei *Hüfner* LZ 1929, 756; BGHSt 6, 209; 17, 382.

[7] Vgl. z. B. die Fälle RG GA 72 (ohne Jahr), 345; OLG Celle HESt 2, 79.

Beim üblichen bisher vorausgesetzten Zeugnis vom Hörensagen, das mehr oder weniger zufällig bedingt zustande kommt, ist der unmittelbare Wahrnehmungszeuge in der Regel dem Gericht und den Verfahrensbeteiligten bekannt, zumindest aber läßt sich seine Persönlichkeit feststellen. Somit kann das Gericht hier durchaus eine eigene Prüfung seiner Glaubwürdigkeit vornehmen, der Angeklagte kann diese zu seiner Verteidigung erschüttern. Man kann nach der sozialen Stellung des Dritten, seinem Beruf, Vorleben und Milieu, nach seiner Bildung und seiner aus der Situation hervorgehenden Interessenlage zur Zeit der Äußerung forschen und sich so ein Bild davon machen, wie stark bei ihm der allgemeine Wahrheitswille ausgeprägt gewesen sein mag und wie er sich unter den gegebenen besonderen Umständen verwirklicht haben wird. Selbst wenn die unmittelbare Wahrnehmungsperson tatsächlich nicht erreichbar oder gar verstorben ist, können noch auf diese Weise Erkundigungen über sie eingeholt werden zur Frage ihrer Glaubwürdigkeit.

Der V-Mann hingegen, dessen Vernehmung rechtliche Hindernisse entgegenstehen, ist sowohl dem Gericht als auch den Verfahrensbeteiligten völlig unbekannt. Bei diesem Zeugnis vom Hörensagen auf Grund bewußter und gelenkter staatlicher Maßnahmen, kann also weder das Gericht mit Hilfe anderer Beweismittel die Glaubwürdigkeit der Gewährsperson überprüfen noch kann der Angeklagte diese durch Hinweis auf konkrete Tatsachen angreifen und so den Beweiswert der mittelbar gegen ihn vorgebrachten Bekundungen in Frage stellen.

Bei dieser Anonymität der V-Leute ist die Verwertung ihrer Mitteilungen aber zugleich deswegen um so bedenklicher, als erfahrungsgemäß erhebliche Zweifel an der generellen Zuverlässigkeit ihrer Angaben bestehen müssen[8]. In Staatsschutzsachen ist zu berücksichtigen, daß politische Agenten häufig eine Doppelrolle spielen. In anderen Bereichen der Verbrechensbekämpfung sind die V-Leute oft selbst Kriminelle oder es bestimmen verwerfliche Motive[9] ihre Tätigkeit. Die Mittel der V-Leute sind regelmäßig Täuschung, Vertrauensbruch und Verrat[10]. Zu diesen milieubedingten Bedenken tritt als weiterer Unsicherheitsfaktor der Umstand, daß die unbekannte Vertrauensperson für die Angaben, die sie dem Zeugen vom Hörensagen macht, infolge ihrer Geheimhaltung nicht persönlich einzustehen hat. „Der ‚Zeuge‘ weiß also schon zu Beginn seiner Vernehmung, daß er soviel

---

[8] *Stegmann*, S. 29 ff.; *Tiedemann*, JuS 1965, 15.

[9] Vgl. *Peters*, Lb 2, S. 339 und *Evers*, S. 149.

[10] *Evers*, S. 147 ff.; siehe auch *A. Arndt*, NJW 1961, 899 Anm. 3, der zu der üblichen Abkürzung „V-Leute“ bemerkt, daß hier das V für Verrat, nicht für Vertrauen stehen sollte.

lügen kann, wie er will, da ihn niemand zur Verantwortung ziehen kann[11]."

Diese düsternen und unsicheren Quellen, aus denen der Zeuge vom Hörensagen seine Kenntnisse erhält, mahnen zu größter Vorsicht bei der Verwertung seiner Aussage als Urteilsgrundlage[12].

Die Bedenklichkeit des hier betrachteten Beweisverfahrens hat sich mit aller Deutlichkeit in einigen berühmt gewordenen historischen Prozessen gezeigt, deren Ergebnis sich nachträglich jeweils als Fehlurteil erwies. Hervorzuheben sind insbesondere die Affäre Dreyfus und der Fall Bullerjahn, die die Unzuverlässigkeit und Zweifelhaftigkeit eines Zeugnisses vom Hörensagen, bei dem der Gewährsmann im staatlichen Interesse geheimgehalten wird, gerade in politischen Strafprozessen in klassischer Weise deutlich gemacht haben[13].

In der rechtlichen Beurteilung der aufgezeigten Problematik[14] gehen die Meinungen auseinander.

Die höchstgerichtliche Rechtsprechung[15] hat es stets für zulässig erachtet, die Verurteilung eines Angeklagten auf ein behördlich beschränktes Zeugnis vom Hörensagen zu stützen, welches den unmittelbaren Wahrnehmungszeugen unbekannt läßt. Diese Praxis wird von der überwiegenden Meinung im Schrifttum[16] unter mehr oder weniger

---

[11] *Posser*, S. 35.

[12] Mit Rücksicht auf die angeführten Erfahrungstatsachen wird man folgendem Ausspruch *v. Hentigs*, MoKrim 1965, 113, wohl zustimmen müssen: „Die Verwendung von Vertrauensleuten im Strafverfahren ist primär unethisch, primitiv wie jede Kriegslist und nur im harten Kampf entschuldbar, vielleicht unentbehrlich. Geld soll man den Vertrauensmännern jeder Spielart ruhig geben, doch nur bedingt Vertrauen schenken."

[13] Vgl. zur Dreyfus-Affaire vor allem die Monographie von *Robert Michaelis*, Der Prozeß Dreyfus, 1963, ferner die Darstellungen bei *Jacta*, II, S. 156 ff. und *Dickler*, S. 155 ff. Zum Fall Bullerjahn siehe *Hüfner*, LZ 1929, 745 ff.; *Schweitzer*, Justiz 2 (1926/27), 214 ff.; *Wolfgang Mittermaier*, Justiz 5 (1929/30), 16 ff.; *Hirschberg*, Fehlurteil, S. 162 ff. Vgl. über weitere Erfahrungen mit anonym gehaltenen V-Männern in politischen Prozessen *Meilicke*, NJW 1963, 426.

[14] Umfassend zu der gesamten Problematik siehe die Dissertation von *Thorolf Stegmann*, Behördlich geheimgehaltene Zeugen als Beweismittel im Strafprozeß.

[15] RG GA 72 (ohne Jahr), 345 = Recht 1928, 1756; RG bei *Hüfner*, LZ 1929, 750 ff.; BGHSt 17, 382 ff. = LM Nr. 14 zu § 250 StPO; BGHSt 20, 164 (166); OLG Celle HESt 2, 79; OLG Hamm NJW 1970, 821.

[16] *Eb. Schmidt*, LK I, Rn 452 Anm. 248 und Nachträge I, § 250 Rn 3 und JZ 1962, 761; *KMR-Sax*, § 54, 1 b IV und 1 e und § 250, 2 a; *Löwe - Rosenberg - Geier*, § 250, 3; *Löwe - Rosenberg - Kohlhaas*, § 69, 2 b; *Schorn*, Komm., S. 232; *Henkel*, Lb, 343 f.; *Alsberg - Nüse*, S. 201; *Döhring*, S. 122 f.; *Stegmann*, S. 164; *S. Schäfer*, Strafr. Abhdlgen 320 (1933), 53 ff.; *Düwel*, S. 187; *Sarstedt*, S. 192; *Evers*, S. 253 ff.; *Kohlhaas*, JR 1957, 42; *Willms*, DRiZ 1964, 234 f.; *Tiedemann*, MDR 1963, 456 ff. und JuS 1965, 14 ff. und MDR 1965, 870 ff.; *Hüfner*, LZ 1929, 745 ff.; *Haag*, DJ 1937, 811; *Dallinger*, MDR 1954, 400; wohl auch *Woesner*,

großen Bedenken gebilligt. Dabei wird die Zulässigkeit dieses besonders gestalteten mittelbaren Zeugenbeweises von Rechtsprechung und herrschender Lehre mit dem Hinweis auf die allgemeine Zulässigkeit des Beweises durch Zeugen vom Hörensagen begründet.

Demgegenüber wird gerade mit Rücksicht auf die Besonderheiten eines Zeugnisses vom Hörensagen, das auf Grund gelenkter staatlicher Maßnahmen entsteht, und im staatlichen Interesse den Gewährsmann geheim hält, von anderer Seite im Schrifttum, und zwar ständig zunehmend in neuerer Zeit, schärfste Kritik geübt an dem geschilderten Beweisverfahren[17]. Man rügt insbesondere eine Versagung des Rechts auf Gehör gemäß Art. 103 Abs. 1 GG, eine Verletzung rechtsstaatlicher Grundsätze und eine Nichtbefolgung der Verfahrensgarantien des Art. 6 MRK. Unter diesen Gesichtspunkten wird die Verwertbarkeit von Bekundungen anonym gehaltener Tatzeugen im Wege des mittelbaren Zeugenbeweises auf das entschiedenste abgelehnt.

Zum Verständnis dieses Meinungsstandes und der darin vorgebrachten Beurteilung eines strafprozessualen Vorganges aus der Sicht übergeordneter Wertentscheidungen und Grundsätze bedarf es zunächst einer kurzen Überprüfung der prozeßrechtlichen Lage.

Bei der Frage nach der prozessualen Zulässigkeit des hier betrachteten mittelbaren Zeugenbeweises darf zunächst die Zulässigkeit einer in ihrem Umfang beschränkten Aussagegenehmigung vorausgesetzt werden[18]. Des weiteren ist mit der allgemein herrschenden Ansicht in

---

NJW 1961, 536; vgl. auch *Hauser*, SchwZStr 82 (1966), 311 ff. Auch *Kern-Roxin*, S. 210 f. können zu den Vertretern der herrschenden Meinung gerechnet werden.

[17] *Schwarz - Kleinknecht*, § 250 C (anders noch 26. Aufl. § 250 1 B und § 261, 7); *Peters*, Lb 2, S. 254, 267, 288 und 296 (anders noch Lb 1, S. 249); *ders.*, Summum ius, S. 197 f. und Verhandlungen 46. DJT Band I, Teil 3 A, S. 108 f.; *Dahs* jun., S. 88 f.; *Posser*, S. 35 ff.; *Hirschberg*, Fehlurteil, S. 162; *Schweitzer*, Justiz 2 (1926/27), 214 ff.; *Wolfgang Mittermaier*, Justiz 5 (1929/30), 21 ff.; *Goldschmidt*, JW 1929, 2996; *A. Arndt*, NJW 1961, 899; NJW 1962, 27 und 1192 ff. und NJW 1963, 433; *R. Schmid*, DIE ZEIT Nr. 8 vom 20. 2. 1959; Nr. 53 vom 29. 12. 1961; Nr. 7 vom 15. 2. 1963 und Nr. 10 vom 4. 3. 1966; *Spendel*, JuS 1964, 473 Anm. 102; *Grünwald*, JZ 1966, 494; *G. Schulz*, MDR 1966, 566 (anders noch Komm. § 250 C); *Sarstedt*, Verhandlungen 46. DJT, Band II, Teil F, S. 17 f.; *Klug*, Verhandlungen 46. DJT, Band II, Teil F, S. 57 f.

[18] Das wird in Rechtsprechung und Schrifttum übereinstimmend bei der Erörterung des Problems zugrundegelegt, vgl. RGSt 7, 74 (75); 13, 154 (155); RG GA 72 (ohne Jahr), 345 (346); RG JW 1935, 2378; RG bei *Hüfner*, LZ 1929, 756; BGHSt 17, 382 (384); *Löwe - Rosenberg - Kohlhaas*, § 54, 4 c; *Eb. Schmidt*, LK II, § 54 Rn 7; *Kohlrausch*, § 54, 2; *Peters*, Lb 2, S. 295 und Summum ius, S. 197 f.; *Friemel*, S. 111; *Kohlhaas*, JR 1957, 43; *Meilicke*, NJW 1963, 427; *Tiedemann*, MDR 1963, 459; JuS 1965, 16; *Woesner*, NJW 1961, 536. A. A. allerdings seit neuestem *Sarstedt*, Verhandlungen 46. DJT, Band II, Teil F, S. 17.

Rechtsprechung[19] und Schrifttum[20] davon auszugehen, daß das erkennende Gericht an die mit einem überwiegenden öffentlichen Geheimhaltungsinteresse begründete[21] Beschränkung der behördlichen Aussagegenehmigung auch gebunden ist[22]. Hat somit das Gericht keinerlei Möglichkeit, Namen oder Personen des unmittelbaren Wahrnehmungszeugen zu ermitteln, so ist dieser im prozessualen Sinne „unerreichbar"[23]. Damit aber — vgl. § 244 Abs. 3 Satz 2 StPO — scheidet eine Verletzung des Aufklärungsgrundsatzes gemäß § 244 Abs. 2 StPO aus, wenn das Gericht an Stelle des V-Mannes nun den Polizeibeamten als Zeugen vom Hörensagen über den zu erweisenden Tatvorgang vernimmt. Daß der Grundsatz der Unmittelbarkeit der Beweisaufnahme, wie er in § 250 StPO zum Ausdruck gekommen ist, durch eine solche unmittelbar-persönliche Vernehmung eines Zeugen vom Hörensagen vor dem erkennenden Gericht nicht verletzt wird, ist im ersten Teil der Arbeit bereits nachgewiesen worden.

Aber auch anderweitig begründen die prozessualen Besonderheiten eines mittelbaren Zeugenbeweises, bei dem der Gewährsmann unbe-

---

[19] RGSt 7, 74 (75); 13, 154 (155); RG Rspr. 9 (1887), 123 Nr. 55; RGSt 44, 291 (292); RG GA 49 (1903), 133; RG bei *Hüfner*, LZ 1929, 756; BGHSt 17, 382 (384); BGH MDR 1952, 659; OLG Hamm NJW 1970, 821.

[20] *Eb. Schmidt*, LK II, § 54 Rn 7 und JZ 1962, 762; *Löwe - Rosenberg - Kohlhaas*, § 54, 3 a und 4 c; *KMR-Sax*, § 54, 1 b V; *Schwarz - Kleinknecht*, § 54, 2 und 3 B; *Erbs*, § 54, II; weitere Nachweise siehe bei *Stegmann*, S. 36.

[21] Vgl. die in den einschlägigen Bestimmungen der Beamtengesetze enthaltenen Voraussetzungen für ein gänzliches oder teilweises Aussageverbot, daß „die Aussage dem Wohl des Bundes oder eines deutschen Landes Nachteile bereiten oder die Erfüllung öffentlicher Aufgaben ernstlich gefährden oder erheblich erschweren würde". Das erfordert eine Güterabwägung der Exekutive zwischen den Interessen der Strafverfolgung einerseits und staatlichen Geheimhaltungsbedürfnissen andererseits.

[22] Kennzeichnend für diese Bindung ist vor allem der Umstand, daß dem Gericht (ebenso wie der Staatsanwaltschaft) eine verwaltungsgerichtliche Anfechtung der abschließenden Entscheidung der vorgesetzten Dienstbehörde des vernommenen Beamten versagt ist. Siehe hierzu *Tiedemann*, JuS 1965, 16 sowie ausführlich *Düwel*, S. 199 ff. Für den Angeklagten wird dagegen die Möglichkeit bejaht, im Verwaltungsrechtsweg die Verweigerung der Aussagegenehmigung anzufechten, sofern er dadurch beschwert ist; vgl. *Düwel*, S. 210 ff. und *Evers*, S. 253 mit Rechtsprechungsnachweisen.

[23] So die ganz herrschende Meinung, vgl. *Eb. Schmidt*, LK I, Rn 452 Anm. 248; *Löwe - Rosenberg - Geier*, § 244, 30 a; *Schwarz - Kleinknecht*, § 244, 14; *Schorn*, Komm., S. 233; *Alsberg - Nüse*, S. 201; *Tiedemann*, MDR 1963, 457 und JuS 1965, 15 ff.; *Kohlhaas*, JR 1957, 42; RG GA 72 (ohne Jahr), 345 (346). BGHSt 17, 382 (384), OLG Hamm NJW 1970, 821. A. A. *Peters*, Lb 2, S. 2675 *G. Schulz*, MDR 1966, 566 und mit scharfer Kritik der h. M. *R. Schmid*, DIE ZEIT Nr. 7 vom 15. 2. 1963; er rügt die Tatsache, daß der angebliche Tatzeuge zwar nicht dem Gericht und der Staatsanwaltschaft, wohl aber anderen staatlichen Organen bekannt ist, als „staatliche Schizophrenie", die sich vom Standpunkt des Verfolgten ausnehme wie eine Rollenverteilung in einer auf seine Kosten gespielten Komödie, die zur Tragödie werden könne. — Treffend gegen diese These zur Begründung der „Erreichbarkeit" des Tatzeugen *Stegmann*, S. 38 ff.

kannt bleibt, keinen Verstoß gegen strafprozessuale Normen mit der Folge der Unzulässigkeit dieses Beweismittels.

Zwar kann das Gericht über die Glaubwürdigkeit der geheimgehaltenen Vertrauensperson keine eigenen Nachforschungen anstellen und muß sich insoweit auf die Aussage des Polizeibeamten stützen. Doch selbst wenn dieser ohne Angabe einzelner Tatsachen und Beobachtungen — wie es in der Regel geschieht[24] — nur versichert, sein Gewährsmann sei völlig glaubwürdig, so liegt hierin kein Verstoß gegen § 261 StPO in dem Sinne, daß die hiernach dem Gericht obliegende Beweiswürdigung nunmehr vom Zeugen ausgeübt wurde[25]. Denn als Beweismittel, aus denen das Gericht gemäß § 261 StPO seine Überzeugung gewinnen soll, kommen nur die tatsächlich im Prozeß benutzten in Betracht. Beweismittel kann daher nicht die Bekundung der für das Gericht unerreichbaren Gewährsperson sein, sondern allein die Aussage des als Zeuge vom Hörensagen vernommenen Beamten. Die Würdigung dieses Gegenstandes der gerichtlichen Beweisaufnahme wird aber zweifelsohne vom erkennenden Gericht gemäß dem Grundsatz des § 261 StPO vollzogen, so daß eine Verletzung des Verfahrensrechts insofern nicht gerügt werden kann.

Des weiteren ist zwar auch die Feststellung von Peters zutreffend, daß bei dem hier betrachteten Beweisverfahren eine „Rollenvertauschung“[26] stattfindet: Das staatliche Verfolgungsorgan, das den Sachverhalt durch Entgegennahme von Aussagen klären soll, übernimmt die Rolle des den Tatsachenverhalt wiedergebenden Beweismittels. Jedoch kann mit diesem Gesichtspunkt der Rollenvertauschung allein — dem der Maßstab einer durch die Funktion der Mitwirkenden geprägten Gestaltung des Prozeßaufbaues von rechtlicher Bedeutsamkeit zugrunde liegt — mangels einer eindeutigen gesetzlichen Grund-

---

[24] Vgl. RG GA 72 (ohne Jahr), 345; RG bei *Hüfner* LZ 1929, 750 ff.; zur Begründung hierfür siehe *Stegmann*, S. 77.

[25] So vor allem aber *S. Schäfer*, der die Verletzung eines besonderen, aus § 261 StPO zu entnehmenden Grundsatzes der Richterlichkeit (Strafr. Abhdlgen 320 (1933), 6 und 51 f.) durch ein solches Zeugenbeweisverfahren annimmt und hieraus folgert, daß das bloße Urteil des aussagenden Beamten, sein Gewährsmann sei glaubwürdig, ein verbotenes Beweismittel sei; vgl. a.a.O., S. 36 f., 40, 44, 51 f., 55, 57, 60 und 64. — Ein Beweisverfahrensverbot hält auch *Peters* für gegeben, der in dem Fall, daß ein Kriminalbeamter anstelle des Richters die Glaubwürdigkeit der geheimgehaltenen Gewährsperson beurteilt, eine unzulässige Rollenvertauschung erblickt, Lb 2, S. 254 f. und Verhandlungen 46. DJT, Teil 3 A, S. 108. Hiermit ist eine Verletzung des § 261 StPO in gleicher Weise angesprochen wie bei *S. Schäfer*. Siehe die ablehnende Stellungnahme zu diesen Einwendungen aus § 261 StPO von *Stegmann*, S. 79 ff.

[26] Lb 2, S. 254; Summum ius, S. 197 und Verhandlungen 46. DJT, Band I, Teil 3 A, S. 108 und 138; zustimmend *Klug*, Verhandlungen 46. DJT, Band II, Teil F, S. 57.

lage oder zumindest eines in der Rechtslehre anerkannten prozessualen Grundgedankens nicht die Unzulässigkeit des benutzten Beweismittels begründet werden[27].

Schließlich ist zwar offenkundig, daß der Angeklagte durch das hier betrachtete Beweisverfahren in seiner Verteidigung ganz erheblich beeinträchtigt ist. Doch gewährleistet die Strafprozeßordnung ein Recht auf Verteidigung nur in sehr formaler Weise: Außer in § 337 StPO ist es besonders in § 338 Nr. 8 StPO klargestellt und hier zu einem unechten[28] Revisionsgrund ausgestaltet worden. Vorausgesetzt wird in § 338 Nr. 8 StPO eine Beschränkung der Verteidigung durch einen Gerichtsbeschluß in der Hauptverhandlung „in einem für die Entscheidung wesentlichen Punkt". Es muß also im Wege der Revision nachgeprüft werden, ob das Urteil möglicherweise auf einer Beschränkung der Verteidigung beruht[29], und dies wird allein danach entschieden, ob der Angeklagte in seiner Verteidigung durch Verletzung einer Verfahrensnorm beeinträchtigt worden ist[30]. Das Recht auf Verteidigung ist nach der Konzeption der StPO also nur dann verletzt, wenn eine einzelne ausdrückliche Bestimmung des Verfahrensrechts als verletzt angeführt werden kann. Das aber ist bei Betrachtung des hier fraglichen mittelbaren Zeugenbeweises nicht der Fall. Eine Verletzung des § 250 StPO kommt nach der bisher getroffenen Inhaltsbestimmung nicht in Betracht, ebenso entfällt aber auch ein Verstoß gegen die §§ 244, 239 StPO: Das Gericht kann einen Beweisantrag des Angeklagten oder seines Verteidigers auf Vernehmung des unbekannten V-Mannes zulässigerweise ablehnen, § 244 Abs. 3 StPO. In der Ausübung seines Fragerechts an die Belastungszeugen gemäß § 240 StPO schließlich ist der Angeklagte in keiner Weise gehindert; denn Zeugen im prozessualen Sinne sind nicht die anonymen Gewährspersonen, von denen die belastenden Angaben ursprünglich stammen, sondern die in der Hauptverhandlung aussagenden Polizeibeamten. Da somit auch eine Verletzung des strafprozessualen Rechts auf Verteidigung infolge seiner unzulänglichen und sehr formalen Ausgestaltung in der StPO

---

[27] So aber *Peters*, a.a.O.; siehe zu diesem Problemkreis *Tiedemann*, JuS 1965, 19 und *Stegmann*, S. 49 ff.

[28] *Löwe - Rosenberg - Jagusch*, § 338, 16; *Beling*, Lb, S. 422 Anm. 6; vgl. auch *Eb. Schmidt*, LK II, § 338 Rn 1; *Peters*, Lb 2, S. 573; *v. Hippel*, S. 592 und *Alsberg - Nüse*, S. 453.

[29] Weil § 338 Nr. 8 StPO also indirekt auf die Beruhensprüfung des § 337 Abs. 1 StPO zurückführt, stellt sie keinen *echten* unbedingten Revisionsgrund dar und enthält neben § 337 StPO nur insofern eine selbständige Verfahrensnorm, als der Verstoß auf Gerichtsbeschlüsse in der Hauptverhandlung eingeschränkt wird.

[30] RG LZ 1910, 1198; RG DJZ 1919, 508; OLG Düsseldorf JR 1949, 516; ebenso *Löwe - Rosenberg - Jagusch*, § 338, 16; *Schwarz - Kleinknecht*, § 338, 9; *Eb. Schmidt*, LK II, § 338 Rn 35 mit weiteren Nachweisen.

nicht gerügt werden kann, läßt sich auch aus diesem Gesichtspunkt kein Einwand gegen die Zulässigkeit der Vernehmung von Polizeibeamten als Zeugen vom Hörensagen herleiten.

Zusammenfassend ist also festzustellen, daß das Strafprozeßrecht — bei alleiniger Beachtung strafprozessualer Normen und Maßstäbe — ein mittelbares Zeugnis, das den Gewährsmann verschweigt, nicht verbietet. Trotz der oben aufgezeigten starken Bedenken, die gegen ein solches Beweisverfahren bestehen, ist es prozessual als durchaus ordnungsgemäß anzusehen. Das beruht letztlich darauf, daß die StPO mit der vorbehaltlosen Zulassung des mittelbaren Zeugenbeweises alle unterschiedlichen Fallkonstellationen desselben ohne Rücksicht auf Besonderheiten gleich behandelt. Zutreffend stellt Tiedemann[31] fest, daß der formale Charakter des Prozeßrechts insoweit die Möglichkeit rechtlicher Differenzierung verhindere.

Ein anderes Ergebnis könnte somit nur von übergeordneten Wertentscheidungen und Verfahrensgarantien erreicht werden, wie sie in der Verfassung und der Menschrechtskonvention gewährleistet sind. Diesen Weg sind auch, wie bereits aufgezeigt, die Kritiker des hier behandelten Zeugenbeweisverfahrens zur Begründung eines entsprechenden Beweisverbots gegangen.

Die somit notwendige Überprüfung eines Zeugnisses vom Hörensagen, das im staatlichen Interesse den Gewährsmann unbekannt läßt, an den genannten vorgeordneten Normensystemen könnte zugleich bedeutsam werden für eine neue Inhaltsbestimmung des Grundsatzes der Unmittelbarkeit.

Sollte sich ergeben, daß verfassungsrechtliche Werte verletzt werden durch die Verwendung eines solchen mittelbaren Zeugenbeweises, so ist zu erwägen, ob der Widerspruch nicht durch verfassungskonforme Auslegung strafprozessualer Normen, insbesondere also des § 250 StPO, behoben werden kann. Für die Inhalts- und Geltungsbestimmung des Grundsatzes der Unmittelbarkeit würde das bedeuten, daß dem § 250 StPO *neben dem Gebot der Form für die Beweiserhebung* in derartigen Fällen *auch ein Gebot der Wahl für die Beweisführung* zu entnehmen wäre verbunden mit der Folgerung eines unbedingten Beweisverbots. Bei der prozessualen Unerreichbarkeit der V-Leute als unmittelbarer Zeugen wäre demnach die ersatzweise mittelbare Beweisführung durch Vernehmung der Polizeibeamten ausgeschlossen.

Auch insoweit sich ein Widerspruch zu verfahrensrechtlichen Gewährleistungen der MRK ergeben sollte, müßte nach einer Möglichkeit gesucht werden, den Einklang zwischen strafprozessualen Grundsätzen

---

[31] JuS 1965, 18.

und Regeln des Völkerrechts herzustellen durch eine weitergehende Interpretation des Unmittelbarkeitsprinzips.

I. Das Recht auf Gehör nach Art. 103 Abs. 1 GG

Der 3. Strafsenat des Bundesgerichtshofes hat in seiner Entscheidung vom 1. August 1962[32], die das Problem des mittelbaren Zeugenbeweises bei behördlich geheimgehaltenem Gewährsmann grundlegend und umfassend behandelt, eine Verletzung des in Art. 103 Abs. 1 GG garantierten Rechts auf Gehör durch ein solches Zeugenbeweisverfahren verneint. Dieser Ansicht folgt auch die herrschende Meinung im Schrifttum[33]. Der Angeklagte könne sich zu allem, was Beweisgrundlage des Urteils bilde, unbeschränkt äußern.

Demgegenüber wird von anderer Seite im Schrifttum[34] in der Beeinträchtigung der Verteidigungsmöglichkeit zugleich eine Versagung des richterlichen Rechtsgehörs und damit eine „eklatante Verletzung der Verfassung“[35] gesehen[36].

Die Anrufung des Bundesverfassungsgerichts durch eine gegen das vorgenannte Urteil des Bundesgerichtshofes erhobene Verfassungsbeschwerde hat nicht zu einer klärenden Entscheidung dieser Streitfrage geführt. Das Bundesverfassungsgericht verwarf zwar die Verfassungsbeschwerde durch den unveröffentlichten Beschluß vom 28. Januar 1964 als offensichtlich unbegründet[37], doch ließ es hierin dahingestellt sein, „ob die Verwertung der Aussage eines Zeugen über die Vernehmung einer anonymen Gewährsperson generell oder im Einzelfall mit Art. 103 Abs. 1 GG vereinbar ist“, da das angefochtene Urteil jedenfalls nicht auf einer Verletzung des Gehörsanspruches beruhe[38].

---

[32] BGHSt 17, 382 ff. = NJW 1962, 1876 ff. = JZ 1962, 760 ff. = MDR 1962, 1004 ff. = DRiZ 1962, 385 ff. = JuS 1963, 82.

[33] *Löwe - Rosenberg - Geier*, § 250, 3; *Schorn*, Komm., S. 233; *Düwel*, S. 188; *Röhl*, NJW 1964, 279; *Tiedemann*, MDR 1963, 457 ff. und JuS 1965, 19, 21 und MDR 1965, 871; vgl. auch *Eb. Schmidt*, JZ 1962, 761.

[34] *A. Arndt*, NJW 1962, 27 und NJW 1963, 433; *Meilicke*, NJW 1963, 428; *R. Schmid*, DIE ZEIT Nr. 53 vom 29. 12. 1961 und Nr. 7 vom 15. 2. 1963. Vgl. auch kritisch zu BGHSt 17, 382 ff. *Hauser*, SchwZStr 82 (1966), 312.

[35] *A. Arndt*, NJW 1962, 27.

[36] Eine Sondermeinung vertritt insoweit *Dahs* jun., S. 88 f. Er stellt zunächst fest, daß in den hier untersuchten Fällen des mittelbaren Zeugenbeweises zweifelsohne eine Verletzung des Art. 103 Abs. 1 GG gegeben sei. Er gelangt jedoch im Wege der Güterabwägung zu dem Ergebnis, daß die Zurückstellung des Anspruchs auf rechtliches Gehör in Staatsschutzangelegenheiten vertretbar sei. Siehe die zutreffende Ablehnung dieser bedenklichen Auffassung bei *Stegmann*, S. 112 f. sowie die Kritik von *Grünwald*, JZ 1966, 494 Anm. 53.

[37] Siehe den Nachweis bei *Tiedemann*, MDR 1965, 872 Anm. 11.

[38] Kritisch zu der Argumentation des Bundesverfassungsgerichts *Tiedemann*, MDR 1965, 872.

Zur Klärung dieser Frage nach der tatsächlichen Verwirklichung des Rechts auf Gehör muß von Art und Umfang seiner rechtlichen Gewährung ausgegangen werden, wobei Sinn und Zweck des Art. 103 Abs. 1 GG entscheidend zu berücksichtigen sind.

Das verfassungsmäßige Recht auf Gehör verlangt, daß einer gerichtlichen Entscheidung nur solche Tatsachen und Beweisergebnisse zugrundegelegt werden, zu denen Stellung zu nehmen den Beteiligten Gelegenheit gegeben war[39]. Durch diese umfassende Anhörungsgarantie soll nicht allein die Voraussetzung für eine einwandfreie Sachverhaltsaufklärung und damit für eine richtige Entscheidung geschaffen werden. Art. 103 Abs. 1 GG konkretisiert vielmehr in seinem Kerngehalt das Gebot zur Achtung der Menschenwürde[40], indem hiermit der von einem gerichtlichen Verfahren Betroffene als mitgestaltendes und mitverantwortliches Prozeßsubjekt anerkannt wird. Daher erschöpft sich der Inhalt des Gehörsanspruches nicht allein in einer negativen Funktion, d. h. in dem Recht zur Verteidigung gegen nachteilige Tatsachen oder Beweisergebnisse. Vielmehr muß dem Angeklagten ebenso die Möglichkeit gegeben werden, auch angriffsweise ihm günstige Tatsachen und Beweismittel zusätzlich vorzubringen[41].

Gerade in dieser Hinsicht aber scheint dem Angeklagten die Ausübung seines Rechts auf Gehör durch das hier betrachtete Beweisverfahren versagt zu sein. Denn infolge der Anonymität des geheimgehaltenen V-Mannes kann er sich zu dem Urheber der ihn belastenden vermittelten Aussage nicht äußern; er kann dessen Glaubwürdigkeit und damit den Beweiswert seiner Angaben nicht durch Einzelheiten begründet in Frage stellen.

Demgegenüber ist jedoch sogleich auf die dem Gehörsanspruch notwendig immanente Begrenzung hinzuweisen: Der Anspruch aus Art. 103 Abs. 1 GG richtet sich gegen das erkennende Gericht. Befugnis und Verpflichtung des Strafgerichts enden aber am rechtlich oder tatsächlich Unmöglichen. Da der anonyme Tatzeuge auch dem Gericht unbekannt und somit unerreichbar ist, kann der Anspruch aus Art. 103

---

[39] BVerfGE 6, 12 (14); 7, 239 (240); 7, 275 (278); 7, 340 (341); 9, 261 (267); 9, 302 (304 f.); 10, 177 (182); 12, 132 (144 f.); 15, 218; 16, 285; 18, 399 (404); 19, 36. — *Maunz - Dürig,* Art. 103 I Rn 28 bis 31; *KMR-Sax,* Einleitung, S. 77; *Löwe - Rosenberg - Schäfer,* Einleitung, S. 136; *Eb. Schmidt,* LK I, Rn 342 ff.; *Schorn,* Strafrichter, S. 239; *Schwarz - Kleinknecht,* Einleitung, S. 6 f.; *Dahs* jun., S. 15, 17, 23, 39 und 137; *Tiedemann,* JuS 1965, 19 und MDR 1963, 457.

[40] BVerfGE 7, 53 (57); 7, 275 (279); 9, 89 (95); *Maunz - Dürig,* Art. 103 I Rn. 5; *Löwe - Rosenberg - Schäfer,* Einleitung, S. 135; *KMR-Sax,* Einleitung, S. 74; *Schwarz - Kleinknecht,* Einleitung, S. 6; *Schorn,* Menschenwürde, S. 67; einschränkend *Dahs* jun., S. 4.

[41] *Maunz - Dürig,* Art. 103 I Rn 30; *KMR-Sax,* Einleitung, S. 77; *Schorn,* Komm., S. 191; *Dahs* jun., S. 15; *Tiedemann,* MDR 1963, 457 und JuS 1965, 19.

Abs. 1 GG nur dahin gehen, daß das erkennende Gericht alles, was es selbst vom Gegenstand des Verfahrens und der Person des Gewährsmannes weiß, dem Angeklagten zur Kenntnis bringt und ihm Gelegenheit zur Stellungnahme gibt[42]. Daß kein weitergehender Anspruch aus Art. 103 Abs. 1 GG hergeleitet werden kann, ergibt sich auch im Hinblick auf den Zweck dieser Verfassungsbestimmung. Art. 103 Abs. 1 GG soll ein Geheimverfahren ausschließen[43]. Der Angeklagte muß rechtzeitig und in vollem Umfang von den Urteilsgrundlagen Kenntnis erhalten, damit ihm eine Einflußnahme auf die Tatsachenfeststellung und die Würdigung der vorgebrachten Beweismittel durch das Gericht ermöglicht wird. Er soll nicht durch das Urteil mit der Feststellung ihm nachteiliger Tatsachen überrascht werden, auf die er nicht vorbereitet war und denen gegenüber ihm also eine Verteidigung unmöglich war.

Angesichts dieser Zwecksetzung des Art. 103 Abs. 1 GG ist es jedoch keineswegs unzulässig, daß gewisse Dinge im Rahmen des Prozesses allgemein unbekannt bleiben. Häufig sind durch Beweisverbote — ebenso wie durch eine Aussagebeschränkung — bestimmte Tatsachen der gerichtlichen Aufklärung entzogen. Hier kann nicht aus Art. 103 Abs. 1 GG ein dahingehender Anspruch gegen das Gericht erwachsen, daß entweder diese Tatsachen aufgedeckt werden oder aber die zu ihrer Erschließung herangezogenen Hilfsmittel unberücksichtigt bleiben. Denn diese Verfassungsnorm bestimmt weder, auf welche Umstände die gerichtliche Forschungstätigkeit sich zu erstrecken hat, noch welche Verwendung und Bewertung der Beweismittel durch das Gericht zu erfolgen hat. Vielmehr geht es im Rahmen der grundgesetzlichen Anhörungsgarantie allein darum, daß das Gericht als Grundlage seiner Entscheidung nichts verwendet, von dem die Verfahrensbeteiligten nicht gleichfalls Kenntnis haben und wozu ihnen Gelegenheit zur allseitigen Äußerung gegeben war. Von einer unzulässigen Verwertung geheimer Beweismittel kann nur dann gesprochen werden, wenn das Gericht Beweismittel kennt und sie benutzt, ohne den Verfahrensbeteiligten die ihnen insoweit zustehenden Rechte zur Einflußnahme auf das Prozeßgeschehen zu gewähren[44]. Das aber trifft nicht zu hinsichtlich der anonym bleibenden Gewährsleute[45], von denen das Gericht ebensowenig Kenntnis hat wie der Angeklagte und die gerade deshalb nicht als Zeugen in das Prozeßverfahren eingeführt werden können.

---

[42] Weitergehend in Verkennung der Anspruchsrichtung und der dem Anspruch immanenten Schranken aber *A. Arndt*, NJW 1963, 433.

[43] *A. Arndt*, JZ 1963, 67.

[44] BGHSt 17, 382 (388); *Schorn*, Komm., S. 233.

[45] So aber *A. Arndt*, NJW 1962, 27 und NJW 1963, 433 Anm. 11; ebenso *Posser*, S. 38 f.

Beweismittel ist hier allein die Aussage des vor dem erkennenden Gericht vernommenen Polizeibeamten, die allerdings nur ein Indiz für die Begehung der Straftat zu liefern vermag.

Aus dem Gesagten ergibt sich, daß dem Anspruch auf Gewährung rechtlichen Gehörs also genügt ist, wenn das Gericht dem Angeklagten uneingeschränkt Gelegenheit gibt, zu den vorgebrachten Indiztatsachen Stellung zu nehmen und insbesondere sich zu den Bedenken zu äußern, die sich aus der Anonymität der V-Leute ergeben, und auf die Gesichtspunkte hinzuweisen, die generell für ihre Unglaubwürdigkeit und damit für einen geringen Beweiswert ihrer Angaben sprechen[46].

Angesichts dieses Ergebnisses muß allerdings festgestellt werden, daß das verfassungsmäßig garantierte Recht auf Gehör hier lediglich *formell* gewährt wird, doch *ohne jeden materiellen Gehalt* ist. Denn es ist offensichtlich, daß dem Angeklagten eine wirksame Verteidigung nicht möglich ist.

Dennoch darf in dieser materiellen Beeinträchtigung keine Versagung der als Grundrecht zugesicherten Anhörung gesehen werden. Letztlich findet dieses Ergebnis seine Begründung durch folgende anerkannte Grundsätze der Verfassungsauslegung, auf die bereits Tiedemann[47] in diesem Zusammenhang hingewiesen hat:

Art. 103 Abs. 1 GG garantiert nur einen verfassungsrechtlichen Minimalbestand rechtlichen Gehörs[48], während der einfache Gesetzgeber den Grundsatz des Rechts auf Gehör im einzelnen näher zu regeln, insbesondere die Modalitäten seiner Gewährung zu bestimmen hat. Da die Strafprozeßordnung als „Ausführungsgesetz zum Grundgesetz"[49] die Sicherung der Grundrechte im Strafverfahren für den Regelfall hinreichend verbürgt, ist ein unmittelbarer Rückgriff auf Art. 103 Abs. 1 GG nur dann zulässig, wenn das rechtliche Gehör im Einzelfall nicht oder nur unzulänglich gewährleistet ist[50]. Das aber ist bei dem hier betrachteten Beweisverfahren nicht der Fall; denn das Recht auf Gehör hat gegenüber Indizien der Natur der Sache gemäß eine weniger weitreichende Effektivität als gegenüber unmittelbaren Beweismitteln. Mit der Zulassung des mittelbaren Beweises aber hat der Gesetzgeber der StPO diese mindere Form der Gehörsgewährung für statthaft erklärt.

---

[46] BGHSt 17, 382 (387); *Stegmann*, S. 118, *Tiedemann*, MDR 1963, 458 und JuS 1965, 19 und MDR 1965, 871.

[47] MDR 1963, 458 und JuS 1965, 19.

[48] BVerfGE 7, 53 (57); BayVerfGH JZ 1963, 64; *Maunz - Dürig*, Art. 103 I Rn 20 und Rn 27; *KMR-Sax*, Einleitung, S. 75; *Tiedemann*, MDR 1963, 458.

[49] Siehe oben S. 159.

[50] *Maunz - Dürig*, Art. 103 I Rn 21 und Rn 23; *Eb. Schmidt*, LK I, Rn 338 und Rn 339; *Löwe - Rosenberg - Schäfer*, Einleitung, S. 135; *Tiedemann*, a.a.O.

Unmittelbar aus Art. 103 Abs. 1 GG aber läßt sich ein weitergehender Anspruch nicht herleiten, denn hier ist folgender entscheidender Gesichtspunkt zu berücksichtigen: Art. 103 Abs. 1 GG wirkt nur unter Wahrung des Systems und der besonderen Strukturen des Prozeßrechts[51]. Der verfassungsrechtliche Gehöranspruch reicht seinem Sinn und Zweck nach von vornherein nicht so weit, das traditionelle Verfahrensrecht in seiner durch Zielsetzung und Mittelwahl bedingten Eigenart zu verändern. Bei Auslegung des Art. 103 Abs. 1 GG ist also stets von dem „vorverfassungsrechtlichen Gesamtbild“[52] des Strafprozeßrechts auszugehen.

Da aber, wie bereits aufgezeigt wurde, die Zulässigkeit des mittelbaren Beweises bedingt ist durch den systematischen Zusammenhang der tragenden strafprozessualen Grundsätze der §§ 261, 244 Abs. 2 StPO, ist dem Anspruch aus Art. 103 Abs. 1 GG gegenüber nur mittelbar funktionierenden Beweismitteln eine entsprechende Begrenzung von vornherein immanent.

Ausgehend von den dargelegten Grundsätzen hat das Bundesverfassungsgericht[53] auch betont, daß Art. 103 Abs. 1 GG nicht das Recht auf Einhaltung bestimmter Beweisregeln, insbesondere nicht die (als Formprinzip zu verstehende) Unmittelbarkeit der Beweisaufnahme garantiere.

Mit Rücksicht auf diese Auslegung in Art. 103 Abs. 1 GG ist somit zusammenfassend festzustellen, daß bei der Verwertung von Angaben geheimgehaltener Gewährspersonen keine Verletzung dieser Verfassungsnorm vorliegt. Eine Forderung nach ausschließlich unmittelbarer Beweisführung und einem Verbot des mittelbaren Beweises in diesen Fällen kann daher, wie sich gerade aus den zuvor getroffenen verfassungsrechtlichen Ausführungen ergibt, unter dem Gesichtspunkt des Art. 103 Abs. 1 GG nicht erhoben werden.

II. Die Rechtsgarantien des Art. 6 MRK

Auch Art. 6 MRK[54] enthält grundrechtliche Prozeßgarantien mit unmittelbarer, innerstaatlich verbindlicher Geltung[55]. Die in dieser Bestimmung im einzelnen normierten prozessualen Garantien sind insgesamt als Ausdruck und Konkretisierung des Prinzips der Rechts-

---

[51] *Maunz - Dürig*, Art. 103 I Rn 44; *Eb. Schmidt*, LK I, Rn 341.

[52] BVerfG NJW 1959, 427 f.

[53] BVerfGE 1, 418 (429); ebenso BayVerfGH NJW 1962, 532; *Maunz - Dürig*, Art. 103 I Rn 73; *Schwarz - Kleinknecht*, Einleitung, S. 7; *Dahs* jun., S. 87; *Tiedemann*, MDR 1963, 458 und JuS 1965, 19 und MDR 1965, 871.

[54] BGBl. II 1952, 688.

[55] Allgemeine Ansicht, vgl. statt vieler *Schorn*, Komm., S. 41.

staatlichkeit des Strafverfahrens anzusehen[56]. Entscheidend für die hier behandelte Problematik ist zum einen der in Art. 6 Abs. 1 MRK gewährleistete Anspruch auf faires rechtliches Gehör, zum anderen das in Absatz 3 d zugesicherte Recht auf Befragung der Belastungszeugen.

1. *Die Bedeutung und die Verwirklichung der Rechtsgarantien nach Art. 6 MRK*

Die herrschende Meinung, die eine Versagung des verfassungsmäßig in Art. 103 Abs. 1 GG garantierten Rechts auf Gehör durch das hier untersuchte Beweisverfahren verneint[57], lehnt damit zugleich — wenn auch nicht ausdrücklich — eine Verletzung des in Art. 6 Abs. 1 MRK verbürgten Anspruchs auf rechtliches Gehör ab. Die Wahrung des dem Angeklagten in Art. 6 Abs. 3 d MRK zugesicherten Befragungsrechts wird von den Vertretern der herrschenden Meinung gleichfalls bejaht[58], wobei größtenteils[59] als Begründung lediglich der Hinweis dient, Belastungszeugen seien nicht die anonymen V-Leute, sondern allein die in der Hauptverhandlung aussagenden Beamten.

Demgegenüber hat zunächst nur Meilicke[60] die Verletzung der prozessualen Garantien zugunsten des Angeklagten gemäß den Absätzen 1 und 3 d des Art. 6 MRK durch das von der Rechtsprechung für zulässig erklärte Beweisverfahren gerügt. Entsprechend der in neuerer Zeit wachsenden Betonung des Prinzips der Rechtsstaatlichkeit im Sinne eines komplexen Wertinbegriffs und zentralen Maßstabes mehren sich aber heute die Stimmen, welche die Vereinbarkeit des hier betrachteten mittelbaren Zeugenbeweises mit der Bestimmung des Art. 6 Abs. 3 d MRK bezweifeln[61] oder gar entschieden verneinen[62].

Wie die zwei bislang einzigen ausführlichen Stellungnahmen von Vertretern der herrschenden Meinung[63] zu dieser Frage zeigen, genügt für eine Lösung hier nicht die einfache Bezugnahme auf das nationale Verfahrens- und Verfassungsrecht. Vielmehr ist der Tatsache, daß es sich bei der Menschenrechtskonvention um eine internationale Rechts-

---

[56] Vgl. *KMR-Sax*, Einleitung, S. 19.

[57] Vgl. die Nachweise oben S. 168 Anm. 32 und 33.

[58] BGHSt 17, 382 (388); *Löwe - Rosenberg - Geier*, § 250, 3; *Schorn*, Komm. S. 232 f.; *Stegmann*, S. 132; *Tiedemann*, MDR 1963, 459 und JuS 1965, 19 ff.

[59] Mit Ausnahme von *Stegmann*, S. 124 ff., und *Tiedemann*, a.a.O., die dieses Ergebnis mit sorgfältigen Überlegungen begründen.

[60] NJW 1963, 428.

[61] *Partsch*, Rechte, in *Bettermann - Neumann - Nipperdey* I/1, S. 400 f.; offensichtlich auch *Schwarz - Kleinknecht*, § 250 C.

[62] *Guradze*, S. 109 f.; *Klug*, Verhandlungen 46. DJT, Band II, Teil F, S. 57 f.; *Grünwald*, JZ 1966, 494.

[63] *Stegmann*, S. 124 ff.; *Tiedemann*, JuS 1965, 19 ff.

quelle handelt, bei der Prüfung der aufgewiesenen Streitfrage in besonderer Weise Rechnung zu tragen.

Das gilt zunächst hinsichtlich der Auslegung der hier in Frage stehenden Bestimmungen gemäß Art. 6 Abs. 1 und Abs. 3 d MRK. Durch reine Wortinterpretation der im deutschen Text verwandten Begriffe können Inhalt und Umfang der hier garantierten Rechte nicht bestimmt werden. Dem steht nicht allein entgegen, daß die deutsche Fassung der Konvention nur eine — nicht immer ganz gelungene[64] — Übersetzung der maßgeblichen englischen und französischen Texte ist und schon deswegen ein gewisser Bedeutungswandel möglich sein kann. Entscheidender noch ist, daß Rechtsbegriffe ihren Inhalt und ihre Begrenzung notwendig aus dem jeweiligen nationalen Rechtssystem erhalten und somit in verschiedenen Staaten durchaus unterschiedliche Bedeutung haben können. Daher ist eine streng vom Wortlaut ausgehende, begriffliche Interpretation verfehlt als Mittel zur Auslegung der Menschenrechtskonvention[65]. Denn hierin wollten die vertragschließenden Staaten gerade ungeachtet aller Besonderheiten der Rechtssysteme und dogmatischen Grundsätze das von allen gemeinsam Gewollte verbindlich festlegen. Da die Konvention nach ihren in der Präambel erklärten Zielen insgesamt Ausdruck gemeinsamer Zwecksetzung ist, muß auch bei Auslegung der einzelnen Bestimmungen entscheidend auf ihren Zweck abgestellt werden[66].

Bei der Prüfung, ob und inwieweit die Verfahrensgarantien des Art. 6 Abs. 1 und Abs. 3 d MRK in den Fällen des hier betrachteten mittelbaren Zeugenbeweises verwirklicht werden, ist zunächst von Absatz 3 d als der spezielleren Vorschrift auszugehen. Denn aus dem Gesamtaufbau des Art. 6 MRK ergibt sich, daß in Absatz 1 die allgemeine und umfassende Garantie des fairen rechtlichen Gehörs niedergelegt worden ist, während die in Absatz 3 enthaltenen, aus dem Gehörsgrundsatz folgenden Teilrechte diesen in bezug auf bestimmte Punkte konkretisieren[67].

a) Das Recht auf Befragung der Belastungszeugen nach Art. 6 Abs. 3 d MRK

Während der erste Halbsatz des Art. 6 Abs. 3 d MRK dem Angeklagten das Recht garantiert, Fragen an die Belastungszeugen zu stel-

---

[64] So *Echterhölter*, JZ 1956, 142.

[65] Vgl. *Schwarz - Kleinknecht*, Anhang A 4, Vorbem. 3 c; *Appell*, S. 15; *Stegmann*, S. 129; *Echterhölter*, JZ 1956, 142.

[66] Außer den Vorgenannten a.a.O. vgl. auch *Partsch*, Menschenrechtskonvention, S. 85; *v. Weber*, ZSt-W, 65 (1953), 345.

[67] *Schwarz - Kleinknecht*, Anhang A 4 Art. 6 MRK, 4, 10; *Schorn*, Komm., S. 180; *Dahs* jun., S. 143; *v. Weber*, ZStW 65 (1953), 339.

len oder stellen zu lassen, gewährt der zweite Halbsatz das Recht, die Ladung und Vernehmung der Entlastungszeugen unter den gleichen Bedingungen wie die der Belastungszeugen zu erwirken. Um den Inhalt und Umfang der erstgenannten Rechtsgarantie zu bestimmen, kann nach dem zuvor Gesagten nicht einfach auf den Begriff der Belastungszeugen unter Bezugnahme auf das deutsche Strafprozeßrecht abgestellt werden, wie dies von der herrschenden Meinung zur Begründung ihrer Ansicht weitgehend geschieht[68]. Vielmehr ist der Inhalt dieser Bestimmung unter Berücksichtigung des Sinnzusammenhanges mit den übrigen in Absatz 3 des Art. 6 MRK enthaltenen Teilrechten aus dem Zweck der Vorschrift zu erschließen. Bereits der zweite Halbsatz des Absatzes 3 d macht deutlich, daß es darum geht, dem Angeklagten zu seiner Verteidigung die gleichen Rechte zu gewähren wie dem Ankläger. Ebenso bezwecken auch die übrigen, unter den Ziffern a—c und e genannten Bestimmungen erkennbar die Gleichstellung von Verteidigung und Anklage.

Ein klarer Hinweis auf den von den vertragschließenden Staaten mit Schaffung des Art. 6 Abs. 3 d MRK verfolgten Zweck findet sich überdies in einem Dokument aus der Entstehungsgeschichte der Konvention, in dem von einer mit besonderen Aufgaben betrauten Konferenz leitender Regierungsbeamter hinsichtlich dieser Bestimmung festgestellt wurde: „The purpose of this paragraph is to place the accused on a footing of equality with the public procecutor as regards the hearing of witnesses[69].“

Nach alledem ist somit festzustellen, daß es bei Absatz 3 Ziff. d des Art. 6 MRK — wie bei dem Absatz 3 insgesamt — um das „Prinzip der Waffengleichheit“ zwischen Anklage und Verteidigung geht, und zwar hier in bezug auf die Zeugenvernehmung[70].

Für diese Auslegung des Art. 6 Abs. 3 d MRK wird im Schrifttum auch noch die Herkunft der Bestimmung aus dem angelsächsischen Rechtskreis angeführt[71]. Von der Gestaltung des anglo-amerikanischen Strafprozesses her ist ihr Inhalt leicht erklärlich. Denn in diesem von der Dispositionsmaxime beherrschten Verfahren, in dem das Vorbringen des gesamten Beweismaterials sowie die Beweiserhebung ausschließlich Sache der Parteien ist, muß die volle Waffengleichheit not-

---

[68] Vgl. Anm. 58 auf S. 173.

[69] Siehe den Nachweis bei *Weil*, S. 59.

[70] *Partsch*, Rechte in *Bettermann - Neumann - Nipperdey* I/1; S. 400; *Guradze*, S. 109 f.; *Paunovic*, S. 23, 137 f.; *Stegmann*, S. 130 unter Hinweis auf mehrere Entscheidungen der Europäischen Kommission für Menschenrechte.

[71] *Stegmann*, S. 131; *Tiedemann*, JuS 1965, 19 f.; vgl. zur Herkunft ferner *Maunz - Dürig*, Art. 1 Abs. I Rn 72; *Appell*, S. 75 und *Scheuner*, Festschrift für Jahrreiß, S. 382.

wendig immanentes Prinzip eines fairen Verfahrens sein. Demgemäß ist gerade auch hinsichtlich eines der wichtigsten Mittel zur Sachverhaltsaufklärung, nämlich der Ladung, Vernehmung und Befragung von Zeugen, die Gewährung gleicher Rechte für Verteidigung und Anklage zwingend geboten.

Wenngleich somit bei Schaffung des Art. 6 Abs. 3 d MRK erkennbar vom angelsächsischen Verfahrenssystem ausgegangen wurde, so hat diese Bestimmung dennoch wie alle anderen Verfahrensrechtsforderungen der Menschenrechtskonvention nach dem mit diesem internationalen Vertrag verfolgten Zweck unabhängig von einem bestimmten Verfahrenssystem allgemeine Geltung[72].

Untersucht man nunmehr, ob das der Gleichstellung von Verteidigung und Anklage dienende Befragungsrecht des Art. 6 Abs. 3 d MRK in den Fällen des hier behandelten mittelbaren Zeugenbeweises gewahrt ist, so ist zunächst festzustellen, daß die in § 240 Abs. 2 StPO enthaltene Regelung der Zeugenbefragung durch den Angeklagten und seinen Verteidiger in vollem Umfang der Garantie der Konvention entspricht[73]. Zugleich ist zu betonen, daß trotz der Besonderheit eines mittelbaren Zeugenbeweises, bei welchem der Gewährsmann geheim bleibt, die „Waffengleichheit" zwischen den Prozeßbeteiligten gewahrt ist[74]. Denn der Staatsanwaltschaft stehen die anonym gehaltenen V-Leute zur Stützung der Anklage als unmittelbare Zeugen ebensowenig zur Verfügung wie diese dem Angeklagten zur Befragung. Somit ergibt sich, daß Art. 6 Abs. 3 d MRK durch das hier betrachtete Beweisverfahren nicht verletzt ist.

Von Vertretern der Gegenansicht wird allerdings zutreffend darauf hingewiesen, daß in diesen Fällen das in der Menschenrechtskonvention garantierte Recht, Fragen zu stellen, „leerläuft"[75]. Ohne jeden Zweifel stellt die Ausübung des Fragerechts gegenüber den Verhörsbeamten als Zeugen vom Hörensagen für den Angeklagten ein völlig wirkungs- und wertloses Mittel zu seiner Verteidigung dar. Doch diesem materiellen Bedenken steht angesichts der Wahrung aller Erfordernisse des Art. 6 Abs. 3 d MRK ein auch im Hinblick auf diese Bestimmung formell einwandfreies Verfahren gegenüber.

Soweit die Vertreter der Gegenansicht aber darauf abstellen, daß der wahre Zeuge durch staatliche Maßnahmen, nämlich die Beschränkung

---

[72] Vgl. *Paunovic*, S. 3.

[73] *Maunz - Dürig*, Art. 1 Abs. I Rn 72; *Schorn*, Komm., S. 233 f.; *Peters*, Lb 2 S. 180; *Appell*, S. 77; *Stegmann*, S. 132; *v. Weber*, ZStW 65 (1953), 339; *Tiedemann*, MDR 1963, 459; *Paunovic*, S. 7, 8, 22 f., 137, 156 f., 159; *Strobel*, S. 81; *Jescheck*, NJW 1954, 784.

[74] *Tiedemann*, JuS 1965, 20.

[75] *Guradze*, S. 109 f.

der Aussagegenehmigung nach § 54 StPO, „künstlich" unerreichbar gemacht wird[76], und gerade mit diesem Umstand einen Verstoß gegen Art. 6 Abs. 3 d MRK begründen, so ist dem entgegenzuhalten, daß dieser Gesichtspunkt gleichermaßen für die Sinnentleerung des Art. 103 Abs. 1 GG anzuführen ist[77]. Der Einfluß hoheitlichen Handelns auf die besondere Gestaltung der Beweismittellage vermag Inhalt und Umfang der prozeßrechtlichen Garantien, die allein vom Sinn und Zweck des Gesetzes her bestimmt werden müssen, nicht zu ändern. Somit kann auch nicht unter Hinweis auf diese Tatsache eine Verletzung des von seinem Zweck her durchaus gewahrten Art. 6 Abs. 3 d MRK gerügt werden. Dem genannten Umstand kommt vielmehr als Entstehungsgrund der hier betrachteten besonderen Problematik eines mittelbaren Zeugenbeweises eine außerhalb einzelner Normen liegende übergeordnete Bedeutung zu; er soll daher später unter einem umfassenderen Gesichtspunkt noch einer gesonderten Würdigung unterzogen werden.

Als Ergebnis der vorstehenden Untersuchung des Art. 6 Abs. 3 d MRK ist jedenfalls festzuhalten, daß diese Bestimmung wegen der formellen Gleichstellung von Anklage und Verteidigung in ihren Möglichkeiten und Rechten durch den hier betrachteten Beweis durch Zeugen vom Hörensagen nicht verletzt wird.

b) Das Recht auf faires Gehör nach Art. 6 Abs. 1 MRK

Art. 6 Abs. 1 Satz 1 MRK verbürgt für jedermann den Anspruch darauf, mit seiner Sache in billiger Weise vor Gericht gehört zu werden, das Recht auf „a fair hearing".

Unzweifelhaft geht diese Garantie des Rechts auf Gehör in Inhalt und Umfang auf jeden Fall so weit, wie die verfassungsrechtliche Gewährleistung des Art. 103 Abs. 1 GG. Denn das Recht zur Äußerung und Stellungnahme zu allen entscheidungserheblichen Tatsachen und Beweisergebnissen ist notwendiger Bestandteil einer „billigen Anhörung". Im Hinblick auf die bereits festgestellte Vereinbarkeit des hier untersuchten mittelbaren Zeugenbeweisverfahrens mit Art. 103 Abs. 1 GG kann eine Verletzung des Art. 6 Abs. 1 MRK demnach nur dann in Betracht kommen, wenn das hier garantierte Recht auf Gehör eine über Art. 103 Abs. 1 GG hinausgehende, materiell zu verstehende Bedeutung hat in dem Sinne, daß dem Angeklagten auch *wirksame* Verteidigung ermöglicht werden muß. Die Einhaltung bestimmter Beweiserhebungsregeln mit Rücksicht auf Besonderheiten des Einzelfalles —

---

[76] *Schwarz - Kleinknecht*, (27. Auflage, 1967) § 250, C; *Grünwald*, JZ 1966, 494.

[77] Hierauf stützt *A. Arndt*, NJW 1963, 433 und NJW 1962, 27 im wesentlichen seine Rüge einer Verletzung des Art. 103 Abs. 1 GG.

wie hier der Ausschluß des mittelbaren Zeugenbeweises — müßte also eine unerläßliche Forderung des Rechts auf „faires Gehör" im Sinne des Art. 6 Abs. 1 MRK sein.

Für eine derartige Inhaltsbestimmung dieser Gehörsgarantie findet sich jedoch keinerlei Anhaltspunkt in der Konvention. Der den Gehörsanspruch im engeren Sinne umfassende Begriff des „fair hearing", der den Vorstellungen der angelsächsischen Rechtstradition entstammt[78], entzieht sich einer konkreten rechtlichen Bestimmung[79]. Er enthält keine eigenständige Garantie eines Verfahrens „in billiger Weise" im Sinne einer selbständig zu bestimmenden, materiellen Eigenwertigkeit[80]. Vielmehr wird diese allgemeine Umschreibung für ein gerechtes und rechtsstaatliches Gerichtsverfahren inhaltlich zunächst ausgefüllt durch die in Art. 6 Abs. 1 MRK enthaltenen Einzelgarantien institutioneller und prozessualer Art[81]. Dabei findet das hier verbürgte Recht auf Gehör noch eine nähere Ausgestaltung durch die in Absatz 3 genannten Teilrechte, die im wesentlichen dazu dienen, dem Angeklagten überhaupt die tatsächliche Möglichkeit oder die prozessualen Mittel zur Ausübung seines Gehörsanspruches zu gewähren.

Über diese konkreten verfahrensrechtlichen Erfordernisse des Art. 6 Abs. 1 und 3 MRK hinaus hat die Europäische Kommission für Menschenrechte aus der umfassenden Garantie des „fair hearing" den Grundsatz der Waffengleichheit zwischen Anklage und Verteidigung abgeleitet und diesem eine zentrale Bedeutung für den gesamten Art. 6 MRK zuerkannt[82]. Hieraus können sich sogar Rechte ergeben, die über die Mindestrechte des Absatzes 3 hinausgehen[83].

Angesichts des solcherart aus dem Sinnzusammenhang des Art. 6 MRK erschlossenen Bedeutungsgehalts des Rechts auf „billige Anhörung" kann nicht zweifelhaft sein, daß dieses im wesentlichen dem durch Grundgesetz und Strafprozeßordnung ausgestalteten Recht auf Gehör in Verbindung mit den das Prinzip der Waffengleichheit verwirklichenden Normen entspricht. Keineswegs aber wird hier mit Hilfe

---

[78] *Pieck*, S. 75; *Scheuner*, Festschrift für Jahrreiß, S. 377.

[79] *Guradze*, S. 98; *Partsch*, Menschenrechtskonvention, S. 151; *Pieck*, S. 86.

[80] *Pieck*, S. 75 und 86. Vgl. auch *Partsch*, Menschenrechtskonvention, S. 150: „Die Kommission hatte mehrfach der Auffassung entgegenzutreten, die Garantie des Art. 6 gebiete absolut und ohne Beziehung zu den garantierten Prinzipien, den Prozeß in einer bestimmten Weise auszugestalten, oder untersage es, sich gewisser Formen zu bedienen."

[81] Vgl. *Pieck*, S. 10 ff. und S. 62 ff.

[82] Vgl. EuKommMR NJW 1963, 2247 mit Hinweisen auf die Rechtsprechung der Kommission. *Guradze*, S. 98, ebenfalls mit Rechtsprechungsnachweisen; *Partsch*, Menschenrechtskonvention. S. 168.

[83] *Schwarz - Kleinknecht*, Anhang A 4 Art. 6 MRK, 4. Vgl. ferner *Partsch*, Menschenrechtskonvention. S. 158 f. und 168.

eines unbestimmten Wertbegiffs ein Recht auf eine materiell wirksame Gehörsausübung garantiert und damit die Forderung erhoben, die Gestaltung der Beweisaufnahme und Beweisführung abweichend von den allgemeinen Regeln den Besonderheiten des Einzelfalles anzupassen.

Dieses Ergebnis stimmt mit den im Schrifttum vertretenen Ansichten letztlich völlig überein, wenngleich auch der Inhalt der Gehörsgarantie des Art. 6 Abs. 1 MRK unterschiedlich weit bestimmt wird.

Einige Autoren gehen ohne weiteres davon aus, daß die Ausgestaltung des rechtlichen Gehörs im deutschen Strafverfahrensrecht den Anforderungen der Menschenrechtskonvention entspreche und daß der Inhalt dieses Rechts durch Art. 6 Abs. 1 MRK keine Weiterungen erfahre[84].

Überwiegend wird die Gehörsgarantie des Art. 6 Abs. 1 MRK jedoch in Zusammenhang mit dem „fair trial" im Sinne des angelsächsischen Common Law gebracht und von daher inhaltlich ergänzt[85]. Doch als Rechte, die über Art. 103 Abs. 1 GG hinausgehen, werden im wesentlichen nur der Anspruch auf Justizgewährung[86], der Grundsatz der Waffengleichheit zwischen Anklage und Verteidigung[87] oder die Ergänzung des rechtlichen Gehörs durch die in den Absätzen 2 und 3 des Art. 6 MRK enthaltenen Regeln[88] genannt. Selbst jene Autoren, die aus der umfassenden Garantie einer „Anhörung in billiger Weise" unter Bezugnahme auf die Grundsätze des „fair trial" noch weitergehende Rechte herleiten, führen als solche nur tragende Grundsätze oder wesentliche rechtsstaatliche Bestimmungen der StPO an[89].

In Anbetracht dieser Auslegung des Art. 6 Abs. 1 MRK ist somit festzustellen, daß das hier untersuchte mittelbare Zeugenbeweisverfahren keinen Verstoß gegen diese Anhörungsgarantie bedeutet. Denn wegen der Anonymität des geheimgehaltenen V-Mannes ist die den Anspruch auf faires Gehör im wesentlichen kennzeichnende Waffengleichheit zwischen der Staatsanwaltschaft und dem Angeklagten bzw. dessen Verteidiger durchaus gewahrt.

---

[84] *Maunz - Dürig*, Art. 103 Rn 97; *Dahm*, S. 539 Anm. 6; *Pieck*, S. 82; *Appell*, S. 127; *Paunovic*, S. 45 f., 156 f., 159; *v. Weber*, ZStW 65 (1953), 339.

[85] *Schwarz - Kleinknecht*, Anhang A 4 Art. 6 MRK, 4; *Schorn*, Komm., S. 212 f.; *Dahs* jun., S. 32; *Strobel*, S. 80; *Scheuner*, Festschrift für Jahrreiß, S. 377 und 382; *Echterhölter*, JZ 1956, 145.

[86] So *Dahs* jun., S. 10 und 143; *Echterhölter*, JZ 1956, 145.

[87] *Dahs* jun., S. 32.

[88] *Scheuner*, Festschrift für Jahrreiß, S. 377 und 382; *Weiß*, S. 19 f. Ähnlich auch *Strobel*, S. 80 f.

[89] *Schwarz - Kleinknecht*, Anhang A 4 Art. 6 MRK, 4; *Schorn*, Komm., S. 212 f.

2. *Die Anwendbarkeit fremder Beweisgrundsätze über die völkerrechtlichen Regeln der Menschenrechtskonvention zur Inhalts- und Geltungsbestimmung des Grundsatzes der Unmittelbarkeit*

Eine besondere Möglichkeit zur Lösung der hier betrachteten Problematik ist in neuester Zeit von Tiedemann[90] aufgezeigt worden. Tiedemann erwägt, ob das Kriterium der Fairness in Art. 6 Abs. 1 MRK durch die Grundsätze des angelsächsischen Strafverfahrens auszufüllen sei mit der Folge, daß die „hearsay-rule“ mit ihrem Ausschluß des Beweises durch Zeugen vom Hörensagen über die genannte Bestimmung der Menschenrechtskonvention auch für das deutsche Strafverfahren Geltung beanspruchen könne[91].

Dieser Vorschlag könnte eine Stütze finden in der anderweitig im Schrifttum geäußerten Ansicht[92], daß eine Vorschrift der Konvention, die offensichtlich einem bestimmten Rechtskreis entstamme, auch nach den Grundsätzen dieses Rechtskreises auszulegen sei.

Dieser Gedanke würde allerdings nicht nur hinsichtlich der umfassenden Garantie des „fair trial“ in Absatz 1 des Art. 6 MRK zu einer Auslegung im Sinne angelsächsischer Verfahrensregeln und damit zur Anwendbarkeit der hearsay-rule führen. Zugleich müßte notwendigerweise dann auch das in Absatz 3 d enthaltene Teilrecht auf Befragung der Belastungszeugen inhaltlich dementsprechend bestimmt werden, nämlich im Sinne des generellen Ausschlusses mittelbarer Zeugen[93].

Sofern man die angelsächsische Beweisausschlußregel aber als integrierenden Bestandteil der Rechtsgarantien des Art. 6 MRK ansähe und damit ihre Geltung auch im Rahmen des deutschen Strafverfahrens bejahte, müßte man eine verbindliche Forderung nach ausschließlich unmittelbarer Beweisführung anerkennen. Auf diesem Wege würde man zu einer weiter gefaßten Inhaltsbestimmung des Grundsatzes der Unmittelbarkeit gelangen, da man neben dem Prinzip der Form für die Beweiserhebung nunmehr auch einem Prinzip der Wahl für die Beweisführung verbindliche Geltung zusprechen müßte.

Der aufgezeigten Möglichkeit, einer Besonderheit des angelsächsischen Beweisrechts über die Regeln der Menschenrechtskonvention Zugang in das deutsche Strafverfahren zu verschaffen, stehen jedoch gewichtige Bedenken entgegen.

---

[90] JuS 1965, 20 f. Vgl. auch schon MDR 1963, 458 f.

[91] JuS 1965, 20 f. Diesen Gedanken hat im Anschluß an *Tiedemann Stegmann*, S. 133 ff. aufgegriffen und hierzu Stellung genommen.

[92] *Appell*, S. 17; *Echterhölter*, JZ 1956, 142 mit weiteren Hinweisen.

[93] Diese Konsequenz wird weder von *Stegmann* noch von *Tiedemann* berücksichtigt.

Im rechtsvergleichenden Teil dieser Arbeit[94] wurde bereits festgestellt, daß die hearsay-rule als formale Beweisausschlußregel sowohl systematisch als auch historisch in den besonderen Gegebenheiten des angelsächsischen Strafverfahrens wurzelt. Die das englische Beweisrecht weithin beherrschenden bindenden Regeln zur Wahrheitserforschung sind verfahrensmäßig bedingt durch die Dispositionsmaxime und den demgemäß geltenden Grundsatz der formellen Wahrheit einerseits und durch die maßgebliche Mitwirkung der Geschworenen bei der Urteilsfindung andererseits. Aus dieser Erkenntnis wurde bereits oben[95] die Folgerung gezogen, daß die formale angelsächsische Regelung des hearsay-evidence in das vom Grundsatz der materiellen Wahrheitserforschung von Amts wegen und vom Prinzip der freien Beweiswürdigung beherrschte deutsche Strafverfahren generell nicht übertragen werden kann.

Somit verbietet es sich bereits im Hinblick auf den Widerspruch, der durch die Übernahme der hearsay-rule zu den tragenden Prinzipien der §§ 244 Abs. 2, 261 StPO auftreten würde, der genannten Regel über Art. 6 Abs. 1 und 3 MRK verbindliche Geltung für das deutsche Prozeßrecht zuzuerkennen.

Tiedemann, der die Übertragbarkeit des angelsächsischen Verbots des mittelbaren Zeugenbeweises aus den soeben genannten Gründen gleichfalls ablehnt[96], möchte dennoch den maßgeblichen Einfluß angelsächsischer Vorstellungen auf das Recht der MRK und ganz besonders auf Art. 6 MRK nicht unbeachtet lassen. Er ist der Ansicht, daß dem deutschen Prozeßrecht mit diesen Bestimmungen fremdes Gedankengut aufgepfropft worden sei, das rechtlich nur im Wege wechselseitiger Anpassung und Auslegung bewältigt werden könne[97].

Gegen die Annahme, Art. 6 MRK sei durch spezifische englische Rechtsregeln auszufüllen, sprechen neben dem Hinweis auf die strukturelle Verschiedenartigkeit des deutschen und englischen Strafprozesses entscheidender noch Sinn und Zweck der völkerrechtlichen Regeln der Menschenrechtskonvention.

In der Präambel der Konvention kommt klar zum Ausdruck, daß mit dem Abkommen vor allem eine „kollektive Garantie" bestimmter fundamentaler Menschenrechte und Grundfreiheiten sichergestellt werden soll mit dem Ziel, den gemeinsamen Standard der Grundrechtsgewährungen in den beteiligten Staaten aufrecht zu erhalten und zu verstärken. Wie sich aus der in der Präambel enthaltenen Berufung

---

[94] Siehe oben S. 95 ff. und S. 108.

[95] Siehe oben S. 108 f.

[96] MDR 1963, 458 f. und JuS 1965, 20.

[97] JuS 1965, 20.

auf das gemeinsame Erbe der europäischen Staaten an „geistigen Gütern, politischen Überlieferungen, Achtung der Freiheit und Vorherrschaft des Gesetzes" ergibt, sollen nur diejenigen Grundrechte in der Konvention verbürgt werden, die historisches Gemeingut der westeuropäischen Staaten sind. Das sind im wesentlichen also jene klassischen liberalen Freiheitsrechte, die seit der „Déclaration des droits de l'homme" vom 26. August 1789 in allen freiheitlichen Staaten Europas Anerkennung fanden[98].

Die Konvention will also keine neuen ausgedehnten Rechtsgewährungen schaffen; sie beschränkt sich nach einhelliger Ansicht im Schrifttum[99] in ihrem materiellrechtlichen Gehalt auf jene Rechte und Grundfreiheiten, die in allen demokratischen und liberalen Staaten Westeuropas durch lange Übung anerkannt und im Rahmen ihres Rechtssystems ausgestaltet sind.

Aus dieser allgemeinen Zielsetzung der Menschenrechtskonvention folgt, daß das bestehende staatliche Recht nicht umgestaltet, sondern nur gefestigt und durch internationalen Rechtsschutz verstärkt werden soll[100]. Demgemäß sind die Forderungen der Konvention nicht auf ein bestimmtes Rechtssystem oder eine besondere Verfahrensart abgestellt[101]; vielmehr war es das Anliegen ihrer Schöpfer, gerade ungeachtet derartiger Besonderheiten in den einzelnen Mitgliedsstaaten den *gemeinsamen* Bestand gewisser fundamentaler Rechte auf Grund gemeinsamer Rechtsüberzeugung durch eine überstaatliche Garantie in erhöhtem Maße zu sichern. Die Art und Weise der rechtlichen Gewährung im Rahmen der jeweiligen Rechtsordnung ist dagegen den einzelnen Staaten überlassen.

Angesichts dieser Zwecksetzung der MRK erscheint es aber ausgeschlossen, daß der in Art. 6 Abs. 1 MRK enthaltene Rechtsbegriff des „fair trial" durch Grundsätze des angelsächsischen Beweisverfahrens ausgefüllt werden und so einer Besonderheit dieses Rechtskreises über die MRK auch in anderen europäischen Rechtsordnungen Geltung zukommen kann[102].

Dem entspricht auch die im Schrifttum mehrfach zum Ausdruck gekommene Auffassung von der Bedeutung des Art. 6 MRK. Ausgehend

---

[98] *Strobel*, S. 17; *Stegmann*, S. 137.

[99] *Golsong*, S. 4; *Strobel*, S. 17; *Stegmann*, S. 137; *Paunovic*, S. 11; *Weil*, S. 28 (unter Hinweis auf die Beratende Versammlung des Europarats in der Sitzung vom 5. 9. 1949); *Scheuner*, Festschrift für Jahrreiß, S. 359, 366 f. und 374.

[100] *Jescheck*, NJW 1954, 784; *Paunovic*, S. 4.

[101] *Paunovic*, S. 3.

[102] So ausdrücklich *Stegmann*, S. 20 f. Vgl. auch die entsprechenden allgemeinen Ausführungen bei *v. Weber*, ZStW 65 (1953), 345 f. und, ihm zustimmend, *Jescheck*, NJW 1954, 784.

von der allgemeinen Zielsetzung der Konvention wird gesagt, diese Bestimmung enthalte die in den demokratischen westlichen Staaten allgemein anerkannten Garantien des Verfahrensrechts[103]. Soll mit Art. 6 MRK aber nur der gemeinsame Bestand justizieller Grundrechte für alle Mitgliedsstaaten besonders verbürgt werden, so bedingt das zwar das Vorhandensein und die Gleichartigkeit der entsprechenden institutionellen und verfahrensmäßigen Einrichtungen, keineswegs aber die Übernahme spezieller beweisrechtlicher Regeln eines bestimmten Verfahrenstyps[104]. Daher verdienen auch im Hinblick auf Art. 6 MRK und die hier behandelte Frage der Übertragbarkeit der hearsay-rule die folgenden allgemeinen Ausführungen Paunovics[105] Zustimmung: „Die Untersuchung über das Verhältnis zwischen deutschem Strafverfahrensrecht und der Konvention ist darauf zu richten, das deutsche Strafverfahrensrecht nach seinem inneren Recht zu prüfen, den Forderungen der Konvention in diesem Verfahren ihren Platz zuzuweisen und nicht danach zu trachten, das deutsche Strafverfahrensrecht einem anderen, ihm fremden Verfahrenstyp anzugleichen."

Somit ist festzustellen, daß eine inhaltliche Auffüllung des Art. 6 Abs. 1 und 3 d MRK im Sinne des angelsächsischen Beweisverfahrens und damit eine unmittelbare Geltung der hearsay-rule für das deutsche Strafverfahren ausgeschlossen ist. Der zwischenstaatliche Charakter der Konvention und der Zweck ihrer Regeln stehen entscheidend dieser Möglichkeit zur Lösung der Problematik eines mittelbaren Zeugnisses bei staatlich geheimgehaltenem Gewährsmann entgegen.

III. Das Rechtsstaatsprinzip

Neben dem Hinweis auf eine Verletzung konkreter strafprozessualer Normen mit und ohne Verfassungsrang rügen die Kritiker des hier betrachteten mittelbaren Zeugenbeweisverfahrens ganz allgemein einen Verstoß gegen die Rechtsstaatlichkeit des Verfahrens. Man spricht von einem „Riß im Rechtsstaat"[106], einer Beseitigung[107] oder Umgehung rechtsstaatlicher Grundsätze dadurch, daß man ein Primat staatlich-

---

[103] *Appell*, S. 38; *Strobel*, S. 20 f.; *Weiß*, S. 19.

[104] Bezüglich der Anwendung des Art. 6 MRK in der Praxis führt *Scheuner*, Festschrift für Jahrreiß, S. 383, dementsprechend aus: „Im Ganzen haben die internationalen Organe hier danach zu streben, nicht zu tief in die Einzelheiten des gerichtlichen Verfahrens hineingezogen zu werden, aber die Garantie gewisser fundamentaler Rechte zu sichern."

[105] a.a.O., S. 23.

[106] *R. Schmid*, DIE ZEIT Nr. 7 vom 15. 2. 1963, vgl. auch Nr. 8 vom 20. 2. 1959.

[107] *Klug*, Verhandlungen 46. DJT Band II, Teil F, S. 58.

politischer Interessen vor dem Recht anerkenne[108], und davon, daß es „mit dem Wesen des Rechtsstaats unvereinbar sei“[109], die Persönlichkeit eines unbekannten Zeugen systematisch der Nachprüfung zu entziehen und die Verurteilung des Angeklagten auf die Aussage eines vorgeschobenen Ersatzzeugen zu stützen.

Selbst von Vertretern der herrschenden Meinung wird vereinzelt hervorgehoben, daß die Vernehmung von Verhörsbeamten über die Angaben anonymer Gewährsleute „an die Grenzen der Rechtsstaatlichkeit“[110] rühre und daß es in einem Rechtsstaat nicht angehen dürfte, durch die Verwendung derartiger pseudonymer Zeugen — auch wenn formale Bedenken dagegen nicht bestünden — den Eindruck zu erwekken, dieser sei von einem im Prozeß nicht vertretenen Staatsorgan bestellt und bezahlt, um dem Gericht eine formale Grundlage für das Urteil zu geben[111].

Die bisherigen Untersuchungen haben ergeben, daß die Verwendung dieses besonders gearteten mittelbaren Zeugenbeweises im Hinblick auf die strafprozessualen Normen einfachen und verfassungsrechtlichen Ranges als formell einwandfrei bezeichnet werden muß. Ob dennoch ein Verstoß gegen die Rechtsstaatlichkeit des Strafverfahrens zu bejahen ist, und welche Konsequenzen gegebenenfalls daraus zu ziehen sind, läßt sich nur feststellen, wenn man sich den Entstehungsgrund der hier betrachteten Problematik, die Einwirkung staatlicher Organe auf die Beweismittellage bei der Strafverfolgung, in seiner übergeordneten Bedeutung vor Augen führt und sodann am Rechtsstaatsprinzip als komplexem Wertmaßstab für die Gestaltung des Strafverfahrens mißt.

1. Die Widersprüchlichkeit staatlichen Handelns als Verstoß gegen die Rechtsstaatlichkeit des Strafverfahrens

Der gemeinsame Ansatzpunkt aller geäußerten Kritik kommt am klarsten in den Worten A. Arndts[112] zum Ausdruck: „Was aber ... nicht angeht, ist, daß derselbe Staat, einmal durch seine vollziehende und zum anderen durch seine rechtsprechende Gewalt handelnd, sich mit sich selbst in Widerspruch setzt und sein eigenes, in der Aussageverweigerung liegendes Beweisverbot einseitig dadurch umgeht, daß er künstliche ‚Zeugen‘ einführt, die fragmentarisch bekunden, was sie hörten, aber das Wesentlichste verschweigen müssen, von wem sie es hörten.

---

[108] *Posser*, S. 39.

[109] *Schweitzer*, Justiz 2 (1926/27), 214 f.

[110] *Tiedemann*, MDR 1963, 459.

[111] *Evers*, S. 254 f.

[112] NJW 1963, 433.

Der als Einheit aufzufassende Staat kann, aber *muß* sich auch entscheiden, ob er ein Beweisverbot erlassen und damit auf einen Beweis verzichten will, der ohne das Verbot geführt werden könnte, oder ob ihm der Beweis und die davon abhängige Verurteilung wichtiger ist."

Auf diesen Gesichtspunkt einer fragwürdigen Widersprüchlichkeit in der Ausübung hoheitlicher Staatstätigkeit stützen letztlich alle Gegner des von der Rechtsprechung anerkannten Zeugenbeweisverfahrens ihre Ansicht von einem Beweiserhebungs- oder Beweisverwertungsverbot[113], mit welch unterschiedlicher Begründung dies auch immer geschieht. Während die einen in der Vernehmung des Verhörsbeamten an Stelle des behördlich geheimgehaltenen Tatzeugen einen Verstoß gegen Art. 103 Abs. 1 GG sehen[114], führen andere die durch ein staatliches Organ bewirkte Unerreichbarkeit des wahren Belastungszeugen für eine Verletzung des Art. 6 Abs. 3 d MRK an[115]. Daneben wird auf wiederum unterschiedliche Weise aus dem Widerspruchsgedanken auch selbständig ein Beweisverbot abgeleitet. So stellen Meilicke[116] und Peters[117] auf die Einheit der Zeugenaussage ab und machen geltend, daß es nicht angehe, daß die Behörde dem Gericht nur einen Teil des Tatbestandes zugänglich mache, den Rest aber durch Verschweigen der Personalien des V-Mannes hinter dem „Eisernen Vorhang ‚Staatsgeheimnis'"[118] verberge und damit für den gesamten Komplex die gerichtliche Nachprüfung unmöglich mache. Mehrfach wird schließlich die Unverwertbarkeit des mittelbaren Zeugnisses des Verhörsbeamten allein darauf gestützt, daß der Staat die Überführung des Angeklagten mit Hilfe eines beschränkten Ersatzbeweismittels anstrebe, obgleich er selber die Unerreichbarkeit des V-Mannes als Tatzeugen veranlaßt habe[119].

Der in all diesen kritischen Stellungnahmen zum Ausdruck kommende Zweifel an der Berechtigung des Staates, auf Kosten der Belange des Angeklagten gleichzeitig sowohl seine Geheimhaltungsinteressen als auch sein Strafverfolgungsinteresse wahrzunehmen, trifft in der Tat den Kern der Problematik und weist auf die eigentliche Ursache des Unbehagens bei diesem formell nicht zu beanstandenden Verfahren

---

[113] Vgl. hierzu *Klug*, Verhandlungen 46. DJT, Band II, Teil F, S. 58 und *Grünwald*, JZ 1966, 494.

[114] *A. Arndt*, NJW 1963, 433; *R. Schmid*, DIE ZEIT Nr. 7 vom 15. 2. 1963.

[115] *Schwarz - Kleinknecht*, (27. Auflage, 1967) § 250 C; *Grünwald*, JZ 1966, 494.

[116] NJW 1963, 427 und 428. Siehe hierzu die kritische Stellungnahme von *Stegmann*, S. 55 ff.

[117] Verhandlungen 46. DJT, Band I, Teil 3 A, S. 108.

[118] *Meilicke*, NJW 1963, 427.

[119] *Posser*, S. 35 ff. und 39; *Schweitzer*, Justiz 2 (1926/27), 214 f. Vgl. auch *R. Schmid*, DIE ZEIT Nr. 7 vom 15. 2. 1963, und *Klug*, Verhandlungen 46. DJT, Band II, Teil F, S. 57 und 58.

hin. Die Aufteilung staatlicher Funktionen auf verschiedene Organe läßt die Verkürzung des Schutzes des Angeklagten kaum berechtigt erscheinen. Denn durch die Widersprüchlichkeit staatlichen Handelns, durch die gleichzeitige Wahrnehmung von Interessen der vollziehenden und rechtsprechenden Gewalt, werden die rechtsstaatlichen Verfahrensgarantien des Art. 103 Abs. 1 GG und Art. 6 MRK völlig ausgehöhlt. Sie verfehlen ihren eigentlichen Zweck und stellen sich für den Angeklagten als bloße Scheinrechte dar. Auch der Umstand, daß die prozessuale Waffengleichheit zwischen Anklage und Verteidigung durchaus gewahrt ist, verliert unter diesem übergeordneten Gesichtspunkt jegliche Bedeutung. Denn schließlich führen die Strafverfolgungsorgane die den Angeklagten belastenden Angaben durch den mittelbaren Zeugen in das Verfahren ein, und die Verurteilung kann auf dessen kaum überprüfbare Aussage gestützt werden, während der Angeklagte diesem Verfahren ohne jedes wirksame prozessuale Mittel zu seiner Verteidigung unterworfen ist.

Zur Beseitigung dieser Widersprüchlichkeit hoheitlichen Handelns bietet sich nur die Alternative, entweder die Erteilung einer beschränkten Aussagegenehmigung, wie sie nach § 54 StPO in Verbindung mit den einschlägigen Bestimmungen der Beamtengesetze zulässig ist, als rechtsstaatswidrig zu erklären oder aber die Verwendung des behördlich beschränkten Zeugnisses auszuschließen, sofern dieses als Verstoß gegen die Rechtsstaatlichkeit des Strafverfahrens zu bewerten ist.

Die erstere Möglichkeit muß von vornherein verneint werden. Mit Recht sind die Bestimmungen der Beamtengesetze, die eine Versagung bzw. Einschränkung der Aussagegenehmigung zum Schutze ungestörter Erfüllung öffentlicher Aufgaben oder staatlicher Sicherheitsinteressen gestatten, im Schrifttum bisher rechtsstaatlich nicht beanstandet worden[120]. Denn für das Rangverhältnis zwischen den Geheimhaltungsinteressen des Staates und den Belangen des Angeklagten ist letztlich entscheidend, daß der Schutz aller Individualrechte die ungestörte freiheitliche Ordnung voraussetzt. Daraus ergibt sich ein logischer und sachlicher Vorrang des Staatsinteresses[121]. Dieses erfordert dann im Einzelfall auch die Geheimhaltung der V-Leute, deren Mitarbeit — gerade auf dem Gebiet des Verfassungsschutzes — nach einhelliger Ansicht unentbehrlich ist und deren Preisgabe die Aufopferung wesentlicher Interessen des Rechtsstaates bedeuten kann. Die vom Gesetzgeber in den entsprechenden Bestimmungen der Beamtengesetze (vgl.

---

[120] Vgl. *KMR-Sax*, § 54, 1 b (IV); *Löwe - Rosenberg - Kohlhaas*, § 54, c; *Schwarz - Kleinknecht*, § 54, 3 B; *Düwel*, S. 111 ff.; *Woesner*, NJW 1961, 535; *Tiedemann*, MDR 1963, 459; siehe auch *A. Arndt*, NJW 1963, 433.

[121] Vgl. *G. Schulz*, MDR 1966, 566.

etwa § 62 BBG) vorgenommene Güterabwägung ist daher als berechtigt anzuerkennen.

Hat somit aber die vollziehende Gewalt das legitime Recht, ihren Geheimhaltungsinteressen den Vorrang einzuräumen vor den Interessen der rechtsprechenden Gewalt an einer umfassenden Aufklärung und vor den Belangen des Betroffenen, so bleibt nur die Frage, ob nicht die Überführung des Angeklagten mit Hilfe eines solcherart beschränkten und bedenklichen Beweismittels als Beeinträchtigung der Rechtsstaatlichkeit der Strafverfolgung zu bewerten und deshalb abzulehnen ist.

Einer Verletzung rechtsstaatlicher Grundsätze wie der Garantien des Art. 103 Abs. 1 GG und Art. 6 MRK wäre es gleichzuerachten, wenn das widersprüchliche Handeln des Staates in doppelter Interessenverfolgung sich als mißbräuchliche Umgehung dieser Garantien darstellen würde. Dieser Vorwurf — der im Schrifttum mehrfach zum Ausdruck kommt in der Wendung vom künstlichen, vorgeschobenen Ersatzzeugen, der es gerade unmöglich machen soll, daß die Beteiligten sich zu dem wahren Zeugen äußern können[122] — ist jedoch nicht berechtigt. Denn weder auf Seiten der staatlichen Sicherheitsorgane noch auf Seiten der Strafverfolgungsorgane liegt eine Pflichtverletzung vor, ohne die ein Mißbrauch nicht angenommen werden kann. Sie machen vielmehr nur Gebrauch von den ihnen gesetzlich eingeräumten Möglichkeiten und Rechten. Die Aushöhlung der rechtsstaatlichen Verfahrensgarantien kann daher keiner Instanz — seien es die einzelnen Organe, sei es der Staat selbst — als bewußte Umgehung angelastet werden. Sie beruht allein auf der staatlichen Funktionsteilung, die Bestandteil unserer verfassungsmäßigen Ordnung ist und die hier zu einem rein objektiv zu bewertenden Widerspruch führt.

Inwieweit aber ein solch objektiver Widerspruch staatlichen Handelns mit seiner nachteiligen Auswirkung auf die verfahrensrechtliche Stellung des Angeklagten als Verletzung der Rechtsstaatlichkeit des ganzen Verfahrens angesehen werden kann, ist sehr fraglich.

Das Prinzip der Rechtsstaatlichkeit ist als allgemeiner vorverfassungsrechtlicher Grundgedanke, als „Leitidee“[123] zwar in der Verfassung zum Ausdruck gekommen, jedoch nicht erschöpfend umschrieben worden. Wesentliche Elemente aus dem Ideenkreis des Rechtsstaatsprinzips sind insbesondere in Art. 20 GG enthalten[124] mit dem Grund-

---

[122] Deutlich so bei *A. Arndt*, NJW 1963, 433, insbesondere Anm. 111 und NJW 1962, 27; ferner auch bei *Posser*, S. 38 f. und *Schweitzer*, Justiz 2 (1926/27), 214 f.

[123] BVerfGE 2, 403; *KMR-Sax*, Einleitung, S. 19; *Leibholz - Rinck*, Art. 20 vor Rn 22; vgl. auch *v. Mangoldt - Klein*, S. 600.

[124] *Maunz*, S. 63; *Maunz - Dürig*, Art. 20 Rn 58; *v. Mangoldt - Klein*, S. 600.

satz der Gewaltenteilung und der Rechtsbindungsklausel, wonach die Gesetzgebung an die verfassungsmäßige Ordnung, die vollziehende Gewalt und die Rechtsprechung an Gesetz und Recht gebunden sind. Somit enthält das Rechtsstaatsprinzip keine in allen Einzelheiten bestimmten Gebote und Verbote; vielmehr bedarf dieser Verfassungsgrundsatz der Konkretisierung je nach den sachlichen Gegebenheiten[125].

Für den Strafprozeß verlangt der Gedanke der Rechtsstaatlichkeit nach einhelliger Ansicht[126] ein Verfahren, das nach festen Regeln vor dem unabhängigen gesetzlichen Richter abläuft und grundlegende formale Sicherungen zur Wahrung der Freiheit und Würde des Individuums verbürgt. Konkrete Ausformungen dieses Gebots sind neben den institutionellen Garantien im wesentlichen der Grundsatz des rechtlichen Gehörs (Art. 103 Abs. 1 GG) und der fairen Verfahrensgestaltung (Art. 6 Abs. 1 MRK), das Verbot jeglichen Willenszwanges durch Gewalt, Täuschung oder Drohung (vgl. §§ 69 Abs. 3, 136 a, 163 Abs. 2, 163 a Abs. 3 bis 5 StPO, Art. 3 MRK), die Unschuldsvermutung (Art. 6 Abs. 2 MRK) und die Forderung des zweifelsfreien Schuldbeweises für eine Verurteilung sowie das Willkürverbot (vgl. Art. 3 GG) und der allgemeine verfassungsrechtliche Grundsatz der Verhältnismäßigkeit[127]. Über diese Beispiele konkreter Ausprägungen des Rechtsstaatsprinzips hinaus beruhen letztlich alle bindenden prozessualen Formen und Regeln in ihm, da sie im Interesse der Rechtssicherheit der Betätigung staatlicher Strafgewalt Schranken setzen und so die Rechtspflegeorgane zur Einhaltung des vom Gesetzgeber vorgezeichneten justizförmigen Weges zur Wahrheits- und Rechtsfindung zwingen[128].

Im Hinblick auf diese den Komplexbegriff eines rechtsstaatlichen Strafverfahrens nach allgemeiner Anschauung ausfüllenden und kennzeichnenden Grundsätze liegt eine Beeinträchtigung durch das hier fragliche mittelbare Zeugenbeweisverfahren zweifelsohne nicht vor. Denn es entspricht den Normen des positiven Rechts; die konkreten Ausprägungen des Rechtsstaatsprinzips sind formell gewahrt.

Dennoch kommt ein Verstoß gegen die werterfüllte Idee der Rechtsstaatlichkeit insofern in Betracht, als das widersprüchliche Handeln

---

[125] BVerfGE 7, 92 f.; *Leibholz - Rinck*, Art. 20 Rn 22; *Maunz*, S. 65.

[126] *Eb. Schmidt*, LK I, Rn 27, 333 und 363; *KMR-Sax*, Einleitung, S. 19; *Schwarz - Kleinknecht*, Einleitung, S. 5; *Maunz - Dürig*, Art. 103 I Rn 4; *Henkel*, Lb, S. 21 und 91; *Dahs* jun., S. 2; *Stegmann*, S. 119; *Tiedemann*, MDR 1963, 459 und MDR 1965, 871.

[127] Im einzelnen vgl. *Schwarz - Kleinknecht*, Einleitung, S. 5 ff. und *KMR-Sax*, Einleitung, S. 19 ff.

[128] Siehe hierzu *Eb. Schmidt*, LK I, Rn 27; *Henkel*, Lb, S. 91; *KMR-Sax*, Einleitung, S. 20.

des Staates mit der Folge der prozessualen Schutzlosigkeit des Angeklagten materiell ungerecht ist.

Zur Idee des Rechtsstaates gehört sowohl eine formelle als auch eine materielle Komponente. Der Rechtsstaat ist nach heutiger Vorstellung nicht allein im formalen Sinne ein Gesetzesstaat, in dem jeder Akt staatlichen Handelns zurückführbar sein muß auf eine staatlich gesetzte Norm; er ist zugleich Gerechtigkeitsstaat in dem Sinne, daß sein Ziel die Schaffung und Erhaltung materieller Gerechtigkeit ist[129]. Diese Betrachtungsweise fragt nicht allein nach dem formalrechtlich korrekt geäußerten Geltungswillen, sondern zugleich nach der materiell-wertmäßigen Geltungsbegründetheit des staatlichen Gesetzes. Es sind dies die beiden Komponenten, die dem in Art. 20 Abs. 3 GG enthaltenen Begriffspaar „Gesetz und Recht" zugrundeliegen. In dieser Gegenüberstellung kommt zugleich das Spannungsverhältnis zum Ausdruck, das zwischen Gesetz im Sinne von positivem Recht und Recht im Sinne von materieller Gerechtigkeit bestehen und sich bis zum Widerspruch verdichten kann[130].

Ein solcher Widerspruch ist bei dem hier betrachteten mittelbaren Zeugenbeweis festzustellen. Das positive Recht gestattet seine Verwendung, während diese wegen der zweifachen staatlichen Interessenverfolgung zu einer materiellen Ungerechtigkeit gegenüber dem diesem Verfahren ausgelieferten Angeklagten führt. Nur im Hinblick auf diesen Verstoß gegen die materielle Komponente des Rechtsstaatsprinzips kann also auch von einer Beeinträchtigung der Rechtsstaatlichkeit des Strafverfahrens gesprochen werden, da hierdurch zugleich der materielle Eigenwert des Strafprozesses, die sittlich einwandfreie und gerechte Verfahrensgestaltung als Ausdruck und Rahmen eines sozialethischen Vorganges[131] in Frage gestellt wird.

2. Die Bedeutung des Rechtsstaatsprinzips für die Inhalts- und Geltungsbestimmung des Grundsatzes der Unmittelbarkeit

Wenngleich der mittelbare Zeugenbeweis mit behördlich geheimgehaltenem Gewährsmann auch gegen die Idee der Rechtsstaatlichkeit im materiellen Sinne verstößt, so kann hieraus allein kein Verbot dieses Beweismittels und eine Forderung nach ausschließlich unmittelbarer Beweisführung für diese Fälle abgeleitet werden. Denn es darf nicht verkannt werden, daß die den mittelbaren Zeugenbeweis gestattenden Normen nicht stets, sondern nur in diesen wenigen, besonders

---

[129] *Maunz - Dürig*, Art. 20 Rn 58 und Rn 59; *Leibholz - Rinck*, Art. 20 Rn 23; *Maunz*, S. 65; *Hamann*, S. 23; *v. Mangoldt - Klein*, S. 600.

[130] Vgl. *v. Mangoldt - Klein*, S. 603.

[131] Vgl. *Peters*, Summum ius, S. 200 f.

gearteten Einzelfällen zu einer Ungerechtigkeit führen. Das insoweit anzuwendende „Gesetz“ als positives Recht steht also nicht schlechthin, sondern nur bei dieser speziellen Fallgestaltung mit dem „Recht“ im Sinne materiellen Wertgehalts ohne Positivität in Widerspruch. Wo aber ein Widerstreit zwischen dem im gesetzten Recht fundierten Prinzip der Rechtssicherheit und der Forderung nach materieller Gerechtigkeit auftritt, ist es in erster Linie Aufgabe des Gesetzgebers, einen solchen Widerstreit zur einen oder nur anderen Seite hin zu entscheiden[132]. Demgemäß ist also auch der einmal geäußerte Wille des Gesetzgebers zunächst verbindlich. So wird im verfassungsrechtlichen Schrifttum[133] bezüglich der Doppelbindung durch „Gesetz und Recht“ im Rahmen der Rechtsbindungsklausel des Art. 20 Abs. 3 GG nachdrücklich betont, daß das „Monopol der Rechtsverbindlichkeit des gesetzten Rechts“[134] grundsätzlich bestehen bleibe und die Träger der gesetzesanwendenden Einzelgewalten somit in erster Linie gesetzesgehorsam sein müßten[135]. Nur dann erst, wenn deutlich erkennbar sei, daß das Gesetz auf unerträgliche Weise der Gerechtigkeit widerspreche, es sich also schlechthin um „rechtloses Gesetz“ handle, können das „Recht“ die ihm im zweiten Halbsatz des Art.20 Abs. 3 GG zugelegte bindende Kraft gegenüber den Einzelgewalten entfalten[136].

Davon aber kann hier in Anbetracht des nur vereinzelt auftretenden Widerspruchs nicht die Rede sein. Es geht daher nicht an, daß der Richter in den hier untersuchten Fällen des mittelbaren Zeugenbeweises aus der im Rechtsstaatsprinzip enthaltenen Forderung nach materieller Gerechtigkeit ein Beweisverbot ableitet und sich somit entgegen der Wort- und Rangfolge der Rechtsbindungsklausel *frei* in der Rechtsanwendung betätigt.

Zutreffend weist Dürig[137] darauf hin, daß ein konsequent zu Ende gedachter rein materieller Rechtsstaatsbegriff alles Objektiv-Norma-

---

[132] BVerfGE 2, 403; zustimmend *Maunz*, S. 65.

[133] *BK-Wernicke*, Art. 20, 3 e; *Maunz - Dürig*, Art. 20 Rn 61; *v. Mangoldt - Klein*, S. 604.

[134] *BK-Wernicke*, a.a.O.

[135] Vgl. auch *Maunz - Dürig*, Art. 20 Rn 61: „Die formale Komponente des Rechtsstaatsbegriffs ist die ‚normale‘, ‚vordergründige‘.“ Für diese Rangfolge von „Gesetz“ und „Recht“ wird davon ausgegangen, daß im freiheitlich-demokratischen Rechtsstaate die Vermutung bestehe, daß das förmliche Gesetz und seine Anwendung die materielle Gerechtigkeit verwirklichen, das Gesetz in der Regel daher zugleich „Recht“ sei; vgl. *Maunz - Dürig*, Art. 20 Rn 60 und *BK-Wernicke*, Art. 20, 3 e.

[136] *BK-Wernicke*, Art. 20, 3 e; *v. Mangoldt - Klein*, S. 604; *Maunz*, S. 64. Dem Begriff „Recht“ in Art. 20 Abs. 3 GG soll demnach im allgemeinen nur eine „normativ-kritische Funktion“ zukommen, siehe *v. Mangoldt - Klein* und *Wernicke*, a.a.O.

[137] *Maunz - Dürig*, Art. 20 Rn 60.

tive in ein unsicheres Gewirr subjektivistischer Einzelentscheidungen auflösen könnte.

Dem entspricht es, wenn Hanack[138] sich gegen Versuche, aus dem Rechtsstaatsprinzip „im Sinne einer materialen Wertordnung" konkrete strafprozessuale Forderungen abzuleiten, mit folgenden Worten wendet: „Daß die Normen der Verfassung und der MRK in den Strafprozeß hineinragen, ist sicher ... Aber es gilt zu vermeiden, daß durch dieses Hineinragen ... schwer konkretisierbare allgemeine Rechtswerte zu prozessualen ‚Maßstäben' und ‚Grundsätzen' werden, die echte Konturen nicht mehr besitzen und dem Auslegenden erlauben, mit dem Gesetz zu machen, was er ‚rechtsstaatlich' will. ... Nicht zweifelhaft ... ist, daß es gerade im Strafprozeß auf die Dauer zu ernsten Schäden — auch am Rechtsstaatsgedanken — führen müßte, wenn sich der Richter für berechtigt oder gar verpflichtet halten dürfte, durch Bezugnahme auf ‚ungebrochene' ‚abstrakte' Rechtswerte ... Ausprägungen und Strukturen des Gesetzes zu negieren."

Diese Ausführungen verdienen in vollem Umfang Zustimmung. Auf Grund der hier betonten, durch die vorangehende verfassungsrechtliche Argumentation gestützten Erwägungen ist es also ausgeschlossen, unter Berufung auf den komplexen Wertbegriff der Rechtsstaatlichkeit die im System der strafprozessualen Normen begründete Zulässigkeit des mittelbaren Zeugenbeweises für einen besonders gearteten Einzelfall zu verneinen und hier eine Forderung nach ausschließlich unmittelbarer Beweisführung aufzustellen.

IV. Zusammenfassende Wertung und rechtspolitische Erwägungen

Die rechtliche Untersuchung des Problems eines mittelbaren Zeugenbeweises mit behördlich geheimgehaltenem Gewährsmann hat ergeben, daß das geltende Verfahrens- und Verfassungsrecht dieses Beweismittel als Grundlage der Urteilsfindung nicht verbietet.

Die Bedenken gegen ein solches Beweisverfahren werden durch dieses formalrechtlich begründete Ergebnis allerdings nicht ausgeräumt. So sind sich die Rechtsprechung und die ihm folgende herrschende Meinung im Schrifttum der Unzuverlässigkeit und Gefährlichkeit eines derartigen Zeugnisses vom Hörensagen auch durchaus bewußt und stellen daher erhöhte Anforderungen an die richterliche Beweiswürdigung. Übereinstimmend wird betont, daß der Beweiswert dieser mittelbaren Zeugenaussage besonders ernsthaft und kritisch zu prüfen sei und daß einem solchen Indiz nur dann eine Bedeutung für die Urteils-

---

[138] JZ 1965, 142.

gewinnung zugemessen werden könne, wenn es durch andere wichtige Beweisanzeichen bestätigt werde[139].

Diese Forderungen stellen aber nur eine schwache Sicherung gegen die Gefahren eines solchen Indizienbeweises dar. Denn zutreffend wird im Schrifttum[140] darauf hingewiesen, daß in V-Mann-Prozessen so gut wie immer gerade die mittelbar in das Verfahren eingeführten Bekundungen der anonymen Zeugen andere Indizien erst eindeutig machen und entscheidende Lücken in der Beweiskette schließen. Es ist zu befürchten, daß die Richtigkeit der mittelbaren Zeugenaussage zunächst unterstellt und hierauf die Feststellung des Sachverhalts gestützt wird und die ergänzend herangezogenen weiteren Indizien lediglich formal zur Rechtfertigung der Beweiswürdigung und Sachverhaltsfeststellung im Urteil dienen[141].

Daher kann sowohl die Gefahr als auch der Eindruck nicht ausgeschlossen werden, daß in manchen Fällen bei einem derartig kaum überprüfbaren Zeugnis das Verfahren auf eine „Verurteilung auf Verdacht"[142] hinausläuft.

Selbst die von Evers[143] und Tiedemann[144] erhobene Forderung, der Richter müsse in entsprechender Anwendung des § 244 Abs. 3 StPO alle Tatsachen als bewiesen ansehen, welche die Glaubwürdigkeit des im Dunkeln bleibenden V-Mannes in Frage stellen, kann nicht als zufriedenstellende Lösung der aufgezeigten Problematik angesehen werden. Würde entsprechend dieser Forderung verfahren, so müßte praktisch immer ein Freispruch erfolgen. Doch nach dem Prinzip des § 261 StPO steht es im Ermessen des jeweiligen Richters, ob er eine solche Regel seiner Beweiswürdigung zugrunde legt. Der Omnipotenz des Richters bei der Wahrheitserforschung sind eben keine Grenzen gesetzt außer durch die Bestimmung des § 244 Abs. 2 StPO, wonach er gehalten ist, die Beweisaufnahme auf alle Tatsachen und Beweismittel zu erstrecken, die für die Entscheidung von Bedeutung sind.

Bei dem von der Rechtsprechung und herrschenden Meinung bisher begangenen Weg hängt somit letztlich alles vom Geschick und Verant-

---

139 BGHSt 17, 382 (386); *Löwe - Rosenberg - Geier,* § 250, 3; *Eb. Schmidt,* LK I, S. 258 Anm. 248 und Nachträge I, § 250 Rn 3 und JZ 1962, 761 f.; *Düwel,* S. 188; *Kohlhaas,* JR 1957, 42; *Willms,* DRiZ 1964, 234; *Tiedemann,* JuS 1965, 18; vgl. auch *Hauser,* SchwZStr 82 (1966), 312.

140 *S. Schäfer,* Strafr. Abhdlgen 320 (1933), 58 ff.; *R. Schmid,* DIE ZEIT, Nr. 7 vom 15. 2. 1963; *Tiedemann,* MDR 1965, 872. Ein klassisches Beispiel hierfür ist der Fall Bullerjahn, siehe im einzelnen hierzu *S. Schäfer,* a.a.O.

141 So zutreffend *Tiedemann,* JuS 1965, 18.

142 *Meilicke,* NJW 1963, 428.

143 a.a.O., S. 254.

144 MDR 1963, 459.

wortungsbewußtsein des einzelnen Richters ab. Besteht schon wegen der gerade in Staatsschutzangelegenheiten besonders komplizierten Sachverhalte und der eingeschränkten Beweismöglichkeiten die Besorgnis, ob ein jeder Richter dieser Aufgabe voll gewachsen ist, so ist darüber hinaus auch zu berücksichtigen, daß eine unzureichende Beweiswürdigung im Wege der Revision nur sehr schwer angegriffen werden kann.

Auf Grund all dieser Erwägungen bleiben daher trotz noch so hoher Anforderungen an die richterliche Beweiswürdigung starke kriminalpolitische Bedenken, daß bei einer solchen Verfahrensweise zu leicht ein Unschuldiger verurteilt wird.

Hinzu kommt ein gewisses Unbehagen, wenn ausgerechnet in Staatsschutzsachen ein derartig zweifelhaftes Beweismittel zur Überführung des Angeklagten verwandt wird. Man wird dieses Verfahren zwar nicht gerade als „catch as catch can“[145] gegenüber dem politischen Gegner bezeichnen können. Doch Maßstab und Mahnung sollten auch hier die Worte A. Arndts[146] sein: „Mit der letzten Gewißheit, daß es keinen Primat der Politik vor dem Recht geben kann, steht und fällt der Rechtsstaat.“

Zwar hat der Bundesgerichtshof[147] in einem Urteil zu einer Parallelfrage (§ 96 StPO) ausgesprochen, daß es gerechterweise nicht zum Nachteil des Angeklagten ausschlagen dürfe, wenn öffentliche Belange der Wahrheitsfindung des Strafrichters Schranken setzten. Doch ein neueres, zweites V-Mann-Urteil des Bundesgerichtshofs[148] zeigt, daß die Rechtsprechung offenbar nicht gewillt ist, diesem Gedanken auch in dem hier untersuchten Beweisverfahren Geltung zu verschaffen oder zumindest der Forderung von Kohlhaas[149] zu entsprechen, daß der Beweis durch anonyme Zeugen in einem rechtsstaatlichen Gemeinwesen eine Ausnahme bleiben müsse.

In Anbetracht aller aufgezeigten erheblichen Bedenken sollte daher die Entscheidung über die Verwertung von Angaben geheimgehaltener Zeugen nicht mehr wie bisher dem Ermessen des Richters im jeweiligen Einzelfall überlassen bleiben.

Es empfiehlt sich eine gesetzliche Sonderregelung über den Ausschluß eines mittelbaren Zeugnisses, dessen Gewährsmann unbekannt bleibt, in Anlehnung an die Bestimmungen des Art. 349 Abs. 6 in Ver-

---

[145] *Posser*, S. 37.

[146] NJW 1961, 899.

[147] BGHSt 20, 189 (191).

[148] BGHSt 20, 164 ff.

[149] JR 1957, 42.

bindung mit Art. 450 Abs. 1 des italienischen codice di procedura penale[150].

Es soll nicht verkannt werden, daß ein solches Beweisverbot zu einer Beeinträchtigung des strafrechtlichen Staatsschutzes führen kann. Nicht immer wird es gelingen, den mit Hilfe eines V-Mannes polizeilich erkannten Spion oder Agenten bei der weiteren Ausübung seiner kriminellen Tätigkeit zu stellen, so daß eine Überführung mit prozessual einwandfreien Beweismitteln möglich ist. Doch ein einmal präventivpolizeilich entlarvter Gegner ist in der Regel kein gefährlicher Gegner mehr, denn zumeist werden die Angaben eines V-Mannes zur Gewinnung zulässiger Beweismittel führen können.

Auf jeden Fall erscheint der Verzicht auf die Bestrafung eines politischen Gegners im Einzelfall unter rechtsstaatlichen Gesichtspunkten als der geringere Nachteil gegenüber den bedenklichen Seiten und Folgen einer Überführung von Staatsfeinden mit Hilfe eines im Regelfall äußerst fragwürdigen Indizienbeweises. Wie wenig eine solche Verfahrensweise den heutigen Vorstellungen von einem fairen, rechtsstaatlichen Strafverfahren entspricht, zeigt sich deutlich in der Tatsache, daß die Teilnehmer der Strafrechtlichen Abteilung auf dem 46. Deutschen Juristentag 1966 mit großer Mehrheit[151] dafür gestimmt haben, daß die Angaben eines V-Mannes nur durch dessen eigene, mündliche Aussage in das Verfahren eingeführt werden dürften.

Der „unheimliche heimliche Zeuge"[152] ist eine Figur, für die in unserem Strafverfahren kein Raum sein darf, soll nicht das Vertrauen der Staatsbürger in die Unparteilichkeit, Sicherheit und Gerechtigkeit der strafprozessualen Rechtsfindung erschüttert und so das Ansehen der staatlichen Strafverfolgung in Frage gestellt werden.

---

[150] Vgl. oben S. 102.

[151] Mit 50 gegen 10 Stimmen bei 15 Enthaltungen; vgl. Verhandlungen 46. DJT, Band II, Teil F, S. 183.

[152] *R. Schmid*, DIE ZEIT Nr. 7 vom 15. 2. 1963.

Literaturverzeichnis

Abegg: Kritische Bemerkungen über den Entwurf einer Strafproceß-Ordnung für das Königreich Württemberg (Stuttgart 1830). Hitzig's Annalen Band 3 (1839), 1 ff.

— Die Preußische Strafgesetzgebung und die Rechts-Literatur in ihrer gegenseitigen Beziehung. GA 1 (1853), 645 ff.

— Über die Berechtigung der Neugestaltung des Strafverfahrens zu fernerer Geltung. NJbSächStr Band VII (1853), 113 ff.

Alsberg, Max: Der Beweisantrag im Strafprozeß. Berlin 1930.

Alsberg - Nüse: Der Beweisantrag im Strafprozeß, von Max Alsberg. Dritte Auflage von Karl-Heinz Nüse. Köln, Berlin 1956.

Appell, Ehrhart: Die Europäische Konvention zum Schutze der Menschenrechte und der Grundfreiheiten in ihrer Bedeutung für das deutsche Strafrecht und Strafverfahrensrecht. Diss. Marburg 1961.

Arndt, Adolf: Der Rechtsstaat und sein polizeilicher Verfassungsschutz. NJW 1961, 897 ff.

— Umwelt und Recht. 1. Der Fall Rohrbach als Mahnung, 2. Fragen des rechtlichen Gehörs. NJW 1962, 25 ff.

— Umwelt und Recht. 1. Mittelbares Zeugnis? (Wahrheitsermittlung und Nachforschung der Presse), 2. Hat die Staatsanwaltschaft kein verfassungskräftiges Recht auf rechtliches Gehör? NJW 1962, 1192 ff.

— Umwelt und Recht. 1. Das Unbehagen an der Verfassung (Art. 19 Abs. 4 und Art. 101 GG), 2. Rechtliches Gehör (Art. 103 Abs. 1 GG) und Zeugnis vom Hörensagen, 3. Schranken der Selbstverteidigung (§§ 244, 245 StPO). NJW 1963, 432 ff.

— Anmerkung zu einem Urteil des BayVerfGH vom 15. 5. 1962. JZ 1963, 65 ff.

Bartholomeyczik, Horst: Die Kunst der Gesetzesauslegung. Frankfurt/Main 1951.

Bauer, Anton: Lehrbuch des Strafprocesses. Göttingen 1835.

Beck, Johann Jodocus: De probatione per testes de auditu alieno deponentes, Diss. Altdorf 1711. In: Scriptorum De Processu Civili. De Probatione per Testes.

Beling, Ernst: Literaturbericht Strafprozeß. ZStW 28 (1908), 288.

— Die *Beweisverbote* als Grenzen der Wahrheitserforschung im Strafprozeß. Strafr. Abhdlgen 46. Breslau 1903.

— Deutsches Reichsstrafprozeßrecht mit Einschluß des Strafgerichtsverfassungsrechts. Ein *Lehrbuch.* Berlin und Leipzig 1928.

Bennecke, Hans: Lehrbuch des Deutschen Reichs-Strafprozeßrechts. Breslau 1895.

Bennecke - Beling: Lehrbuch des Deutschen Reichs-Strafprozeßrechts von Hans Bennecke und Ernst Beling. Breslau 1900.

Best - Marquardsen: W. M. Best's Grundzüge des Englischen Beweisrechts, bearbeitet von Heinrich Marquardsen. Mit einer Einleitung über die Bedeutung der Englischen Beweislehre von C. J. A. Mittermaier. Heidelberg 1851.

Bierer, H.: Strafproceßordnung vom 17. April 1868. Tübingen 1868.

Binding, Karl: Grundriß des Deutschen Strafprozeßrechts. 5. Aufl., Leipzig 1904.

Birkmeyer, Karl: Deutsches Strafprozeßrecht. Berlin 1898.

BK-Bearbeiter: Kommentar zum Bonner Grundgesetz (Bonner Kommentar). Stand: 20. Lieferung (Mai/Juni 1968) Hamburg.

Bouzat: Traité de droit pénal et de criminologie. Par Pierre Bouzat et Jean Pinatel. Tome II, Procédure penale, par Pierre Bouzat, Paris 1963.

Brunnemann: Inquisitionsprozeß. Frankfurt und Leipzig 1717.

Burckhardt, Walther: Die Lücken des Gesetzes und die Gesetzesauslegung. Abhandlungen zum schweizerischen Recht, Neue Folge Heft 8. Bern 1925.

Brauer, Eduard: Über die Zulassung der Zeugen vom Hörensagen nach Maßgabe allgemeiner Beweisgrundsätze (mit besonderer Rücksicht auf das Schwurgerichtsverfahren). GS 9. Jahrgang, Erster Band (1857), 48 ff.

Buschendorf, Ernest: Recht - Sinn - Glauben. Vorstudien zu einer Hermeneutik des Rechts. Diss. Hamburg 1960.

Cordero, Franco: Tre Studi Sulle Prove Penali. Mailand 1963.

Dahm, Georg: Deutsches Recht. 2. Aufl. Stuttgart/Berlin/Köln/Mainz 1963.

Dahs, jun., Hans: Das rechtliche Gehör im Strafprozeß. München und Berlin 1965.

Dalcke - Fuhrmann - Schäfer: Strafrecht und Strafverfahren. Begründet von A. Dalcke. Siebenunddreißigste, völlig neubearbeitete und erweiterte Auflage von Ernst Fuhrmann und Karl Schäfer. Berlin 1961.

Dallinger, Wilhelm: Aus der Rechtsprechung des Bundesgerichtshofes in Strafsachen. MDR 1954, 398 ff.

Daniels, A. von: Grundsätze des Rheinischen und Französischen Strafverfahrens. Berlin 1849.

Deussen, Paul: Die Elemente der Metaphysik. 4. Aufl., Leipzig 1907.

Dickler, Gerald: Dreizehn Prozesse, die Geschichte machten. München 1964.

Ditzen, Wilhelm: Über Zeugenbeweisanträge im Strafverfahren. ZStW 10 (1890), 111 ff.

— *Dreierlei Beweis* im Strafverfahren. Leipzig 1926.

Dochow, Adolf: Der Reichs-Strafprozeß. 3. Aufl., Berlin und Leipzig 1880.

Döhring, Erich: Die Erforschung des Sachverhalts im Prozeß. Berlin 1964.

zu Dohna, Alexander Graf: Das Strafprozeßrecht. 3. Aufl., Berlin 1929.

Dolderer, Ottmar: Der Beweis durch Urkunden im Strafprozeß, §§ 249—256 StPO, unter besonderer Berücksichtigung der Grundsätze der Mündlichkeit und der Unmittelbarkeit. Diss. Tübingen 1956.

Düwel, Peter: Das Amtsgeheimnis. Schriftenreihe der Hochschule Speyer, Band 23. Berlin 1965.

Elze, Hans: Lücken im Gesetz. München und Leipzig 1916.

Echterhölter, Rudolf: Die Europäische Menschenrechtskonvention in der juristischen Praxis. JZ 1956, 142 ff.

Engisch, Karl: Einführung in das juristische Denken. 3. Aufl., Stuttgart 1964.

Erbs, Georg: Handkommentar zur Strafprozessordnung. Frankfurt/Main und Bonn 1950.

Evers, Hans-Ulrich: Privatsphäre und Ämter für Verfassungsschutz. Berlin 1960.

Exner, Franz: Strafverfahrensrecht. Berlin und Heidelberg 1947.

Feisenberger, Albert: Strafprozeßordnung und Gerichtsverfassungsgesetz. Berlin und Leipzig 1926.

Feldmann, C.: Das Tonband als Beweismittel im Strafprozeß. NJW 1958, 1166 ff.

Feuerbach, Anselm Ritter von: Betrachtungen über die Öffentlichkeit und Mündlichkeit der Gerechtigkeitspflege. Gießen 1821.

Fölix: Über Mündlichkeit und Oeffentlichkeit des Gerichtsverfahrens, dann über das Geschworenengericht. Carlsruhe 1843.

Friemel, Otto: Die Zeugnisverweigerungspflicht des Beamten im Strafprozeß (§ 54 StPO). Diss. Tübingen 1953.

Frosali, Raul Alberto: Sistema Penale Italiano. Parte Seconda, Diritto Processuale Penale IV. Turin 1958.

Gampp, Friedrich: Lehrbuch des österreichischen Strafprozesses. 7. Aufl., Wien, Leipzig 1935.

Garraud, R.: Traité Théorique Et Pratique D'Instruction Criminelle Et De Procédure Pénale, Tome Deuxième. Paris 1909.

Geerds, Friedrich: Maximen des Strafprozesses. SchlHA 1962, 181 ff.

Geib, Gustav: Die Reform des deutschen Rechtslebens. Leipzig 1848.

Gerland, Heinrich: Anmerkung zu einem Urteil des Reichsgerichts vom 14. Januar 1937. JW 1937, 1069 ff.

— Der Deutsche *Strafprozess*. Eine systematische Darstellung. Mannheim, Berlin, Leipzig 1927.

Geyer, August: Lehrbuch des gemeinen deutschen Strafproceßrechts. Leipzig 1880.

Glaser, Julius: Die geschichtlichen Grundlagen des neuen Deutschen Strafprozeßrechts. In: Holtzendorff's Handbuch, Band I. Berlin 1879, S. 5 ff.

— *Beiträge* zur Lehre vom Beweis im Strafprozess. Leipzig 1883.

— *Handbuch* des Strafprozesses, *Band I*. Leipzig 1883.

Gleispach, Wenzel Graf von: Deutsches Strafverfahrensrecht. Ein Grundriß. Berlin 1943.

Gleispach, Wenzeslaus: Das österreichische Strafverfahren. 2. Aufl., Wien 1924.

Goldschmidt, James: Der Kommentar von Löwe - Rosenberg. JW 1929, 2993 ff.

— Der *Prozeß* als Rechtslage. Eine Kritik des prozessualen Denkens. Abhandlungen aus der Berliner Juristischen Fakultät, II. Berlin 1925.

Golsong, Heribert: Das Rechtsschutzsystem der Europäischen Menschenrechtskonvention. Karlsruhe 1958.

Grimm, Valentin: Verlesung von Schriftstücken Verstorbener im Strafverfahren. BayZ 1914, 258 ff.

Groth, Gerhard: Der Urkundenbeweis im Strafprozeß. Rechtswissenschaftliche Studien Heft 61. Berlin 1937.

Grünwald, Gerald: Beweisverbote und Verwertungsverbote im Strafverfahren. JZ 1966, 489 ff.

Guradze, Heinz: Die Europäische Menschenrechtskonvention. Kommentar. Berlin und Frankfurt/Main 1968.

Haag, Ferdinand: Die Zeugen vom Hörensagen im Strafprozeß. DJ 1937, 809 ff.

— Beweisfragen des geltenden und künftigen Strafprozesses. DStR 1938, 409 ff.

Haeberlin, C. F. W. J.: Sammlung der neuen deutschen Strafprocessordnungen. Greifswald 1852.

Hahn, C.: Die gesammten *Materialien* zur Strafprozeßordnung. I. Abteilung, Berlin 1880; II. Abteilung, Berlin 1881.

Halsbury, Earl of: The Laws Of England Beeing A Complete Statement Of The Whole Law Of England, Earl Of Halsbury And Other Lawyers. Third Edition, Viscount Simonds/Volume 15. London 1956.

Hamann, Andreas: Das Grundgesetz für die Bundesrepublik Deutschland vom 23. Mai 1949. Kommentar. Berlin, Neuwied, Darmstadt 1956.

Hanack, Ernst-Walter: Buchbesprechung. JZ 1965, 142 f.

Hauser, Robert: Anonyme Gewährspersonen im Strafprozeß. SchwZStr 82 (1966), 306 ff.

Heck, Philipp: Gesetzesauslegung und Interessenjurisprudenz. Tübingen 1914.

Hegler, August: Mündlichkeit und Unmittelbarkeit im Prozeß. Rechtsgang I (1913), 192 ff. und 385 ff.; Rechtsgang II (1916), 267 ff.

Henkel, Heinrich: Die Zulässigkeit und die Verwertbarkeit von Tonbandaufnahmen bei der Wahrheitserforschung im Strafverfahren. JZ 1957, 148 ff.

— Strafverfahrensrecht. Ein *Lehrbuch.* 2. Aufl., Stuttgart, Berlin, Köln, Mainz 1968.

v. Hentig, Hans: Häftlinge und Vertrauensleute im Beweisverfahren. MoKrim 1965, 105 ff.

Hepp: Rückblick auf die Strafproceßgesetzgebung der letzten fünf Jahre vor Einführung der Geschwornengerichte in Deutschland, Zweite Abtheilung. GS 1851 Band 2, 506 ff.

Heusler, A.: Die Grundlagen des Beweisrechts. AcP 62 (1879), 209 ff.

v. Hippel, Robert: Der Deutsche Strafprozeß. Lehrbuch. Marburg 1941.

Hirschberg, Max: Das *amerikanische* und *deutsche Strafverfahren* in rechtsvergleichender Sicht. Neuwied am Rhein und Berlin 1963.

— Das *Fehlurteil* im Strafprozeß. Stuttgart 1960.

Höchster, Ernst Hermann: Lehrbuch des Französischen Strafprozesses. Bern 1850.

Holzinger: Commentar über die Straf-Prozeß-Ordnung für das Königreich Württemberg, Erster Band. Ellwangen 1844.

Hüfner: Der Fall Bullerjahn und die Presseangriffe auf das Reichsgericht, von rechtlichen Gesichtspunkten aus beurteilt. LZ 1929, 745 ff.

Jacta, Maximilian: Berühmte Strafprozesse, Frankreich, Band II. München 1966.

Jescheck, Hans-Heinrich: Die Europäische Konvention zum Schutze der Menschenrechte und Grundfreiheiten. NJW 1954, 783 ff.

— Rechtsvergleichendes Generalgutachten für den 46. Deutschen Juristentag (über das Thema: Beweisverbote im Strafprozeß). In: Verhandlungen des 46. DJT, Band I, Teil 3 B. München und Berlin 1966, S. 1 ff.

John, Richard Ed.: Strafproceßordnung für das Deutsche Reich nebst Einführungsgesetz, Band I, Erlangen 1884; Band II, Erlangen 1889.

— Strafprozeß. In: Encyklopädie der Rechtswissenschaft, herausgegeben von Franz von Holtzendorff. 4. Aufl., Leipzig 1882, S. 929 ff.

v. Kamptz, Albrecht: Revidierter *Entwurf* der Straf-Prozeß-Ordnung für die preußischen Staaten nebst Motiven vom Jahre 1841, Teil I und II. Berlin 1841.

— Aktenmäßige Darstellung der Preußischen *Gesetz-Revision*. Berlin 1842.

Kautter, Julius: Feststellung prozessual erheblicher Tatsachen im Strafprozeß. Diss. Tübingen 1913.

Kenny - Turner: Kenny's Outlines of Criminal Law. 17th Edition 1958 by J. W. Turner. Cambridge 1958.

Kern - Roxin: Strafverfahrensrecht. Ein Studienbuch von Eduard Kern. Neubearbeitet von Claus Roxin. 10., neubearbeitete Auflage, München 1970.

Klug, Ulrich: Referat für den 46. Deutschen Juristentag (über das Thema: Beweisverbote im Strafprozeß). In: Verhandlungen des 46. DJT, Band II, Teil F, München und Berlin 1966, 30 ff.

KMR-Bearbeiter: Kommentar zur Strafprozeßordnung und zum Gerichtsverfassungs- und Ordnungswidrigkeitengesetz. Begründet von Theodor Kleinknecht, Hermann Müller, L. Reitberger. 6. Aufl., herausgegeben von Hermann Müller und Walter Sax. Darmstadt 1966.

Knapp, Hermann: Die Strafprozeß-Ordnung für das Königreich Württemberg mit erläuternden Anmerkungen. Stuttgart 1843.

Kohler, Josef: Die Carolina und ihre Vorgängerinnen. Text, Erläuterung, Geschichte. Band II: Die Bamberger Halsgerichtsordnung. Halle 1902.

Kohlhaas, Max: Die Verlesung von Niederschriften über frühere Vernehmungen in der Hauptverhandlung (§ 251 StPO). NJW 1954, 535 ff.

— Tonbandaufnahmen im Strafprozeß. DRiZ 1955, 80 ff.

— Die Tonbandaufnahme als Beweismittel im Strafprozeß. NJW 1957, 81 ff.

— Zulässigkeit, Brauchbarkeit und Preisgabe vertraulicher Gewährsleute im Strafverfahren. JR 1957, 41 ff.

Kohlrausch, Eduard: Strafprozeßordnung und Gerichtsverfassungsgesetz. 24. Aufl., Berlin und Leipzig 1936.

Krause, Friedrich-Wilhelm: Zum Urkundenbeweis im Strafprozeß. Kieler Rechtswissenschaftliche Abhandlungen Nr. 8. Hamburg 1966.

v. Kries, August: Das Prinzip der Unmittelbarkeit im Beweisverfahren der deutschen Prozeßordnungen. ZStW 6 (1886), 88 ff.

— *Lehrbuch* des Deutschen Strafprozeßrechts. Freiburg 1892.

Kronecker: Die Reformbedürftigkeit des Vorverfahrens im Strafprozesse. ZStW 7 (1887), 395 ff.

Krüger - Mommsen: Corpus Juris Civilis.
Volumen Primum, Institutiones Recognovit Paulus Krüger, Digesta Recognovit Theodorus Mommsen, Retractavit Paulus Krüger, Editio Sexta decima lucis ope expressa. Berolini MCMLIV.
Volumen Secundum, Codex Justinianus, Recognovit et Retractavit Paulus Krüger, Editio Duodecima lucis ope expressa. Berolini MCMLIX.

Kulischer, Eugen: Das Zeugnis vom Hörensagen. GrünhZ 34 (1907), 169 ff.

Larenz, Karl: Methodenlehre der Rechtswissenschaft. Berlin, Göttingen, Heidelberg 1960.

Leibholz - Rinck: Grundgesetz für die Bundesrepublik Deutschland. Kommentar an Hand der Rechtsprechung des Bundesverfassungsgerichts, von G. Leibholz und H. J. Rinck unter Mitwirkung von K. Helberg. 3. Aufl., Köln 1968.

Leone, Giovanni: Lineamenti Di Diritto Processuale Penale. Quarta Edizione (sulla Legge 18 Giugno 1955), Secondo tiratura. Neapel 1956.

Leue, F. G.: Der mündliche öffentliche Anklage-Prozeß und der geheime schriftliche Untersuchungs-Prozeß in Deutschland. Aachen und Leipzig 1840.

Löwe, E.: Der Preußische Strafproceß. Breslau 1861.

Löwe - Hellweg: Die Strafprozeßordnung für das Deutsche Reich nebst dem Gerichtsverfassungsgesetz und den das Strafverfahren betreffenden Bestimmungen der übrigen Reichsgesetze. Mit Kommentar von E. Löwe. 11. Aufl. bearbeitet von A. Hellweg. Berlin 1904.

Löwe - Rosenberg-Bearbeiter: Die Strafprozeßordnung und das Gerichtsverfassungsgesetz mit Nebengesetzen. Großkommentar. 21. Auflage, bearbeitet und herausgegeben von Hanns Dünnebier, Friedrich Wilhelm Geier, Heinrich Jagusch, Max Kohlhaas, Werner Sarstedt, Karl Schäfer. Erster Band, Einleitung, §§ 1 bis 373 a StPO. Berlin 1963.

Lohsing - Serini: Österreichisches Strafprozeßrecht, von Ernst Lohsing. 4. Aufl., neubearbeitet und ergänzt von Eugen Serini. Wien 1952.

Lotze, Hermann: Logik. Drei Bücher vom Denken, vom Untersuchen und vom Erkennen. Leipzig 1912.

Lucas - Dürr: Anleitung zur strafrechtlichen Praxis, von Hermann Lucas. Erster Teil: Das formelle Strafrecht. 5. Aufl., bearbeitet von Alfred Dürr. Berlin 1931.

Maas, Sally: Der Grundsatz der Unmittelbarkeit in der Reichsstrafprozessordnung. Strafr. Abhdlgen 77. Breslau 1907.

Mamroth: Anmerkung zu einer Entscheidung des Reichsgerichts vom 5. 3. 1926. JW 1926, 2448.

von Mangoldt - Klein: Das Bonner Grundgesetz. Erläutert von Hermann von Mangoldt. 2. Aufl. von Friedrich Klein. Band I, Berlin und Frankfurt/Main 1957.

Manzini, Vincenzo: *Istituzioni* Di Diritto Processuale Penale. Docesima Edizione, Padua 1960.

— *Trattato* di diritto processuale penale italiano, Vol. III. 2. ed., Turin 1924.

Marquardsen: Die Evidenz nach englischem Recht, ihre Grundzüge und Anwendbarkeit im deutschen Strafproceß. GS 1. Jahrg. Band 2 (1849), S. 116 ff.

de Marsico, Alfredo: Lezioni di Diritto Processuale Penale. Neapel 1955.

Massari, Eduardo: Il Processo Penale. Neapel 1934.

Maunz, Theodor: Deutsches Staatsrecht. Ein Studienbuch. 15. Aufl., München und Berlin 1966.

Maunz - Dürig: Grundgesetz. Kommentar von Theodor Maunz, Günter Dürig, Roman Herzog. Band I Art. 1—69, Band II Art. 70—143, Lieferung 1 bis 9. München 1968.

Meilicke, Heinz: Der vom Staatsgeheimnis verhüllte V-Mann-Belastungszeuge? NJW 1963, 425 ff.

Meyer, Hans: Systematische Philosophie. Band I: Allgemeine Wissenschaftstheorie und Erkenntnislehre. Paderborn 1955.

Michaelis, Robert: Der Prozess Dreyfus. Kriminologische Schriftenreihe 9. Hamburg 1963.

Mittermaier, C. J. A.: Der deutsche Strafprozeß, verglichen mit dem auf Öffentlichkeit, Mündlichkeit und Anklageprincip gebauten Verfahren, mit Prüfung der neuesten Ergebnisse der Strafprozeßgesetzgebung. Arch. Criminalr. 1842, 259 ff.

— Das *englische,* schottische und nordamerikanische *Strafverfahren.* Erlangen 1851.

— Die *Mündlichkeit,* das Anklageprinzip, die Öffentlichkeit und das Geschwornengericht. Stuttgart und Tübingen 1845.

— Das Deutsche *Strafverfahren* in Fortbildung durch Gerichtsgebrauch und Particular-Gesetzbücher und in genauer Vergleichung mit dem englischen und französischen Straf-Processe. Erster Teihl. 3. Aufl., Heidelberg 1839.

Mittermaier, Wolfgang: Zum Fall Bullerjahn. Justiz 5, 16 ff. und Justiz 6, 173 ff.

Morgan, Edmund M.: Hearsay and Non-Hearsay. Havard Law Review, Volume XLVIII (1934—1935), 1138 ff.

Muskat, Eugen: Das Zeugniß vom Hörensagen im Deutschen Strafprozesse. GA 36 (1888), 281 ff.

Newman, K. M.: Das Englisch-Amerikanische Beweisrecht. Mit einem Vorwort über die Behandlung des Beweisproblems im deutschen Strafverfahren von Walter Sax. Heidelberg (ohne Jahr).

Niese, Werner: Narkoanalyse als doppelfunktionelle Prozeßhandlung. ZStW 63 (1951), 197 ff.

— Die Rechtsprechung des Bundesgerichtshofs in Strafsachen. JZ 1953, 595 ff.

Nokes, G. D.: An Introduction to Evidence. 3. Aufl., London 1962.

Oetker, F.: Mündlichkeit und Unmittelbarkeit im Strafverfahren unter besonderer Berücksichtigung der Monstreprozesse. GS 105 (1935), 1 ff.

Oppenhoff, F. C.: Die Preußischen Gesetze über das mündliche und öffentliche Verfahren in Strafsachen. Berlin 1860.

Partsch, Karl Josef: Die Rechte und Freiheiten der europäischen *Menschenrechtskonvention.* Berlin 1966.

— Die *Rechte* und Freiheiten der europäischen Menschenrechtskonvention. In: Bettermann - Neumann - Nipperdey: Die Grundrechte, Handbuch der Theorie und Praxis der Grundrechte, Erster Band, 1. Halbband. Berlin 1966, S. 235 ff.

Paunovic, Vlastimir: Die Verfahrensgarantien des Art. 6 der Europäischen Konvention zum Schutz der Menschenrechte und Grundfreiheiten im deutschen Strafverfahrensrecht. Diss. Münster 1956.

Peters, Karl: Freie Beweiswürdigung und Justizirrtum. In: Festschrift für Olivecrona, Stockholm 1964, S. 532 ff.

— Gutachten für den 46. Deutschen Juristentag (über das Thema: Beweisverbote im deutschen Strafverfahren). In: Verhandlungen des 46. DJT, Band I, Teil 3 A, München und Berlin 1966, S. 91 ff.

— Strafprozeß. Ein *Lehrbuch.* 1. Aufl., Karlsruhe 1952, 2. Aufl., Karlsruhe 1966.

— Individualgerechtigkeit und Allgemeinheitsinteresse im Strafprozeß. In: *Summum ius,* summa iniuria. Tübinger Rechtswissenschaftliche Abhandlungen 9., Tübingen 1963, S. 191 ff.

— *Zeugenlüge* und Prozeßausgang. Bonn 1939.

Pfänder, Alexander: Logik. 3. Aufl., Tübingen 1963.

Pieck, Werner: Der Anspruch auf ein rechtsstaatliches Gerichtsverfahren, Art. 6 Abs. I der Europäischen Menschenrechtskonvention in seiner Bedeutung für das deutsche Verfahrensrecht. Berlin 1966.

Planck, Julius Wilhelm: Systematische Darstellung des deutschen Strafverfahrens auf Grundlage der neueren Strafprozeßordnungen seit 1848. Göttingen 1857.

Plaut, Paul: Der Zeuge und seine Aussage im Strafprozeß. Leipzig 1931.

Pollack: Mittheilung aus der Praxis, ein Beitrag zur Auslegung der §§ 244, 249, 251 und 51 der Strafprozeßordnung. GA 33 (1885), 232 ff.

Posser, Diether: Politische Strafjustiz aus der Sicht des Verteidigers. Karlsruhe 1961.

Puchelt, Ernst Sigismund: Die Strafprozeßordnung für das Deutsche Reich. Leipzig 1881.

Puchta, Wolfgang Heinrich: Der Inquisitionsprozeß mit Rücksicht auf eine zeitgemäße Reform des deutschen Strafverfahrens überhaupt und besonders auf die Öffentlichkeitsfrage betrachtet. Erlangen 1844.

Quistorp, Johann Christian Edler von: Grundsätze des deutschen Peinlichen Rechts, Zweyter Theil. 5. Aufl., Rostock und Leipzig 1794.

Radbruch, Gustav: Die Peinliche Gerichtsordnung Karls V. von 1532. Stuttgart 1960.

Rehmke, Johannes: Logik oder Philosophie als Wissenslehre. Leipzig 1918.

Reinicke, G. und D.: Die Auslegungsgrundsätze des Bundesgerichtshofes. NJW 1951, 681 ff.

— Die Bedeutung des Wortlauts bei der Auslegung von Gesetzen nach der Rechtsprechung des Bundesgerichtshofs. NJW 1952, 1033 ff.

— Die Ausfüllung primärer und sekundärer Gesetzeslücken nach der Rechtsprechung des Bundesgerichtshofs. NJW 1952, 1153 ff.

Richter - Tauchnitz: Corpus Juris Canonici. Editio Lipsiensis Secunda post Aemilii Ludovici Richteri — Pars Prior, Decretum Magistri Gratiani Ex Officina Bernhardi Tauchnitz, Lipsiae MDCCCLXXIX. Pars Secunda, Decretalium Collectiones Ex Officina Bernhardi Tauchnitz. Lipsiae MDCCCLXXXI.

Roeder, Hermann: Lehrbuch des österreichischen Strafverfahrensrechts. Wien 1963.

Röhl, Hellmut: Das rechtliche Gehör. NJW 1964, 273 ff.

Roggemann, Herwig: Das Tonband im Verfahrensrecht. Göttinger Rechtswissenschaftliche Studien 44. Göttingen 1962.

Rosenfeld, Ernst Heinrich: Der Reichs-Strafprozeß. Ein Lehrbuch. 4. und 5. Aufl., Berlin 1912.

Roskothen, Ernst: Französisches Strafverfahrensrecht. Bonn 1951.

Rulf, Friedrich: Der österreichische Strafprocess. 3. Aufl., Wien, Leipzig 1895.

Rupp, Erwin: Der Beweis im Strafverfahren. Freiburg i. B. und Tübingen 1884.

Rupp, Hans Heinrich: Gutachten für den 46. Deutschen Juristentag (über das Thema: Beweisverbote im Strafprozeß in verfassungsrechtlicher Sicht). In: Verhandlungen 46. DJT, Band I, Teil 3 A. München und Berlin 1966, S. 165 ff.

Santoro, Arturo: Manuale Di Diritto Processuale Penale. Turin 1954.

Sarstedt, Werner: Die Revision in Strafsachen. 4., verbesserte und wesentlich erweiterte Auflage des von Kurt Gage begonnenen Werkes. Essen 1962.

Sauer, Wilhelm: *Grundlagen* Des Prozeßrechts. 2. Aufl., Stuttgart 1929.

— Allgemeine *Prozeßrechtslehre*. Berlin, Detmold, Köln, München 1951.

v. Savigny, Friedrich Karl: Die Principienfragen in Beziehung auf eine neue Strafprozeß-Ordnung. Berlin 1846.

Sax, Walter: Grundsätze der Strafrechtspflege. In: Bettermann - Nipperdey - Scheuner: Die Grundrechte, Handbuch der Theorie und Praxis der Grundrechte, Dritter Band, 2. Halbband. Berlin 1959, S. 909 ff.

von Scanzoni, G.: Anmerkung zu einem Urteil des Reichsgerichts vom 22. 1. 1925. JW 1925, 997.

Schäfer, Siegbert: Zeugnis vom Hörensagen und freie Beeiswürdigung im Strafprozeß. Strafr. Abhdlgen. 320. Breslau 1933.

Scheller, F. E.: Äußerungen über das Gesetz, betreffend das Verfahren in den bei dem Kammergericht und dem Kriminalgericht zu Berlin zu führenden Untersuchungen, vom 17. Juli 1846. Frankfurt a/O und Berlin 1846.

Scheuner, Ulrich: Die Grundrechte der Europäischen Menschenrechts-Konvention in ihrer Anwendung durch die Organe der Konvention. In: Festschrift für Hermann Jahrreiß. Köln, Berlin, Bonn, München 1964, S. 355 ff.

Schmid, Richard: Die Richter versagten in Weimar. DIE ZEIT Nr. 8 vom 20. 2. 1959.

— Kritisches zu unserer politischen Justiz. DIE ZEIT Nr. 53 vom 29. 12. 1961.

— Der unheimliche heimliche Zeuge. DIE ZEIT Nr. 7 vom 15. 2. 1963.

— Rechtsschutz ist Staatsschutz. DIE ZEIT Nr. 10 vom 4. 3. 1966.

Schmidt, Eberhard: Die Verwendbarkeit von Tonbandaufnahmen im Strafprozeß. In: Forschungen und Berichte aus dem öffentlichen Recht, Gedächtnisschrift für Walter Jellinek. München 1955, S. 625 ff.

— Anmerkung zu einem Urteil des Bundesgerichtshofes in Strafsachen vom 7. 6. 1956. JZ 1957, 229 ff.

— Anmerkung zu einem Urteil des Bundesgerichtshofes in Strafsachen vom 1. 8. 1962. JZ 1962, 761 ff.

— *Fiskalat* und Strafprozeß. München und Berlin 1921.

— Einführung in die *Geschichte* der deutschen Strafrechtspflege. 3. Aufl., Göttingen 1965.

— *Lehrkommentar* zur Strafprozeßordnung und zum Gerichtsverfassungsgesetz, *Teil I:* Die rechtstheoretischen und die rechtspolitischen Grundlagen des Strafverfahrensrechts. 2. Aufl., Göttingen 1964.

— *Lehrkommentar* zur Strafprozeßordnung und zum Gerichtsverfassungsgesetz, *Teil II:* Erläuterungen zur Strafprozeßordnung und zum Einführungsgesetz zur Strafprozeßordnung. Göttingen 1957.

— Lehrkommentar zur Strafprozeßordnung und zum Gerichtsverfassungsgesetz. *Nachträge* und Ergänzungen zu Teil II (Strafprozeßordnung), Nachtragsband *I* (StPO). Göttingen 1967.

Schneidewin, Karl: Der Urkundenbeweis in der Hauptverhandlung. JR 1951, 481 ff.

Schorn, Hubert: Die Europäische Konvention zum Schutze der Menschenrechte und Grundfreiheiten. Text und *Kommentar*. — Frankfurt am Main 1965.

— Der Schutz der *Menschenwürde* im Strafverfahren. Neuwied am Rhein 1963.

Schorn, Hubert: Der *Strafrichter*. Frankfurt am Main 1960.

Schultz, Günther: Blick in die Zeit. MDR 1966, 565 ff.

Schulz, Georg: Strafprozeßordnung. Kommentar. 3. Aufl., Hamburg 1966.

Schwarz - Kleinknecht: Strafprozeßordnung, erläutert von Theodor Kleinknecht. 29., neubearbeitete Auflage des von Otto Schwarz begründeten Werkes. München 1970.

v. Schwarze, Friedrich Oskar: Das *Geschworenengericht*. Dresden 1849.

— *Commentar* zu der Deutschen Strafprozeßordnung und zu den auf dieselbenbezüglichen Bestimmungen des Gerichtsverfassungsgesetzes. Leipzig 1878.

Schweitzer, Ernst Emil: Ein Seitenstück zum Magdeburger Mordprozeß. Justiz 2, 213 ff.

Sigwart, Christoph: Logik. 1. Band: Die Lehre vom Urteil, vom Begriff und vom Schluß. 5. Aufl., Tübingen 1924.

Spendel, Günter: Wahrheitsfindung im Strafprozeß. JuS 1964, 465 ff.

Sprang, Irmgard: Die Zulässigkeit des Beweises durch Zeugen vom Hörensagen, insbesondere im Rahmen des § 252 StPO. Diss. Göttingen 1960.

Stegmaier, Hans: Die Frage der Unmittelbarkeit bei der Behandlung von Zeugen und Sachverständigen in der Gesetzgebung und im Schrifttum des reformierten deutschen Strafprozesses vor der Reichsstrafprozeßordnung. Diss. Gießen 1935.

Stegmann, Thorolf: Behördlich geheimgehaltene Zeugen als Beweismittel im Strafprozeß. Diss. Tübingen 1967.

Stein, Friedrich: Das private Wissen des Richters. Leipzig 1893.

v. Stemann, C.: Zur Lehre vom Zeugenbeweise in Strafsachen. GS 4 (1852), 70 ff.

— Darstellung des Preussischen *Strafverfahrens*. Berlin 1858.

Stenglein, M.: Die Strafprozeß-Ordnung für das Deutsche Reich vom 1. Februar 1877. 2. Aufl., Nördlingen 1889.

Stephen, Sir James Fitzjames: A Digest of the Law of Evidence. 3rd Edition, London 1877.

Stock, Ulrich: Strafprozeßrecht. Ein Grundriß. Tübingen 1952.

Stolzenburg: Die Berufung. In: Gürtner: Das kommende deutsche Strafverfahren, Bericht der amtlichen Strafprozeßkommission. Berlin 1938.

Strobel, August: Die Bedeutung der Europäischen Menschenrechtskonvention für das Recht in der Bundesrepublik, Diss. Würzburg 1958.

Thilo, Wilhelm: Strafproceßordnung für das Großherzogthum Baden, mit den Motiven der Regierung und den Resultaten der Ständeverhandlungen im Zusammenhange dargestellt. Karlsruhe 1845.

Tiedemann, Klaus: Zur verfassungsrechtlichen Bedeutung der Vernehmung mittelbarer Zeugen im Strafprozeß. MDR 1963, 456 ff.

— Zum Fortgang des Streites um die Zulassung von V-Leuten im Strafprozeß. MDR 1965, 870 ff.

— Zeugen vom Hörensagen im Strafverfahren (BGHSt 17, 382). JuS 1965, 14 ff.

v. Tippelskirch: Beiträge zur künftigen Strafprozeß-Ordnung für Preußen. GA 5 (1857), 301 ff.

Tittmann, Carl August: Handbuch des gemeinen deutschen Peinlichen Rechts, 4. Theil. Halle 1810.

Tlapek - Serini: Die Österreichische Strafprozeßordnung, herausgegeben von Ludwig F. Tlapek und Eugen Serini. 5. Aufl., Wien 1964.

Ullmann, Emanuel: *(DStPO)* Lehrbuch des Deutschen Strafprocessrechts. München 1893.

— *(ÖStPO)* Lehrbuch des Österreichischen Strafproceßrechts. 2. Aufl., Innsbruck 1882.

Vidal - Magnol: Georges Vidal: Cours De Droit Criminel Et De Science Penitentiare. 9. Edition par Joseph Magnol, Tome II. Paris 1949.

Vouin, Robert: Manuel De Droit Criminel. Paris 1949.

Vouin - Léauté: Droit pénal et procédure pénale, par Robert Vouin et Jaques Léauté. Paris 1960.

Weeber, August: Die Grundprinzipien des Strafprozeßes nebst dem Entwurfe einer Strafprozeßordnung. Weißkirchen 1861.

Weil, Gordon L.: The European Convention on Human Rights. Leyden 1963.

Weiß, Claus: Die Europäische Konvention zum Schutze der Menschenrechte und Grundfreiheiten. Dokumente, herausgegeben von der Forschungsstelle für Völkerrecht und ausländisches öffentliches Recht der Universität Hamburg XV. Frankfurt am Main, Berlin 1954.

Westhoff, Ursula: Über die Grundlagen des Strafprozesses mit besonderer Berücksichtigung des Beweisrechts. Neue Kölner Rechtswissenschaftliche Abhandlungen 1. Berlin 1955.

Wiest, Wilhelm: Die Nothwendigkeit und die Bedingungen der Mündlichkeit im Strafverfahren. Schaffhausen 1844.

Williams, Glanville: The Proof of Guilt. London 1955.

Willms, Günther: Anonyme Zeugen. DRiZ 1964, 234 ff.

Wimmer, August: Einführung in das Englische Strafverfahren. Bonn 1947.

Woesner, Horst: Rechtsstaatliches Verfahren in Staatsschutzsachen. NJW 1961, 533 ff.

Wundt, Wilhelm: Allgemeine Logik und Erkenntnistheorie. 4. Aufl., Stuttgart 1919.

Zachariä, Heinrich Albert: Die *Gebrechen* und die Reform des deutschen Strafverfahrens. Göttingen 1846.

— *Handbuch* des deutschen Strafprocesses. Systematische Darstellung. *Erster Band,* Göttingen 1860; *Zweiter Band,* Göttingen 1868.

Ziehen, Th.: Lehrbuch der Logik auf positivistischer Grundlage und Berücksichtigung der Geschichte der Logik. Bonn 1920.

Zimmermann, Theo: Die höchstrichterliche Rechtsprechung zur Berichtigung der Gesetze. NJW 1952, 959 ff.

Zitelmann, Ernst: Lücken im Recht. Leipzig 1903.

FSC
www.fsc.org
MIX
Papier | Fördert gute Waldnutzung
FSC® C083411

Kolibri 360 GmbH
Ferdinand-Jühlke-Straße 7
99095 Erfurt, Deutschland
produktsicherheit@kolibri360.de

Druck:
CPI Druckdienstleistungen GmbH
im Auftrag der
Kolibri 360 GmbH
Ferdinand-Jühlke-Str. 7
99095 Erfurt